목회자가 쓴 대표 기도문
대표기도 이렇게 하세요

목회자가 쓴 기도문
대표기도 이렇게 하세요

· 초판 1쇄 발행 2017년 1월 20일
· 초판 3쇄 발행 2022년 11월 20일

· **지은이** 배태훈 신동호 한현수 홍융희
· **펴낸이** 민상기 · **편집장** 이숙희 · **펴낸곳** 도서출판 드림북
· 등록번호 제 65 호 · 등록일자 2002. 11. 25.
· 경기도 양주시 광적면 부흥로847 경기벤처센터20호(양주테크노시티)
· Tel (031)829-7722, Fax(031)829-7723

· 잘못된 책은 교환해 드립니다.
· 이 출판물은 저작권법에 의해 보호를 받는 저작물이므로 무단 복제할 수 없습니다.
· 독자의 의견을 기다립니다.

목회자가 쓴 대표기도문

대표기도

이렇게 하세요

배태훈 신동호 한현수 홍융희 공저

드림북

머리말

기도는 하나님과의 대화입니다. 일방적으로 내 이야기만 하는 것은 기도가 아닙니다. 나의 간절한 간구가 있다면, 조용히 하나님의 음성을 듣는 시간도 있어야 합니다. 그래서 기도는 내가 하고 싶은 말만 내뱉고 자리를 박차고 일어나서는 안 됩니다. 간구한 기도를 되뇌이면서 하나님의 음성에 귀를 기울이는 시간이 필요합니다.

예배시간에 드리는 대표기도는 앞에서 이야기한 기도와는 좀 다릅니다. 앞서 이야기한 기도는 개인이 하나님께 드리는 기도일 때 해당합니다. 하지만 대표기도는 예배시간에 온 회중을 대표해서 기도를 인도하는 것입니다. 함께 예배를 드리는 성도를 대표하여 하나님께 기도를 인도하는 것이 바로 대표기도입니다.

대표기도는 너무 개인적인 기도 형식을 취해서도 안 되고, 내용도 마찬가지입니다. 함께 드리는 성도들이 모두 공감할 수 있는 내용을 하나님께 아뢰어야 합니다. 자신만 알고 있는 아리송한 문구로 화려한 기도를 하는 것은 마치 바리새인이 기도하는 것과 같습니다. 기도를 자신의 믿음이나 신앙을 보여주기 위한 수단으로 사용해서도 안 됩니다. 진심으로 온 성도가 함께 하나님께 간구할 내용이 있어야 합니다.

이런 이유 때문에 일주일 동안 대표기도를 위해서 기도하며 준비해야 합니다. 예배를 통해 하나님께 드릴 기도를 한 주간 준비하면서 하나님의 음성에 귀를 기울여야 합니다. 차분히 교회가 하나님께 간구할 기도의 제목들이 무엇이 있는지, 하나님께 찬양할 것은 무엇이 있는지 준비해야 합니다. 아무런 준비 없이 강단에 올라가서 생각나는 대로 기도하는 것은 마치 설교자가 아무런 준비 없이 강단에 올라가서 생각나는 대로 설교하는 것과 같습니다. 그만큼 대표기도가 중요합니다.

대표기도는 개인기도가 아니기 때문에 오랜 시간 동안 하지 않는 것이 좋습니다. 너무 길게 하다보면 함께 드리는 성도들이 다른 생각에 빠질 수 있기 때문입니다. 2-3분 정도가 적당합니다. 한 주간 준비하면서 꼭 필요한 기도의 내용을 종이에 적어서 읽는 것이 좋습니다. 종이에 적지 않으면, 기도하는 동안 동일한 단어를 반복적으로 읊거나 내용이 중복되는 경우가 많기 때문입니다. 간결하면서도 꼭 필요한 기도문을 작성해서 연습한다면 온 성도의 마음을 함께 하나님께서 전하는 대표기도가 될 것입니다.

「목회자가 쓴 기도문-대표기도 이렇게 하세요」는 장로회신학대학교 신학대학원 동기 목사 4명이 모여 함께 쓴 기도문입니다. 각자 맡은 사역의 장에서 대표기도문을 위해서 함께 기도하며 작성했습니다. 4명이 쓴 기도문이기에 각기 다른 기도문 형태와 단어들이 사용되었고, 각자의 문체들을 되도록 살렸습니다. 또 주일낮예배(52개), 오후찬양예배(52개), 수요예배(25개)를 비롯해서 절기예배(20개), 특별행사(22개), 심방(25편)과 관련된 기도(196개)를 실었습니다.

이 책이 나오기까지 도와주신 드림북 민상기사장님과 편집부에게 감사의 마음을 전합니다. 함께 기도문을 작성한 95기 동기 목사들(신동호, 한현수, 홍융희 목사)에게도 감사의 마음을 전합니다. 또한 「목회자가 쓴 기도문-대표기도 이렇게 하세요」를 통해서 대표기도를 하는 온 성도들에게 감사의 마음을 전합니다. 마지막으로 모든 영광을 주님께 돌립니다.

2017년 1월
책임 편집 배태훈 목사

머리말 4
목차 6

1. 주일낮예배 기도문(52편) / 10

2. 오후찬양예배 기도문(52편) / 116

3. 수요예배 기도문(25편) / 222

4. 절기예배(20편)
    새해예배 기도문 ……………………………………… 274
    종려주일 기도문 ……………………………………… 276
    부활주일 기도문 ……………………………………… 278
    가정의 달 기도문 ……………………………………… 280
    어버이주일 기도문 …………………………………… 282
    어린이주일 기도문 …………………………………… 284
    성령강림주일 기도문 ………………………………… 286
    추수감사주일 기도문 ………………………………… 288
    성탄주일 기도문 ……………………………………… 290
    송년주일 기도문 ……………………………………… 292
    맥추감사절 기도문 …………………………………… 294
    삼일절 기도문 ………………………………………… 296
    고난주일 기도문 ……………………………………… 298

성서주일 기도문 ···································· 300
순교자기념주일 기도문 ························ 302
6.25예배 기도문 ····································· 304
광복절예배 기도문 ································ 306
대림절 기도문 ·· 308
사순절 기도문 ·· 310
종교개혁주일 기도문 ···························· 312

5. 특별행사(22편)

찬양대 헌신예배 기도문 ······················ 316
남선교회 헌신예배 기도문 ·················· 318
여전도회 헌신예배 기도문 ·················· 320
교회학교 헌신예배 기도문 ·················· 322
교사 헌신예배 기도문 ·························· 324
야외예배 기도문 ···································· 326
총동원주일 기도문 ································ 328
교회창립예배 기도문 ···························· 330
부흥회 기도문 ·· 332
입당예배 기도문 ···································· 334
헌당예배 기도문 ···································· 336
공동의회 기도문 ···································· 338
제직회 기도문 ·· 340
월례회 기도문 ·· 342
교사모임 기도문 ···································· 344
전도 기도문 ·· 346
성경공부 기도문 ···································· 348
우리나라와 민족을 위한 기도문 ········ 350
북한을 위한 기도문 ······························ 352
평화통일을 위한 기도문 ······················ 354
세계를 위한 기도문 ······························ 356
선교사를 위한 기도문 ·························· 358

6. 심방기도문(25편)

대심방 기도문 ··· 362
이사 기도문 ··· 364
배우자를 위한 기도문 ····································· 366
임신을 위한 기도문 ·· 368
출산을 위한 기도문 ·· 370
입학을 위한 기도문 ·· 372
졸업을 위한 기도문 ·· 374
군입대를 위한 기도문 ····································· 376
직장을 위한 기도문 ·· 378
수험생을 위한 기도문 ····································· 380
개업을 위한 기도문 ·· 382
병환 중에 있는 환우를 위한 기도문 ················ 384
수술을 앞둔 성도를 위한 기도문 ····················· 386
고난 중에 있는 성도를 위한 기도문 ················ 388
환갑예배 기도문 ·· 390
임종예배 기도문 ·· 392
장례예배 기도문 ·· 394
백일예배 기도문 ·· 396
돌예배 기도문 ··· 398
결혼예배 기도문 ·· 400
유학을 떠나는 성도를 위한 기도문 ·················· 402
다문화가정을 위한 기도문 ······························· 404
새신자를 위한 기도문 ····································· 406
태신자를 위한 기도문 ····································· 408
신앙갈등을 겪고 있는 성도를 위한 기도문 ······· 410

주일낮예배 기도문

01 주일낮예배 기도문

생명이 자라도록 아낌없이 숨을 불어 넣어 주시는 하나님을 예배합니다.
이 땅에서의 힘거운 싸움으로 지쳐버린 인생들이 하나님을 부인함에도 생명을 주시기 위해 예수님을 보내주셨음에 찬양합니다. 오늘날에도 그 크신 은혜가 우리네 삶에 마르지 않기를 바라시며 성령님을 통해 교회 가운데 날마다 흘러보내 주셔서 감사합니다. 주님을 고백하며, 주님의 임재 앞에서 기다리는 거룩한 주일 예배의 자리에 나아옵니다. 주님, 지난 한 주간 온전히 주님의 음성에 귀 기울이지 못하고 내 생각과 내 고집을 앞세우며 죄인들의 길로 다녔습니다. 매순간 우리를 부르시는 목자의 다정한 음성을 들었음에도, 주님의 품을 떠나 그릇된 길로 갔습니다. 하나님께서 채워 주시는 은혜에도 만족하지 못하고 헛된 욕심을 내며 살았습니다. 주님, 이제 돌이켜 주님 앞에 엎드려 이 모든 죄를 회개하오니 용서해 주소서.
이 시간 예배를 통해 우리의 삶에 온전히 주인이 되어 주시고, 바른 길로 인도해 주소서. 교회에 나아온 지체들의 각 심령마다 굳어진 마음들이 부드럽게 녹여져가는 은혜의 시간되게 하시고, 주님으로부터 흐르는 은혜로 우리의 생각과 말과 행동이 변화되는 예배되게 하소서. 예배를 인도하는 이들과, 공예배를 준비하는 구석구석의 손길들에 이르기까지 그 섬김과 수고를 기억하여 주시고 하나님 앞에서 공교하게 준비할 수 있는 지혜와 힘을 허락하소서.
신비로운 하나님의 말씀을 전하는 목사님을 정결하게 하사 하늘의 양식이 배고픈 이 땅에 온전히 흘러가도록 하소서. 이 세대의 악에게 지지 않게 하시고, 하나님의 선함을 닮아가며 이로 인해 악을 이기게 하소서. 더욱이 이 지역 사회와 나라를 기억하시고, 더불어 예배함으로 나아갈 수 있는 선한 토양이 되게 하소서. 계층과 지역사이의 갈등을 풀어갈 수 있는 지혜를 허락하셔서, 교회를 통하여 하나님의 선한 창조에 동역하는 교회가 되게 하소서. 선교사의 걸음과 그들의 가족 간의 관계를 부드럽게 하시고, 다른 문화권에서도 외롭게 고군분투 하지 않도록 날마다 거룩함과 은총을 허락하소서.

이 시간 이곳을 지켜주셔서, 다른 마음으로 믿음이 흔들리지 않도록 하시고, 오해와 변명의 자리가 되지 않게 하시고 기쁨이 충만해지는 자리가 되게 하소서. 성령의 인도하심을 따라 신령한 노래로 하나님을 높이는 시간되게 하시고, 교회가 다함께 고백하는 연합과 일치의 예배되게 하소서. 언제나 우리를 품어 주시는 선한 목자가 되신 예수님 이름으로 기도합니다. 아멘.

02 주일낮예배 기도문

우리의 삶을 날마다 비추시며, 삶의 기준이 되시는 하나님을 찬양합니다. 세상을 밝히는 큰 빛이시기에 감히 눈을 뜨고 볼 수 없는 기이하신 주님을 찬양합니다. "나는 세상의 빛이다. 나를 따라오는 이는 어둠 속을 걷지 않고 오히려 생명의 빛을 얻을 것이다"는 하나님의 말씀을 의지하며 감사의 고백을 드립니다.

그러나 주님, 우리는 연약합니다. 주님을 따라 살기로 약속한 그리스도인이 되었음에도, 어둠에서 온전히 벗어나지 못한 채 머무르려는 옛 습성이 여전히 우리 가운데 있음을 고백합니다. 예수님을 받아들임으로써 마음속에 있는 어두운 영역을 다 몰아내고 싶으며, 더 이상 어둠속에서 헤매거나 길을 잃지 않고 싶은 마음의 갈망이 우리 가운데 있습니다. 하지만 우리의 힘으로는 이 어둠에서 벗어나지 못합니다. 친절하신 주님, 우리를 불쌍히 여기시옵소서. 이 시간 주님의 빛으로 인해 우리의 삶이 더 밝고 행복해지게 하소서. 우리의 죄악을 도말하시고, 우리네 삶을 짓누르고 꾀어 그릇된 길로 빠지게 하는 죄에서 우리를 건지소서.

이 시간 예배를 주관하사 우리의 마음이 주님께 집중되고, 오직 하나님의 영 안에서 연합하며 기뻐할 수 있는 시간이 되게 인도하소서. 우리의 손으로 할 수 있는 수고로운 일에서 온전히 주님께 두 손을 내어드려 찬양하며 기도하는 시간, 하나님의 손이 우리의 모든 출입을 지키시는 시간이 되기를 소망합니다. 예배의 모든 순서를 기억하시고 준비하는 모든 이들을 영육 간에 지켜주소서. 이

곳으로 발걸음을 옮기는 이들의 걸음걸음을 지켜 주시고, 주님 안에서 함께 합력하여 선을 이루는 교회가 되게 하소서.

말씀을 경청할 수 있는 마음의 고요를 허락하셔서 주님의 말씀이 던져질 때에 마음에 큰 파장이 일어나 성령으로 감동되어지게 하소서. 구원의 감격과 그리스도의 믿음으로 하나가 된 교회, 지체 한 사람 한 사람을 붙들어 주사 서로 간에 성령 안에서 친밀한 교제가 이루어지게 하소서. 하나님의 하신 일들을 기억하며 찬양케 하시고, 영원한 우리의 목자가 되심으로 인해 믿음으로 승리하는 시간되기를 간구합니다. 연약한 지체들을 세워주시고, 넘어지지 않도록 인도하소서. 교회가 걷는 길에 하나님의 위로가 흘러가도록 허락하소서.

지역가운데 소외된 계층들을 보살필 수 있는 지혜를 허락하시고 주의 이름으로 착한 행실을 자랑할 수 있는 교회가 되도록 하소서. 이 땅의 모든 가정들이 주님의 빛 아래 조명되어지는 시간이 되기를 간절히 바라옵니다. 선교의 사역을 감당하는 열방에 이르기까지 모든 땅에서 하나님을 고백하는 일들이 회복되게 하소서. 살아계시고 지금도 그 환한 빛으로 비추시는 예수님의 이름으로 기도합니다. 아멘.

03
주일낮예배 기도문

세상을 창조하시기 이전부터 우리를 위해 아름다운 일을 시작하신 하나님을 찬양합니다.

혼돈과 공허와 흑암이 깊은 곳에서 말씀으로 빛을 허락하시고, 각종 동산의 실과와 하늘과 바다에 아우르기까지 아름다운 피조세계를 만드신 하나님의 창조만으로도 감격이 벅찹니다. 그런데 그보다 더욱 세심하게 호흡으로 우리들을 빚어주셨고, 지금에 이르기까지 포기하지 않으시며 선한 계획을 우리를 통해 이루실 것을 약속하셨음에 더욱 감사합니다.

하지만 주님, 우리는 부끄럽게도 이러한 주님의 신실하신 계획에 어울리지 않는 모습으로 때로는 제 마음의 이기적인 욕심만을 앞세우며, 때로는 무리지어 악한 일들을 꾀합니다. 심지어는 그 죄의 자리에서 돌아키지 못하며 주저앉을 때가 많았음을 고백합니다. 하나님의 신실하신 약속 앞에 바로 서지 못한 우리들의 삶과 모습을 용서하시옵소서. 여전히 게으르고 악한 습성들을 제하여 주시고, 때론 비교하며 분노하는 우리들의 마음을 흔들리지 않는 반석위에 붙들어 주시고 세워주소서.

거룩하신 하나님.

이 시간을 준비하게 하시고 저희들의 마음을 돌이켜 회개하고 묵상할 수 있는 시간을 주심에 감사합니다. 성령님의 도우심이 아니라면, 어떻게 제 각각인 우리의 마음이 한 자리에 모여질 수 있으며, 서로 다른 갈망을 가진 채 한 목소리로 주님을 높일 수 있겠습니까? 하나님나라의 백성으로서 마땅히 구해야 할 바를 아직도 잘 분별치 못하는 우리의 마음과 입술을 주장하여 주사 아버지의 나라와 뜻에 합당한 바를 구할 수 있는 시간이 되도록 인도하여 주소서.

거룩한 주일을 구별하여 드리는 우리의 마음이 이 땅의 염려와 걱정으로 요동치 않도록 우리의 감정과 의지, 그리고 체력의 출입까지 주께서 주관하시옵소서. 하나님을 하나님 되게 높일 수 있는 시간이 되게 하셔서 이곳에 좌정하신 하나님을 기쁘시게 하는 예배가 세워지게 하시옵소서. 이러한 예배의 모형이 우리들 각자의 삶과 가정에 뿌리내릴 수 있게 인도하소서. 교회의 직분자들을 세웠으니, 서로가 직분에 맞게 잘 섬기며 서로를 믿어주고 세워주는 선한 일들이 날마다 흥하게 하소서.

힘들 때에 피할만한 주님이시여, 우리 가운데 육체의 질고로 인해 크게 눌려서 생각이 끊어지고, 마음이 무너져버린 지체들이 있습니다. 잘못된 오랜 습관으로 인해 좌절하며, 꾀는 무리들의 유혹을 물리치지 못하는 연약한 감성을 가진 이들도 있습니다. 때로는 하나님을 만나는 더 이상의 감동이 없어 목말라 하는 지체들이 있습니다. 주님 바라옵건대, 오늘 이 자리에 모인 모든 주의 백성들에게 아낌없는 하늘의 기쁨을 흘려보내 주소서. 예수님의 이름으로 기도합니다. 아멘.

04 주일낮예배 기도문

　정의를 물같이 공의를 강같이 흐르게 하시는 하나님을 찬양합니다.
　편협한 시야로 세상을 힘들게 살아가는 우리들을 범사에 살피시며 보호하시는 손길로 인해 감사합니다. 우리가 어디에 있든지 거기에까지 우리를 찾으시며 우리의 신음소리까지도 들으셔서 온전히 세우려 하시는 하나님의 미쁘신 사랑에 거듭 감사합니다. 우리는 여전히 죄인의 모습으로 사는 듯하나 십자가의 흘리신 피로 우리를 사셔서 우리를 흠 없다 하시며 아들로 삼아주셔서 감사합니다.
　우리를 향한 주님의 은혜는 이렇듯 메마를 일이 없으나, 지난 한 주간의 삶을 돌아볼 때에 부끄럽고 감히 용서를 구하고자 합니다. 하나님, 우리는 하나님을 닮으려 매일매일 불의와 씨름하지만, 매번 승리하지 못함을 고백합니다. 때로는 불안이 되고, 가끔은 자랑이 되는 우리의 감정이 우리들로 하나님께 향하지 못하고 스스로를 세우는 데에만 급급하게 했습니다. 당장 닥친 일들에 목숨을 내어 놓을 듯 달려들지만, 주님이 허락하신 말씀의 시냇가를 향하여서는 한 걸음도 옮기지 못하였습니다. 주님, 이렇듯 우리의 삶은 부끄러워 하나님의 빛 앞에서 숨을 수밖에 없습니다. 하지만 오늘도 하나님의 크신 사랑을 기대하며 엎드리며 나아갑니다. 마른 가지에 새 생명을 틔우듯이 불의와의 씨름에서 지친 우리들을 이 시간 일으키소서.
　이 시간 예배로 함께 나아갈 수 있도록 우리 모두의 마음을 만져주셔서 하나로 어우러지게 하시고, 아름다운 화음과 향기가 되어 하나님께 드리는 예배가 되게 하소서. 온갖 거짓된 욕망으로 사람사이에 기본적인 신뢰마저 무너진 이 세상에 하나님을 닮은 정의로움과 공의가 선포될 수 있도록 인도하셔서 다음 세대로 이어지는 이 시대의 거룩한 세대의 계승이 이루어지게 하소서. 이 나라가 차유치 못하는 사회의 어두운 영역들에도 주의 은혜의 물이 흘러서 깨끗이 정화되어지게 하소서.

거룩한 성일 주님께서 허락하시는 말씀을 기다립니다. 이 자리에 머리 숙여 기도하며 기다리는 모든 성도들에게 아낌없이 말씀하여 주옵소서. 주님의 말씀에 순종하며 나아갈 수 있는 용기와 믿음을 허락하시며, 더불어 세워가며 일어설 수 있는 교회가 될 수 있게 복을 허락하소서. 예배의 모든 순서들에 기름을 부으셔서 온전히 주님께 집중하며 고백할 수 있는 시간 되도록 인도하소서. 주님의 임재와 함께 하는 이 거룩한 시간, 예배의 은혜로움이 흘러 넘쳐 지역 가운데로 스며들게 하시고, 수고하고 무거운 짐 진 이웃들의 마음에 주님을 영접할 수 있는 마음으로 유연해지는 시간되게 하소서. 모든 일에 주님의 영광이 날마다 드러나기를 간절히 소원하옵고 예수님의 이름으로 기도합니다. 아멘.

05 주일낮예배 기도문

　모든 이름 위에 뛰어나신 하나님의 이름을 찬양합니다. 세상 모든 지혜로움보다 더욱 신묘막측하신 하나님의 신비로움을 경배합니다. 허락하신 성경 말씀을 통해 주님의 성품을 알아가게 하심에 감사합니다. 또한 주님이 우리에게 하신 놀라운 십자가 사랑에 구속되었음을 감사합니다.
　하지만 주님, 우리는 그러함에도 여전히 연약합니다. 분주한 시간 속에서 흔들리지 않는 이가 없으며, 모든 게 빠르게 변해가는 세상 속에서 믿음에 대한 확신마저 없을 때가 있습니다. 때로는 학문하는 지혜로 하나님과 교회를 재단하기에 바쁘며, 어떨 때에는 어떻게 해야 하나님의 존재를 느낄 수 있는지 조차 몰라 방황하기도 합니다. 세상이 하나님 없이 돌아가는 것은 아닐까 회의감마저 느끼는 연약한 죄인입니다. 우리를 용서하시옵소서. 이 시간 한 주간 동안 하나님 앞에서 저지른 불경한 모든 생각과 말과 행동을 무릎 꿇어 내려놓으니 주님께서 고쳐 주시옵소서.
　하나님, 이 땅의 죄악에 빠른 걸음들과 모략을 꾀하는 손과 발을 끊을 수 있는 힘과 능력을 믿음의 교회들에게 허락하시옵소서. 교회가 어둠의 권세들에게 이 세대를 넘기지 마시고 구원하여 주옵소서. 전도자의 걸음으로, 복음을 들고 사회에 나가는 것이 쉽지 않은 오늘날의 세태를 불쌍히 여기셔서 교회의 다음 걸음이 어떻게 진행되어야 하는지 주의 지혜로 가르치소서. 물질과 문명으로 인해 서로 비교되며, 서로 단절되는 형제애가 이제는 교회에까지 물들고 있습니다. 하나님의 교회들이 서로 하나가 되지 못하고 개교회주의로, 그리고 교회내의 분파로 인해 갈등하고 있는 어리석은 주의 청지기들을 붙잡아 주시옵소서. 또한 반석위에서 흔들리지 않고 서로가 함께 살아낼 수 있는 실천하는 교회가 되게 하소서. 온 땅을 위한 하나님의 복음을 제한하지 않으며, 지경을 넓혀 넓은 열방에 이르기까지 힘을 써서 나아갈 수 있는 교회가 되게 하소서. 다음세대 가운데 흘러가는 믿음의 유산이 크고 푸른 의의 나무와도 같게 하셔서 시대에 휩쓸려 넘어지지 않는 튼튼한 뿌리의 교회가 되게 하소서.

하나님이시여.

이 시간에 연약한 자리에서도 하나님의 높고 위대하심을 찬양하기 위해 나아 온 모든 주의 백성들을 위로하여 주시고, 선포되는 말씀을 들을 때에 마음에 벅찬 은혜와 감동이 넘쳐나게 하소서. 함께 예배의 자리로 나아오지 못하고 분주한 지체들과, 질병으로 수고하는 이들에게도 풍성한 말씀의 은혜가 그들의 삶의 자리로 흘러갈 수 있도록 인도하소서. 하나님의 변함없는 교회를 향한 사랑에 감사드리며, 이 시간 높임을 받으실 예수님의 이름으로 기도합니다. 아멘.

06 주일낮예배 기도문

하나님! 오늘도 하나님의 성전으로 불러주시니 감사합니다. 이곳에 모여 예배하는 우리의 마음에 찾아 오셔서 하나님의 은혜를 깨닫고, 사랑하는 마음이 넘쳐나게 하옵소서.

어디에나 계시고 모든 일을 아시는 주님, 우리의 몸은 이곳에 와서 앉아 있지만 우리의 관심과 생각은 아직도 세상에 머물고 있습니다. 예배 후에 할 일을 걱정하고 이번 주에 일어날 일에 대해서 생각하느라 찬송의 가사도 모른 채 흥얼거리고 있으며, 기도의 내용도 모른 채 '아멘' 하고 있습니다. 온전한 예배는 우리의 마음과 생각을 하나님께 드리는 것이오니, 이 시간 우리의 전심을 하나님께 드리게 하옵소서. 하나님께서는 마음을 두지 않는 예배를 싫어하셔서 이미 선지자들을 통해 그런 예배를 금지시키셨건만, 우리에게는 여전히 그런 예배가 많음을 고백합니다. 세상의 일이 우리가 걱정한다고 해서 되는 일이 아니요, 오직 하나님의 계획과 섭리와 인도하심이 있어야 될 줄 믿습니다.

우리의 연약함과 믿음 없음을 용서하시고, 이 시간 목사님을 통해 전해지는 말씀으로 우리의 모습이 변화되게 하옵소서. 신령과 진정으로 드리는 예배, 온 마음을 하나님께 드리는 예배, 찬송에 감격하며 말씀에 집중하는 예배를 드리게 하옵소서.

또한 우리의 삶이 예배가 되기를 원합니다. 성전 마당만 밟는 예배는 곧 삶에서 하나님의 말씀을 실천하는데 실패한 예배입니다. 하나님의 말씀이 교회 안에서만 살아 있게 하지 마시고, 우리의 삶 속에서 살아 역사하시는 말씀이 되게 하소서. 또한 우리가 교회 안에서만 의인이 아니라, 믿지 않는 이웃에게도 의인이 되게 하옵소서.

　예수님은 우리의 착한 행실을 보고 하늘에 계신 하나님께 영광을 돌리도록 생활하라 하셨습니다. 또한 죽어가는 사람을 도와준 사마리아인을 진정한 이웃이라 하셨습니다. 성경의 지식만 쌓아 머리만 커진 사람이 아니라, 머리는 작아도 마음이 크며, 손발이 큰 사람 되게 하옵소서. 우리의 삶을 통해 진정한 기독교가 무엇인지 많은 사람들에게 알게 하옵소서.

　오늘 이 예배가 우리가 누구인지를 생각하며, 하나님께 어떤 은혜를 받았는지를 깨닫고, 이제 어떤 삶을 살아야할지 고민하는 시간이 되기를 원합니다. 우리에게 내려주실 은혜와 사랑을 사모하며 예수님의 이름으로 기도드립니다. 아멘

07 주일낮예배 기도문

하나님! 오늘도 우리가 시간과 장소를 구별하여 드리는 이 예배를 기쁘게 받아 주옵소서. 우리의 발걸음이 이곳으로 향하게 하신 이유는 우리의 착함과 성실함 때문이 아니라, 성령님의 인도하심 때문입니다.

우리가 하나님 앞에서 의롭다, 착하다 착각하지 않게 하옵소서. 우리가 선하다 인정받은 것은 하나님의 은혜이지 결코 우리의 의가 아닙니다. 우리는 여전히 하나님의 말씀을 제대로 지키지 못하는 죄인입니다. 죄인이 감히 올 수 없는 하나님의 성전에서 예수님의 보혈을 의지하여 머리를 숙였습니다. 예수님의 희생과 하나님 아버지의 한량없는 사랑으로 우리를 받아주시고, 용서하여 주옵소서.

○○년 전, 이곳에 ○○교회를 세우시고 지금까지 지켜주신 하나님, 우리 교회가 하나님의 말씀을 받들어 실천하는 교회가 되게 하옵소서. 이 교회의 머리 되신 예수님이 친히 우리의 갈 길을 보여주셨습니다. '새 계명을 너희에게 주노니 서로 사랑하라 내가 너희를 사랑한 것 같이 너희도 서로 사랑하라. 너희가 서로 사랑하면 이로써 모든 사람이 너희가 내 제자인 줄 알리라'고 말씀하셨건만, 우리 가운데는 사랑이 없었습니다. 용서가 없었습니다. 배려가 없었습니다. 예수님의 모습은 어디에도 없고, 이기심과 마음만이 남았습니다.

하나님! 우리의 마음에 있는 더러운 것들이 사라지게 하옵소서. 예수님의 마음을 우리에게 주사 겸손하며, 인내하며, 사랑하며, 도와주며, 용서하게 하옵소서.

이 땅의 많은 교회들이 예수님의 마음은 잃어버리고, 교회의 이름으로 이익만을 챙기고 있습니다. 또한 잘못된 교회들이 일어나 거짓을 전하며, 교묘히 성도들을 속여 혼란에 빠뜨리고 있습니다. 우리 교회는 말씀 위에 바로 서게 하시고, 예수님의 마음을 닮아 하나님을 사랑하고 이웃을 사랑하기를 원합니다.

오늘 우리에게 선포되는 말씀이 우리의 삶의 기준이 되게 하시고, 우리 생활의 지침이 되게 하옵소서. 우리를 주님의 말씀에 복종시켜 주시고, 그 삶을 기뻐하게 하옵소서. 세상의 놀림과 비난에도 아랑곳 하지 않고 묵묵히 주님의 길을 따라가게 하옵소서.

우리의 인도자가 되신 예수님! 우리를 이끌어 푸른 초장이나 사망의 음침한 골짜기나 그 어디라도 인도하여 주옵소서. 우리는 기쁜 마음으로 주의 인도하심을 따라 그 길을 가겠사오니, 우리의 참 목자가 되어 주옵소서. 오늘 이 예배를 온 마음과 정성으로 드리오니 받아주옵소서. 예수님의 이름으로 기도드립니다. 아멘.

08 주일낮예배 기도문

　모든 것의 근원이 되시는 하나님! 우리의 목자가 되신 주님께서 우리의 삶을 매순간마다 인도하시니 감사합니다.
　주님의 음성을 듣게 하사 길이요 진리요 생명이신 주님만 따르기 원합니다. 기도의 모범이 되신 주님처럼 우리의 삶이 기도로 이루어지길 원합니다. 모든 염려와 걱정을 주님께 맡겨버리고 믿음으로 살게 하옵소서. 우리 마음속에 강 같은 평화가 넘치게 하옵소서. 우리를 새 생명의 길로 인도하옵소서. 썩어진 세상이 아니라 주님만을 소망하고 주님만을 바라보며 살게 하옵소서. 세상은 우리가 그들의 길을 따르기 원하나, 성령님의 인도하심으로 날마다 새롭게 되게 하옵소서. 죄악에서 떠나게 하시고 악의 모양이라도 버리게 하사 주님의 역사하심에 동참하게 하옵소서.
　사랑의 하나님! 맡은 사명에 최선을 다하게 하시고 핑계로 세월을 헛되이 보내지 않게 하소서. 무기력한 삶이 아니라 선지자처럼, 제자들처럼 치열하게 주님의 일에 최선을 다하게 하옵소서. 교회에서, 가정에서, 직장에서, 우리가 맡은 일에 성령의 열매를 맺어 하나님께 영광을 돌리기 원합니다. 우리의 삶이 하나님의 드러내며 영광을 돌리는 살아있는 예배가 되게 하시고, 우리의 생활로서 복음을 증거하게 하옵소서.
　자비로우신 하나님! 오래 참아주시기에 우리가 주님 앞에 설 수 있습니다. 우리는 자주 실수하고 넘어지오니 주님께서 붙들어 주옵소서. 악에게 져 죄를 짓기 전에, 주님이 가르쳐주신 기도처럼 '악에서 구하여 주옵소서.' 우리를 유혹하는 것들이 너무 많이 있으며, 우리의 옛 모습으로 돌아가게 하는 일들이 너무나 많이 있습니다.

주여! 우리를 붙들어 주옵소서. 우리가 날마다 은혜 안에서 살면서도 은혜를 잊어버리고 허망한 것들을 붙잡고 살아 주님의 이름을 욕되게 한 것을 용서하옵소서.

우리의 소망이 오직 예수님이 되게 하옵소서. 우리의 모든 삶의 해답이 예수님이기를 원합니다. 주님 안에서 항상 기뻐하기를 원합니다. 언제나 즐거이 주님을 높이고 주님의 뜻을 이루어감으로 주님의 사랑과 칭찬을 받는 우리 교회와 성도가 되게 하여 주옵소서. 우리의 눈에 보이는 대로 판단하지 않게 하시고, 무지한 인간의 귀에 들리는 대로 말하지 않게 하시고, 욕심대로 살지 않게 하사 주님의 인도하심을 따르게 하옵소서. 모든 일에 참된 분별력을 주옵소서. 언제나 우리의 기도와 예배를 받아 주시기 원합니다. 모든 성도들에게 주님의 크고 넓으신 손길로 함께 하옵소서. 이 시간 드리는 이 예배를 통하여 영광을 받아주시고 우리에게 기쁨과 감격을 주실 우리 구주 예수님의 이름으로 기도합니다. 아멘.

09 주일낮예배 기도문

　만복의 근원이자 생명이신 하나님! 지난 한 주도 주님의 은혜로 살게 하시니 감사합니다. 우리를 위로하시어 세상을 위로하게 하시고, 우리를 축복하시어 세상을 축복하게 하소서. 주님은 우리의 유일한 방패시오니 우리에게 힘과 용기와 믿음을 주시어 세상에서 도움받기보다는 세상에 도움을 주는 성도들이 되게 하여 주시옵소서.
　주님! 우리가 주님의 품성을 닮게 하시고, 주님의 언행을 따라하게 하소서. 우리의 마음이 예수님과 같이 하나님의 뜻과 정의 안에 있게 하시고, 우리의 손발이 낮고 천함을 가리지 않게 하소서. 마음에는 주님의 강한 믿음을, 언행에는 주님의 온화한 향기가 스미며 나오게 하소서. 그리하여 우리가 메마른 땅에 내리는 단비가 되고, 어둠을 걷어내는 빛이 되게 하소서. 넘어진 사람을 일으켜 세우는 따뜻한 손이 되고, 절벽에 매달린 사람을 붙잡아주는 강한 팔이 되게 하소서. 그리하여 어둠이 있는 곳에 광명을, 죽음이 있는 곳에 생명을, 거짓이 있는 곳에 진실을, 원한이 있는 곳에 해원을, 갈등이 있는 곳엔 화해를, 시기와 질투가 있는 곳엔 사랑과 긍휼을 전파하는 주님의 충실한 사자가 되게 하옵소서.
　주님! 우리에게 주님의 마음을 주시어, 주님이 바라던 것을 함께 바라고, 주님의 소원이 우리의 소원이 되게 하소서. 그리하여 순박하고 아름다운 사람들, 의롭고 선한 사람들이 넘쳐나는 나라, 갈등도 미움도 다툼도 없이 오직 하나님의 축복과 평강만이 넘쳐나는 나라를 꿈꾸게 하시옵소서. 서로 갈등하고 있는 남과 북이 어울리게 하소서. 이 나라를 향한 하나님의 뜻이 어디에 있는지 알지 못하나, 이 땅에 진정한 평화가 있어 남북이 하나 되기를 원합니다. 오랜 분단 속에 서로의 마음조차 나누어져 하나가 될 희망조차 보이지 않지만, 하나님과 우리 사이의 막힌 담을 헐어버리신 예수님의 사랑으로 서로가 서로를 용납하며 용서하게 하옵소서. 계층 간에 있는 갈등, 세대 간에 있는 갈등, 없는 자와 있는 자 사이에 있는 갈등을 예수님의 사랑으로 덮어주시옵소서.

온전한 하나님의 사랑이 이 땅에 가득하게 하시고, 하나님의 나라가 이 땅 가운데 실현되게 하옵소서. 우리의 죄악으로 인해 타락한 이 땅에 하나님의 복음이 다시 한 번 힘을 얻어 흥왕하게 하옵소서. 바울과 같이, 베드로와 같이 주의 말씀을 듣고 세상에 나아가는 우리 성도들이 되게 하여 주옵소서. 예수님의 이름으로 기도드립니다. 아멘.

10 주일낮예배 기도문

하나님! 오직 주의 사랑에 매여 우리의 영이 하나님을 찬양합니다. 예배합니다. 우리의 이 예배를 받아주옵소서.

주님! 우리의 삶을 돌아봅니다. 세상의 희망으로, 어두운 곳을 밝히는 빛으로, 세상이 부패하지 않도록 막는 소금으로 살아가는 것이 믿는 자의 본분입니다. 하지만 삶이 주는 절망 속에서 허우적거리고, 빛보다는 어둠을 더 사랑하며, 맛을 잃은 소금처럼 살았음을 고백합니다. '세상에서는 너희가 환난을 당하나 담대하라 내가 세상을 이기었노라'고 말씀하셨지만, 우리는 작은 시험에도 넘어지고 환란을 당하면 급하게 피하였습니다. 하나님의 자녀, 예수님의 제자라고 하기에는 너무나 부족한 삶을 살았습니다. 하나님! 우리를 용서하여 주시고, 우리의 믿음 없음을 도와주옵소서.

세상은 날이 갈수록 악해져서 서로 속이기도 하고 속기도 하며, 분을 풀지 않으며, 조급하며, 돈을 사랑하는 마지막 때의 모습으로 변해가고 있습니다. 그 속에서 세상에 물들지 않고, 참되고 경건하게 살아가기가 너무나 힘이 듭니다. 예수님께서 가신 길은 내가 살아가기에 불가능한 것처럼 보입니다. 말씀과 현실 속에서 갈등하고 있는 우리들을 불쌍히 여겨 주옵소서.

하나님! 이 예배를 통해 약해진 우리의 믿음을 강하게 하여 주옵소서. 선포되는 말씀에 용기를 얻게 하시고, 하나님이 살아계셔서 이 땅을 다스리고 계심을 확신하게 하옵소서. 그리하여 또 다시 실패하며 유혹에 빠지는 삶을 살지 않게 하옵소서.

하나님! 다음세대에 우리의 신앙을 물려주기를 원합니다. 아니 더 경건하고 거룩한 세대가 되기를 원합니다. 우리의 자녀들을 하나님의 말씀에 사로잡혀 살아가게 하시고, 하나님의 가치로 판단하게 하시고, 하나님의 눈으로 세상을 바라보게 하옵소서. 그리하여 온 세계에 하나님의 이름을 드러내는 믿음의 자녀들이 되게 하여 주옵소서. 자녀들을 위해 먼저 우리가 바뀌게 하옵소서. 명예와 성공과 권력과 재물을 중요하게 생각하는 우리의 가치관이 사랑과 정의, 신뢰와 배려로 바뀌게 하시고, 그 무엇보다도 신앙이 우선되게 하옵소서. 우리가 믿음의 선조들에게서 배운 것처럼, 우리의 자녀들은 우리에게서 신앙의 모든 것을 보고 배울 것입니다.

하나님! 우리를 변화시켜 주옵소서. 새로운 사람이 되게 하여 주옵소서. 주님의 원하는 모습으로 우리를 바꾸어 주옵소서. 이제 주님을 위해 살아가는 참 그리스도인이 되게 하여 주옵소서. 예수님의 이름으로 기도드립니다. 아멘.

11 주일낮예배 기도문

찬양과 영광을 받으시기에 합당하신 여호와 하나님을 찬양합니다.

죄 때문에 죽을 수밖에 없는 우리를 위해 십자가에 돌아가신 예수님의 사랑과 하나님의 은혜에 감사를 드립니다. 매일 입술로는 예수 그리스도를 나의 구세주로 고백하지만, 우리의 삶은 주님과 전혀 관계없이 사는 경우가 많습니다. 주일에만 그리스도인척 행동하고, 평일에는 하나님을 믿지 않는 세상 사람들과 똑같이, 때로는 더 세상적으로 사는 경우도 많습니다. 우리의 이런 모습들을 이 시간 주님께 고백합니다. 용서하여 주시옵소서.

세상을 향해 빛과 소금이 되라고 말씀하신 것에 순종하지 못한 우리를 용서하여 주시옵소서. 어두운 밤바다에 길을 인도하는 등대의 빛처럼 하나님나라로 향하는 길을 보여주는 삶을 살 수 있도록 도와 주시옵소서. 우리가 세상에 동화되는 것이 아니라 죄의 늪에서 구원의 공간으로 인도할 수 있도록 도와 주시옵소서.

이곳 서지동산에 우리 교회를 세워주셔서 이 지역을 섬기고, 하나님의 복음을 전파하도록 허락하신 하나님. 우리 교회가 하나님의 말씀으로 든든히 서게 하시고, 우리 교회를 통하여 이 지역이 하나님의 사랑과 은혜가 가득하게 하옵소서. 복의 통로가 되는 교회가 되길 원합니다. 우리 교회를 사용하여 주옵소서. 교회에 속한 목회자와 온 성도가 한 마음, 한 뜻으로 하나가 되게 하시고, 하나님께서 우리 교회에 맡기는 사명을 잘 감당하게 하여 주시옵소서. 건강한 교회가 되게 하여 주시옵소서.

하나님께 목소리를 통하여 영광 돌리는 찬양대에게도 함께 하여 주시옵소서. 자신의 달란트를 뽐내는 것이 아니라 마음을 다하여 하나님께 찬양하는 찬양대가 되게 하여 주시고, 귀한 사명임을 잊지 않고 살아가도록 하여 주시옵소서.

○○○ 목사님을 통하여 하나님의 말씀을 듣습니다. 이 말씀을 가슴 깊이 새기며 우리의 삶이 변화되게 하시고, 매 순간마다 하나님의 자녀임을 잊지 않고 살아가게 하여 주시옵소서.

예수님의 이름으로 기도합니다. 아멘.

12 주일낮예배 기도문

찬양 받기에 합당하신 하나님!

무더운 날씨 속에서도 건강으로 지켜주신 하나님께 찬양을 드립니다.

하나님께서 이 세상을 주관하시고, 우리의 삶을 인도하시어 지금까지 지켜주시니 감사를 드립니다. 우리의 삶이 고달프더라도 주님을 향한 믿음이 변치 않도록 하시옵소서. 다윗이 환난 중에서도 하나님을 믿고 영광을 돌렸던 것처럼 우리도 어떤 상황 속에서도 하나님께 영광을 돌리기 원합니다.

이 나라와 이 민족을 불쌍히 여기셔서 하나님의 위로가 함께 하길 원합니다. 남북으로 분단되어 아직까지 서로를 위협하며 총칼을 겨누고 있습니다. 북한에서는 핵미사일로 위협하고, 한반도를 불안하게 합니다. 속히 남북이 하나가 되어 하나님께 예배하는 은혜가 임하길 원합니다. 이를 위해 더욱 기도에 힘쓰는 우리가 되게 하소서.

이 나라를 이끌어가는 위정자들이 하나님을 두려워하는 마음으로 정치를 하게 하시옵소서. 자신의 욕심이 아니라 온 국민을 위한 정치, 하나님의 선하신 뜻을 이루는 정치를 하게 하시옵소서.

우리 교회가 하나님 사역에 힘쓰는 교회가 되게 하옵소서. 교회가 교회다운 모습을 유지하는 것은 교회의 중심이 하나님이 되어야 합니다. 교회의 다양한 사역들에서 우리의 자랑이 나타나지 않게 하시고, 오직 하나님만이 나타나게 하옵소서. 교회의 머리되신 예수 그리스도를 섬기며, 담임 목사님을 비롯하여 모든 성도들이 교회에 모여 하나님 나라를 확장하는 데에 힘쓰게 하옵소서.

오늘 ○○○ 목사님을 통하여 주시는 말씀에도 함께 하시옵소서. 이 말씀이 오늘 우리의 심령에 뿌려져 우리의 삶에서 30배, 60배, 100배의 결실을 맺게 하시옵소서. 단지 귀로 듣는 말씀이 아니라 삶에서 실천하는 말씀이 되게 하옵소서.

주님께 귀한 목소리로 찬양을 드리는 찬양대의 찬양을 받으시고, 이 찬양이 진심으로 드려지는 신앙고백이 되게 하옵소서.

예수님의 이름으로 기도합니다. 아멘

주일낮예배 기도문

하나님께서 매 순간 우리를 돌보시니 감사합니다.

눈을 들어 보아도 우리를 도우시는 분은 오직 하나님밖에 없다는 것을 발견하게 됩니다. 하나님께서 우리를 돌보시지 않는다면 우리는 사탄의 종으로 희망 없는 삶을 살 수밖에 없습니다. 하나님의 돌보심에 사탄의 유혹에 넘어지지 않고, 우리에게 찾아오는 고통을 견디며 천국의 소망을 품고 살아갈 수 있습니다. 우리의 삶을 돌아보면 이렇게 하나님께 감사가 넘쳐 흐릅니다. 하나님의 돌보심이 있었기에 우리의 삶이 이루어진 것입니다. 하나님께서 베풀어주신 하나님의 은혜에 늘 감사의 삶을 놓치지 않고 살 수 있도록 도와 주시옵소서.

예수 그리스도를 우리 마음에 품고 있음에도 아직도 율법에 얽매여 사는 모습도 많이 있습니다. 율법은 우리에게 구원을 이끌어주지 못합니다. 오직 우리의 삶을 정죄할 뿐입니다. 나의 삶을 구원하고 영원한 삶을 허락하는 것은 예수 그리스도뿐입니다. 우리의 구원자이신 예수 그리스도만 바라보는 삶을 살 수 있도록 도와 주시옵소서.

교회를 세우시고 지금까지 우리를 보호하신 하나님. 매순간 하나님의 손길을 느끼며, 하나님의 사랑을 베풀며 지역과 사회로부터 칭찬을 받고, 하나님을 칭송할 수 있는 교회가 되게 하여 주시옵소서. 교회가 교회되게 하시고, 교회를 통해 하나님 나라가 이루어지게 하옵소서.

다음세대와도 함께 하여 주시옵소서. 사회가 갈수록 악하고 하나님과 성경을 적대하는 시대입니다. 이 시대에서 믿음을 지키며 하나님의 자녀로 살아가는 것이 그 어느 때보다 힘들고 어렵습니다. 다음세대가 신앙을 잃어버림으로 교회를 이어갈 사람들이 점점 줄어들고 있습니다. 우리의 다음세대가 교회를 이어가고, 역사와 전통뿐만 아니라 이 사회를 이끌어가는 주역으로 자라게 하여 주옵소서.

오늘 ◯◯◯ 목사님을 통해 주시는 하나님의 말씀에 귀를 기울이게 하시옵소서. 하나님의 귀한 말씀을 나의 삶의 이정표가 되게 하여 주옵소서. 귀로만 듣는 말씀이 아니라 삶에 실천하는 자가 되게 하여 주옵소서. 언제 어디서든지 하나님의 말씀을 잊지 않게 하시고, 하나님께서 나를 향하신 계획대로 살아가게 하옵소서. 하나님께서 보시기에 아름다운 삶을 살아가게 하옵소서.

예수님의 이름으로 기도합니다. 아멘.

14
주일낮예배 기도문

　하나님의 형상으로 우리를 만드시고, 그 코에 생기를 불어넣으셔서 생령으로 지으신 하나님의 은혜에 감사를 드립니다. 다른 피조물보다 영광스러운 존재로 만드셨을 뿐만 아니라 하나님께서 만드신 이 세상을 관리하며 다스리게 하심도 감사드립니다. 아름다운 이 세상에서 하나님과 함께 아름답고 행복한 삶을 누리게 하시니 감사드립니다.
　하지만 아담과 하와의 죄악으로 말미암아 아름답고 행복한 삶이 무너지고, 우리의 삶에 악한 생각이 가득하게 됐습니다. 하나님의 품에 거해야 함에도 점점 하나님을 떠나는 삶을 살아갑니다. 예수님을 우리의 구세주로 고백했음에도 우리의 삶에서는 하나님의 형상은 보이지 않고, 악한 모습만 보입니다. 하나님께서 우리에게 베풀어주시는 은혜를 생각하면 우리의 삶이 하나님만 향해야 함에도 그렇지 못합니다. 우리의 모든 죄를 주님께 내려놓습니다. 우리를 용서하시고, 하나님의 품에 거하게 하시옵소서.
　이 세상이 점점 물질만능주의가 되어 가며, 물질만이 최고의 가치로 여겨지는 세상으로 변해갑니다. 물질만 있으면 모든 것이 해결될 수 있다는 가치관이 형성되고, 남녀노소 모든 사람들이 삶의 목표를 물질에 두고 살아갑니다. 성경에서 분명히 말하기를 하나님과 재물을 함께 섬길 수 없다고 했습니다. 재물을 마음에 담아두면서 살면, 우리의 마음속에 하나님이 자리 잡을 수 없습니다. 우리의 마음이 항상 하나님을 향하게 하시옵소서. 우리의 마음이 하나님 생각으로 가득하게 하옵소서.

북한에 있는 동포들을 기억하여 주시옵소서. 혹독한 시련 속에서도 하나님을 향한 마음이 변치 않고, 하나님을 예배하는 자들을 기억하여 주시옵소서. 속히 하나님의 손길로 통일을 이루게 하시고, 온 백성이 하나님을 예배하게 하시옵소서. 하나님께서 우리 민족을 축복하시옵소서. 믿음의 선조들이 흘린 순교의 피를 이어받아 하나님을 섬기는 민족이 되게 하여 주시옵소서. 온 세상을 향해 주님의 복음을 전파하는 복음의 통로가 되게 하시옵소서. 우리 민족으로 하여금 주님의 복음이 온 세상 곳곳에 흘러가게 하옵소서.
　　교회를 통하여 하나님의 사랑이 지역 곳곳에 흩어지게 하시고, 교회가 많은 사람들에게 모범의 역할을 감당하게 하옵소서. 교회가 세워진 목적은 지역사회를 섬기고, 복음을 전파함에 있습니다. 이 목적을 감당하는 우리 교회가 되게 하옵소서.
　　○○○ 목사님이 선포하시는 하나님의 말씀이 땅에 떨어지게 하지 마시옵소서. 말씀이 우리의 마음 밭에 떨어져 귀한 열매를 맺게 하옵소서. 말씀이 살아 움직이는 역사가 일어나게 하옵소서. 오늘 우리가 드리는 예배를 받아주시고, 예수님의 이름으로 기도합니다. 아멘

15 주일낮예배 기도문

굳은 땅을 뚫고 새싹을 돋는 계절이 왔습니다. 꽃망울을 터뜨리는 꽃들이 완연해지는 봄이 찾아왔습니다. 지난 겨울 매서운 날씨를 봐서는 봄이 오긴 오는 것일까 하는 생각이 들었지만, 계절의 시간이 찾아오니 여기저기에서 봄을 알리는 소식들이 전해집니다. 우리에게 사계절을 주시고, 매번 때마다 아름다운 자연을 선물로 주시는 하나님의 은혜에 감사를 드립니다.

사랑이 가득하신 하나님.

기도해야 하는 데 기도하지 않고, 분노했던 우리의 죄를 용서해 주시옵소서. 하나님의 자녀임에도 우리의 삶에서 하나님의 모습은 보이지 않았고, 거룩함은 전혀 없었습니다. 우리가 정녕 하나님의 자녀일까 하는 모습도 보일 때가 있었습니다. 때로는 거룩함과 친절함 속에 하나님의 영광보다는 내 자신을 드러내길 원했던 마음이 강하기도 했습니다. 우리의 부정과 위선을 용서하옵소서. 주님의 보혈의 피로 깨끗하게 씻기시고, 깨끗한 심령으로 주님 앞에 서게 하옵소서. 우리가 드리는 예배를 통하여 우리의 마음이 거룩하게 되고, 우리가 주님의 뜻대로 행하는 자녀의 삶을 결단하고 돌아가게 하옵소서. 주님께서 우리의 삶을 주장하시옵소서.

우리 교회가 섬김과 헌신이 가득한 교회가 되길 원합니다. 예수님께서 친히 제자들의 발을 씻겨 주시고, 너희도 이와 같이 행하라고 말씀하셨습니다. 예수님께서 우리에게 베풀어주신 사랑과 섬김을 생각하면서 우리 또한 지역 사람들을 위해 섬기게 하옵소서. 육체적인 돌봄뿐만 아니라 그들의 한 영혼 한 영혼을 긍휼한 마음으로 돌보게 하옵소서. 그들의 영혼이 하나님의 은혜로 구원받게 되기를 간절히 기도합니다.

몸이 아픈 분들을 위해 기도합니다. 하나님의 돌보심으로 빨리 건강이 회복되게 하옵소서. 우리 교회의 온 성도들이 거하는 곳마다 함께 하시고, 특별히 사업장과 직장에서 그리스도의 향기를 풍기는 자가 되게 하옵소서. 또한 우리로 말미암아 우리가 속한 곳이 형통하게 하옵소서.

눈에 보이지 않는 곳에 봉사와 헌신하는 손길을 기억하시옵소서. 그들의 수고와 노력에 하나님의 축복이 임하게 하시고, 하나님과 늘 동행하는 삶을 살게 하옵소서. 아름다운 목소리로 주님께 찬양하는 찬양대를 축복하시고 이 시간 예배에 참석하지 못한 성도들에게도 주님의 은총이 함께 하시길 기도합니다. 처음과 끝이 되시는 예수 그리스도의 이름으로 기도합니다. 아멘.

16 주일낮예배 기도문

　우리의 참 목자가 되신 하나님, 우리가 꼭 가야할 길로 우리의 삶을 인도하시니 감사합니다. 무지하고 부족한 우리를 위해 끊임없이 사랑을 베풀어주시니 감사합니다. 거룩한 주일, 이렇게 하나님 앞에 나와 예배를 드릴 수 있도록 허락하신 은혜도 감사합니다. 오늘 오직 주님만 따르는 삶을 살기로 결단하는 시간이 될 수 있도록 인도하시옵소서. 목소리의 고백만이 아니라 하나님의 성품대로 살아가는 삶을 살게 하옵소서. 세상에 그리스도인의 삶이 얼마나 귀한 삶인지 전하게 하시고, 세상 사람들에게 칭찬과 하나님을 향한 칭송이 일어나는 삶을 살게 하옵소서.

　불의를 향해 거룩한 분노가 일어나게 하옵소서. 나와 상관없는 일이라고 눈을 감지 않게 하옵소서. 불의 앞에 무관심이 곧 세상의 악함이 가득하게 하는 일이라는 것을 기억하게 하옵소서. 우리가 조금 손해가 되더라도 정의를 외치는 예언자의 삶을 살게 하옵소서. 특별히 하나님을 대적하는 자들에 대해서는 진리를 지키기 위해 힘을 다하게 하소서. 세상 사람들이 모두 괜찮다고 하더라도 하나님께서 인정하지 않는 것이라면 안 된다고 말할 수 있는 담대한 믿음을 주시옵소서. 사람의 지식이 하나님의 지혜를 따라가지 못합니다. 하나님의 지혜에 순복할 수 있는 겸손한 믿음을 주시옵소서.

　예수님께서 갈릴리 가나의 혼인잔치에서 항아리에 물을 채우라는 말씀에 아귀까지 채웠던 하인들의 믿음을 우리에게 주옵소서. 무슨 일인지 모르지만, 주님께서 하신 말씀에 '아멘'으로 순종하는 믿음을 우리에게 주옵소서. 우리의 믿음을 통해 예물이 포도주로 변하는 놀라운 예수님의 기적이 우리의 삶에서도 일어나길 소원합니다.

  교회는 만인이 기도하는 집입니다. 우리 교회가 기도가 끊이지 않는 교회가 되게 하소서. 교회를 위해서, 나라와 민족을 위해서, 나라를 이끌어가는 위정자들을 위해서, 우리 교회에 속한 모든 성도들을 위해서, 온 세상에 흩어져서 주님의 복음을 전하는 선교사들을 위해서, 복음을 듣지 못한 미전도 민족과 아직도 예수님을 구주로 고백하지 못한 사람들을 위해서 기도하는 교회가 되게 하소서. 기도와 찬양이 넘쳐 교회 주변으로 흘러넘치는 교회가 되게 하소서.

  하나님의 말씀을 듣습니다. 말씀을 전하시는 ○○○ 목사님과 함께 하셔서 오늘 우리가 듣는 말씀이 사람의 소리가 아니라 하나님의 귀한 말씀이 선포되게 하옵소서. 선포된 말씀이 우리의 영과 육을 변화되게 하옵소서.

  하나님께 찬양을 드리는 ○○○찬양대에 큰 은혜를 베풀어 주옵소서. 마음을 다하여 찬양하게 하시고, 신앙을 고백하는 귀한 시간이 되게 하옵소서. 예수 그리스도의 이름으로 기도합니다. 아멘.

17 주일낮예배 기도문

우리가 항상 주님을 송축합니다. 우리의 입술로 주님을 찬양합니다. 매 순간마다 우리의 영혼이 주님을 자랑합니다. 주님의 은총이 우리 삶에 늘 함께 하시길 간구합니다. 하나님은 우리의 창조주이시며, 우리 삶의 주관자이심을 고백합니다. 우리의 삶에 피난처가 되시고, 방패가 되시어 우리가 고통 속에서도 견디게 하시니 감사합니다. 하나님께서 함께 하시지 않으셨다면 결코 견딜 수 없었을 것입니다. 우리를 보호하시고, 위로하시는 하나님께 진심으로 감사를 드립니다.

예수님의 수제자라고 자신만만했던 베드로가 예수님을 세 번이나 부인했습니다. 믿음에는 교만이 있을 수 없습니다. 언제 어떤 상황에서 사탄이 우리를 공격할지 모릅니다. 늘 깨어서 기도하는 길만이 사탄의 공격에 승리할 수 있습니다. 하나님의 전신갑주를 입고 사탄의 공격에 준비하고, 그 유혹을 물리칠 수 있습니다. 믿음은 그냥 성숙하게 되지 않습니다. 우리의 간절함이 필요합니다. 유혹이 넘어지지 않기 위해서 경건의 훈련을 지속해야 합니다. 사탄이 우리를 넘어지게 하기 위해서 지금도 계속 시도하기 때문입니다. 온 성도가 하나님의 전신갑주를 무장하여 사탄을 이길 수 있도록 도와 주시옵소서.

나는 선한 목자요 선한 목자는 양들을 위하여 목숨을 버린다고 말씀하신 예수님. 십자가에서 우리를 위해 목숨을 버리셨습니다. 그 은혜를 어떤 것으로 보답할 수 있을까요? 그런데 우리의 삶을 보면, 은혜의 보답은커녕 하나님을 잊고 살고 있습니다. 은혜를 악으로 갚고 있습니다. 하나님께서 일만 달란트

빚진 우리를 탕감해 주셨는데, 그 은혜를 잊고 내게 백 데나리온 빚진 자를 옥에 가두는 일을 하고 있습니다. 우리의 죄를 용서하여 주옵소서.

이 세상에 흩어진 모든 주님의 백성이 하나님을 두려워하게 하여 주시옵소서. 특별히 곳곳에 지도자로 있는 주님의 백성이 그리스도의 향기를 내는 삶을 살게 하여 주시옵소서. 다른 사람에게 모범이 되고, 하나님의 복음을 삶에서 실천하는 자가 될 수 있도록 도와 주시옵소서.

우리 교회가 매일 하나님의 말씀으로 든든히 서가는 교회가 되길 원합니다. 교회가 흔들리지 않도록 하시고, 온 성도가 한 마음, 한 뜻으로 기도할 수 있기를 원합니다. 우리 교회를 통하여 하나님께서 영광을 받으시고, 하나님의 은혜가 넘치게 하여 주시옵소서.

오늘 우리가 드리는 예배가 신령과 진정으로 드려지길 원하옵고, 예수 그리스도의 이름으로 기도합니다. 아멘

18 주일낮예배 기도문

우리가 하나님을 향하여 기쁘게 노래하며 영광을 돌립니다. 소고와 비파로 하나님을 찬양하고, 우리의 몸과 마음을 다하여 경배합니다. 거룩하신 하나님께서 그리스도 예수의 십자가의 피로 우리를 구원하셨습니다. 그 은혜에 감사합니다. 그 구원의 기쁨을 맛보며 날마다 숨을 쉴 수 있는 생명도 허락하시니 감사합니다. 우리 안에 감사가 넘치니 우리 영혼에 항상 하나님의 은혜가 넘쳐납니다. 은혜의 강물에 살게 하시니 감사합니다.

우리를 하나님께서 뜻하신 대로 창조하시고, 그 목적대로 우리의 삶을 이끌어 가시는 줄 믿습니다. 우리가 하나님 나라를 이루는데 힘써 헌신하고 봉사하길 원합니다. 우리의 욕심보다 하나님의 뜻이 이루어지길 원합니다. 하나님의 일을 한다고 말하면서 우리의 욕심을 채우지 않게 하옵소서. 하나님의 이름을 사용하면서 하나님께 죄를 범하는 삶을 살지 않도록 하옵소서. 세상이 하나님을 향해, 교회를 향해, 그리스도인을 향해 질타하기보다는 박수를 치며 칭찬과 칭송이 넘쳐나도록 우리의 삶이 거룩해지길 원합니다. 우리에게 붙어있는 죄악들을 제거해 주시고, 거룩한 하나님의 백성으로 빛나는 삶을 살게 하여 주옵소서. 우리의 의지로는 절대 할 수 없음을 고백합니다. 하나님께서 우리 각 사람에게 함께 하셔서 우리의 삶을 인도하셔야만 가능합니다. 하나님께서만 하실 수 있습니다. 우리의 부르짖음에 외면하지 마시고, 우리의 간절한 간구를 들어 응답하여 주옵소서.

○○○ 목사님을 위해 기도합니다. 목사님의 영과 육을 강건하게 하옵소서.

교회가 나아가야 할 바를 선포하고, 교회의 리더로써 우리 온 성도를 이끌어가도록 하옵소서. 교회의 지도자들이 모범이 되게 하시고, 하나님 앞에서 더욱 헌신하며 특별히 하나님의 음성에 귀를 기울이게 하옵소서. 몸으로 실천하기 전에 무릎 꿇고 기도하며 하나님의 음성에 귀를 기울이게 하옵소서. 우리 교회가 우리의 뜻이 아니라 하나님의 뜻대로 나아가길 원합니다. ◯◯◯ 교회는 하나님의 교회입니다.

온 세상 곳곳에 주님의 복음을 전하기 위해 자신의 삶을 헌신하는 선교사님들에게 함께 하시옵소서. 타지에서 힘들고 어려운 길을 걸어가는 그들의 가정을 돌보시고, 복음의 귀한 사역 가운데 하나님의 놀라우신 기적들이 일어나게 하옵소서. 선교사님들을 통하여 하나님의 백성들이 늘어나며 진실하고 고귀한 그리스도인이 되게 하옵소서.

오늘 우리가 드리는 예배를 홀로 영광을 받으시옵소서. 예수님의 이름으로 기도합니다. 아멘.

19 주일낮예배 기도문

우리를 향하신 하나님의 놀라우신 사랑에 감사를 드립니다. 이 세상을 창조하시기 전부터 우리를 기억하시고, 우리의 삶을 이끌어 주시니 감사합니다. 우리가 하나님의 복음을 위한 일에 참여하게 하시고, 기쁨으로 항상 생활하게 하시니 감사합니다. 하나님께서 베푸신 사랑에 늘 감사하며 지내는 우리가 이렇게 모여 예배를 드리는 것 또한 감사합니다. 우리의 삶에 하나님께 감사가 끊이지 않도록 하옵소서.

우리가 예수 그리스도의 심장을 가지고 뜨거운 믿음으로 예수 그리스도의 제자의 삶을 살아가도록 하옵소서. 심장까지 우리에게 내어주시고, 우리를 구원하신 예수님의 사랑을 우리가 본받기 원합니다. 우리를 위한 헌신이 아니라 예수 그리스도를 위한 헌신이 우리 안에 채워지길 원합니다. 예수 그리스도를 위해서라면 내 심장까지 내어줄 수 있는 헌신의 믿음이 가득하길 원합니다. 이 세상보다는 하나님 나라에 소망을 가지고 살아가게 하옵소서. 순간의 안락함보다는 영원한 생명을 위한 삶을 살기 원합니다. 이 세상의 쾌락에 취해 영생을 놓치는 실수를 범하지 않도록 하옵소서.

믿음은 들음에서 나오고, 들음은 하나님의 말씀으로부터 옵니다. 오늘 ○○ 목사님을 통해서 하나님의 말씀을 듣습니다. 하나님의 말씀을 단순히 귀로만 듣는 것에서 그치지 않고, 들음으로 우리의 믿음이 자라게 하시고, 그 믿음으로 우리의 삶이 점점 예수님을 닮아가도록 하옵소서. 하나님의 성품이 우리 안에 자라게 하시옵소서. 육신을 위한 정욕에 빠지지 않게 하옵소서. 이전

것은 지나갔으니, 지금 우리는 새로운 피조물입니다. 이전의 삶은 모두 지나갔습니다. 새로운 피조물, 하나님의 자녀로 살아가는 것이 우리의 역할입니다.

○○해 전부터 이곳에 우리 교회를 세워주심에 감사를 드립니다. 우리 교회를 통하여 지역 곳곳에 하나님의 복음이 전파되고, 하나님 나라가 확장되길 원합니다. 이 일에 온 성도가 함께 협력하여 선을 이루게 하시옵소서. 몇몇 사람의 교회가 아닌 우리 모두의 교회입니다. 또한 이 교회는 우리만의 교회가 아니고 모든 백성의 교회이며 하나님의 교회입니다. 우리 교회만이라는 특권을 버릴 수 있도록 하옵소서. 우리 교회가 섬김과 헌신으로 사랑이 가득한 교회가 되게 하옵소서. 예수 그리스도의 이름으로 기도합니다. 아멘

20 주일낮예배 기도문

　모든 영광과 존귀를 주님께 드립니다. 우리를 구원하신 예수 그리스도의 사랑과 하나님의 은혜에 감사합니다. 오늘도 이곳에 모여 하나님께 예배할 수 있도록 하시니 감사합니다. 또한 호흡할 수 있도록 하시고, 생명을 주시니 감사합니다. 하나님께서 우리를 돌보시고, 안전한 곳으로 인도하시니 감사합니다. 사탄의 유혹에도 넘어지지 않도록 저를 붙들어 주시니 감사합니다.
　무슨 일을 하든지 사탄을 두려워하지 않도록 하옵소서. 강한 믿음의 소유자가 되게 하소서. 하지만 믿음을 자랑하지 않게 하시고, 겸손함으로 하나님만 영광을 돌리게 하옵소서. 자칫 하나님께 향한 영광을 가로막지 않게 하옵소서.
　내게 유익한 것도 그리스도 예수를 위하여 다 해로 여긴다는 바울의 고백처럼 우리 삶의 최우선 순위가 예수 그리스도가 되게 하여 주옵소서. 오직 예수 그리스도를 믿음이 이 세상에 가장 고귀한 것임을 알게 하옵소서. 밭에 감추인 보화를 발견한 자의 그 기쁨을 우리가 누리게 하시고, 우리의 가진 모든 것보다 주님을 알고 구세주로 영접한 것이 더 큰 즐거움이라는 것을 알게 하옵소서.
　주안에서 항상 기뻐하는 자가 되게 하소서. 예수님을 믿는 것보다 더 큰 기쁨은 없습니다. 그 기쁨이 우리 안에 있으니 항상 기뻐하는 것이 당연합니다. 세상의 근심과 걱정은 잠시 지나가는 것입니다. 아무 것도 염려하지 말고 다만 모든 일에 기도와 간구로, 우리가 구할 것을 감사함으로 하나님께 간구하는 자들이 되게 하옵소서. 하나님께서 우리의 마음과 생각을 지키셔서 앞길을 열어주신다는 믿음이 변치 않도록 도와 주시옵소서.

우리 교회의 기둥이 될 다음세대를 지켜 주시옵소서. 악한 세상에서 믿음을 지키게 하시고, 이들을 통하여 믿음의 유산이 후대에 계속 이어지게 하옵소서. 아브라함부터 시작된 믿음이 그의 자녀인 이삭을 통해서 후손들에게 이어지듯이 우리의 믿음이 다음세대에게 이어지고, 계속 우리 교회를 지탱하는 믿음의 세대들이 되게 하옵소서. 가장 귀한 유산이 믿음뿐임을 알게 하시어 각 가정에서 하나님의 말씀이 전해지고, 말씀 가운데 세워지는 가정이 되게 하옵소서. 겉과 속이 다른 바리새인의 삶이 아니라 조금 부족해 보이더라도 겉과 속이 일치하는 삶을 자녀들에게 가르치게 하옵소서. 예수 그리스도의 이름으로 기도합니다. 아멘.

21 주일낮예배 기도문

은혜가 풍성하신 하나님!

오늘 주님의 은혜를 사모하여 이 자리에 나왔습니다. 오늘도 우리에게 평강을 내려 주옵소서.

하오나 주님!

주님의 말씀을 듣고 주를 따르겠다고 다짐했지만, 주님의 음성을 잊고 살았고 주님의 가르침을 외면하며 한 주간을 살았습니다. 주님께서 말씀을 통해 제자들을 깨우쳤던 것처럼 이 시간 우리에게 말씀하셔서 온전한 믿음을 회복시켜 주옵소서.

지난 한 주간 우리 주변에 일어난 많은 일들이 있습니다. 특별히 고통당하는 이들을 위해서 기도합니다. 그들의 눈물을 닦아주시며 위로하여 주시고, 삶을 일으켜 주시고, 고통의 굴레에서 건져 주시옵소서.

이 나라의 위정자들이 하나님의 공의를 두려워하게 하셔서 이 땅위에 하나님의 공의와 정의가 막히지 않고 모든 영역에서 흘러가게 하옵소서.

다음세대를 위해서 기도합니다. 교회가 믿음의 전통을 이어가도록 영유아부터 청년에 이르기까지 믿음을 지켜 주옵소서. 먼저 어른들이 믿음의 본을 보여 다음세대가 자연스럽게 어른들의 믿음의 발자취를 따르게 하시어 온 세대가 말씀위에 굳건하게 서게 하옵소서.

이 시간 말씀을 전하시는 목사님과 함께 하셔서 선포되는 말씀이 이 시간 우리의 마음을 움직이며, 다시금 말씀위에 굳게 서서 한 주간 세상을 말씀으로 바라보며, 하나님 나라를 이루어 가도록 결단하게 하옵소서.

　예배를 돕는 손길들을 주님께서 기억하여 주옵소서. 찬양으로 드리는 찬양대, 안내와 봉헌으로 섬기는 이들, 보이지 않는 곳에서 묵묵히 자신의 일을 감당하는 이들을 기억하셔서 주님의 몸된 교회를 세워가는 무명의 섬김을 축복하여 주옵소서.

　이 시간 주님께 드린 기도가 온전히 주님께 영광을 돌리는 기도가 되게 하옵소서. 예수님의 이름으로 기도합니다. 아멘.

22
주일낮예배 기도문

사랑의 하나님! 감사합니다.
오늘도 주님의 부르심에 응답하여 예배의 자리에 나왔습니다.
주님의 부르심에 따라 주님 앞에 나오면서 부끄러운 모습으로 나왔습니다.
이웃을 사랑하라 말씀하셨지만, 우리의 한 주간 삶을 돌아보면 나 자신만을 생각하고, 내 가족만을 생각하며 살았습니다. 작고 작은 마음이라 다른 이들을 마음에 품는 것조차 어려워하는 우리를 그럼에도 불구하고 불러주시니 감사함으로 나옵니다. 우리를 불쌍히 여기시고 변화시켜 주옵소서.
날씨가 많이 무덥습니다. 낮의 해와 밤의 달이 우리를 상치 못하도록 보호해 주시고, 더위로 인하여 힘들어 하는 이들과 함께 해 주시고, 그들의 지친 육체와 마음에 쉼과 안식을 허락하여 주옵소서.
우리 교회에 믿음의 길을 먼저 걸어오신 어르신들을 지켜주옵소서. 교회의 어른들이 건강하고 바르게 서서 우리 다음세대에게 믿음의 길을 바르게 인도하도록 어르신들과 함께 해 주시옵소서. 각자 어르신들이 계신 곳에서 맡은 바 역할을 잘 감당하며 믿음의 본을 몸으로 보여주시는 어르신들 되게 하옵소서.
이 시간 말씀을 전하시는 목사님과 함께 하셔서, 들려지는 말씀이 하나님의 음성으로 듣게 하시고, 말씀의 씨앗이 우리 옥토의 마음에 떨어져 30배 60배 100배의 결실을 맺게 하여 주옵소서. 이 말씀의 열매를 나 혼자만 누리는 것이 아니라, 함께 말씀의 열매는 나누도록 우리의 마음을 넉넉하게 하옵소서.
오늘도 보이지 않는 곳에서 수고하는 손길이 있습니다. 무명으로 섬기지만,

주님께서 그 섬기는 손길을 기억해 주시고, 주님의 선한 길로 인도하여 주옵소서. 예배를 돕는 모든 사람과 찬양대의 찬양을 기뻐 받아 주시고, 여기에 모인 우리에게는 하나님의 크신 은혜를 부어 주시옵소서.

이 시간 주님께 드린 기도가 온전히 이루어짐을 믿으며 예수님의 이름으로 기도합니다. 아멘

23 주일낮예배 기도문

평강의 하나님.

하나님께서 독생자를 보내셔서 우리와 화목하게 하시고, 막힌 담을 무너뜨려 주심을 감사드립니다. 원수 된 우리를 이렇게 평안과 평화로 인도하셨는데, 정작 우리는 평안으로 살아가는 법을 아직도 실천하지 못함을 고백합니다. 그리스도인으로 살아가면서 이웃과 화평을 이루고, 하나님을 모르는 이들과 화평을 이루고 살아야 하는데, 우리 안에 교만이 올라와 화평보다는 불편함을 만들 때가 많습니다. 오히려 우리가 분열의 앞에 설 때가 있습니다.

주님! 아직도 성숙하지 못한 믿음을 갖고 살아가는 저희를 불쌍히 여겨주옵소서. 주님께서 화평을 이룬 것처럼 우리도 화평을 이루며 살아가도록 변화시켜 주옵소서.

평화의 주님!

이 땅이 남과 북으로 나뉘어진지 어느덧 60년의 시간이 넘었습니다. 전 세계에서 유일한 분단국가로 살아가는 이 땅에 통일을 이루게 하옵소서. 이 나라에 주님의 은혜를 내려 주옵소서. 남한에 내려와 있는 3만 명의 새터민을 먼저 끌어안고 통일을 준비하는 넉넉함을 우리에게 주시고, 북한의 위정자들이 변화되게 하옵소서. 우리 그리스도인이 남과 북의 평안의 초석을 놓도록 준비되게 하여 주옵소서. 우리 그리스도인이 먼저 하나가 되게 하여 주옵소서.

우리 교회를 위해 기도합니다.

교회를 섬기는 여러 부서가 주님 안에서 하나가 되게 하여 주옵소서. 각자 맡은바 역할을 잘 감당하여 합력하여 선을 이루게 하옵소서. 내 부서의 응집력을 넘어서 온 부서가 주님의 몸 된 교회를 아름답게 이루어 가도록 다양성 안에서 온전한 하나가 되어, 주님께서 기뻐하시는 교회가 되게 하옵소서.

이 시간 우리의 여러 가지 생각과 마음을 비웁니다. 주님의 말씀으로 채워지길 원합니다. 하나님의 말씀을 전하시는 목사님께도 함께 하셔서, 우리가 들어야 할 하나님의 말씀을 전하게 하시고, 말씀을 따라 살겠다는 다짐을 하는 결단의 시간이 되게 하옵소서.

찬양대의 찬양을 기뻐 받아주시고, 보이지 않는 곳에서 수고하는 손길과 예배를 돕는 모든 손길을 기억하여 주옵소서.

모든 것을 주님께 의탁하며 예수님의 이름으로 기도합니다. 아멘.

24
주일낮예배 기도문

사랑의 하나님!

오늘도 우리가 예배의 자리에 나오도록 인도하심에 감사드립니다.

옛 아담처럼 이 핑계 저 핑계가 많음에도 불구하고, 우리의 이름을 불러주시고, 주님의 전에 나오게 하시니 감사합니다. 주님 앞에 부끄러운 우리의 자아상을 가지고 나옵니다. 고개조차 들 수 없는 삶임에도 불구하고 주님 앞에 나와 살 수 있는 존재라는 것을 고백합니다. 아담처럼 숨는 것이 아니라, 우리의 부끄러운 모습과 죄를 고백하기 위해 주 앞에 나올 수 있는 힘을 주신 것도 감사를 드립니다. 있는 모습 그대로 우리를 품어주시고, 우리를 주님께서 원하시는 모습으로 회복시켜 주옵소서.

주님께서 아모스 선지자에게 선포케 하신 공법을 물같이 정의를 하수같이 흐르게 하라는 말씀이 우리가 살아가는 이 땅에 흐르게 하옵소서. 많은 젊은 이들이 절망하고 있습니다. 사회 곳곳에서 사회를 지탱하는 구조가 무너지는 소리가 들려옵니다. 우리가 먼저 주님 앞에 바르게 살게 하옵소서. 그리하여 우리가 속해 있는 직장과 가정에서 주님의 사랑으로 공법을 물같이, 정의를 하수같이 흐르도록 우리를 사용하여 주시고, 우리가 부르심에 따라 살아가게 하옵소서. 이를 통해 주님께서 가르쳐 주신 것처럼 우리가 빛과 소금이 되어, 이 세상이 살맛나는 세상, 환한 빛 가운데 거하는 세상이 되게 하옵소서.

젊은 세대를 위해서 기도합니다. 믿음의 바통을 넘겨받아야 할 젊은 세대가 교회 안에서 사라지고 있습니다. 주님, 저들의 마음을 붙잡아 주시고, 우리 또한 젊은 세대의 말에 귀를 기울이고, 함께 합력하여 선을 이루며 주님의 몸 된 교회를 세우게 하여 주옵소서. 3040세대가 교회가 세상의 소망이라는 것을 삶 속에서 깨닫게 하시고, 삶의 방향이 온전히 주님을 향할 때 올바른 방향임을 깨닫게 하시며, 우리가 함께 이루어 가게 하옵소서.

이 시간 말씀을 전하실 목사님과 함께 하옵소서. 성도들의 삶을 바르게 인도하실 말씀을 전하시도록 영육간의 강건함을 주시고, 모세와 같이 담대하게 말씀을 전하시는 목사님이 되게 하옵소서.

예배를 돕는 모든 손길을 기억하시고, 찬양대의 찬양과 우리 모두의 찬양을 기뻐 받아 주옵소서. 예수님의 이름으로 기도합니다. 아멘.

25 주일낮예배 기도문

사랑의 주님.

우리와 함께 하신 임마누엘의 하나님께 감사드립니다.

지난 주일 예배를 통해 말씀을 듣고, 결단을 하고, 한 주간 삶의 자리에서 말씀대로 살려고 몸부림 쳤습니다. 어떤 시간에는 말씀대로 살았던 모습도 있고, 아직도 부족하여 하나님께서 계시지 않은 것처럼 달려갔던 모습도 내 안에 있었습니다. 하나님의 자녀임에도 죄를 짓고 하나님을 멀리했음을 고백합니다. 바울의 외침처럼 '오호라 나는 곤고한 사람이라. 이 사망의 몸에서 누가 나를 건져내랴' 하고 속으로 되뇌인 시간도 있었습니다. 이 모습 그대로 오늘 주님 앞에 나왔습니다. 우리를 위로하시고, 새 힘을 주옵소서. 말씀대로 살려는 우리의 힘으로는 부족하오니 주님의 힘으로 우리를 온전케 하옵소서.

우리나라를 위해서 기도합니다.

열강의 무력 한 가운데서 우리나라를 지켜 주옵소서. 중국의 경제대국화와 동국공정, 일본이 군국주의 회기와 팽창주의, 미국의 태평양 패권주의와 자국 보호무역, 북한의 핵무장과 국지도발의 위협 한 가운데서 우리나라가 정치적 경제적 어려움에 있습니다. 이스라엘이 주님께 의지할 때 열강에서 보호하시고 하나님께서 인도하신 것처럼, 이 땅도 주의 백성의 기도를 들으시고 하나님의 방법으로 선하게 인도하여 주옵소서. 그리하여 우리나라가 하나님의 뜻이 온전히 이루어지며, 하나님의 마음을 시원케 하는 나라가 되게 하여 주옵소서.

교회를 위해서 기도합니다.

우리 교회가 지역사회를 품는 어머니와 같은 교회가 되게 하소서. 지역사회의 어려움을 함께 나누고, 소외되고 어려운 이들을 돌보아 교회가 안식처와 피난처가 되게 하옵소서. 초대교회와 같이 하나님을 찬양하고 백성에게 칭송받으니, 구원받는 사람들의 수를 더하는 교회가 되게 하옵소서. 또한 우리교회를 통해 지역 주민이 하나님 나라를 맛보도록 은혜를 내려 주옵소서.

이 시간 말씀을 전하는 목사님과 함께 하셔서, 그 말씀에 힘을 더하여 주시고, 말씀에 힘입어 한주를 살아가도록 우리의 마음을 예비하여 주옵소서. 예배를 돕는 손길을 축복하시고, 찬양대의 찬양을 기쁘게 받아주옵소서. 예수님의 이름으로 기도합니다. 아멘

26 주일낮예배 기도문

우리를 사랑하시는 하나님, 이 자리에 임하셔서 차고 넘치는 은혜를 부어 주옵소서.

사랑의 주님. 주님께서 이 땅에 오셔서 몸소 사랑을 실천하고, 서로 사랑하는 법을 알려주셨건만, 우리가 서로 사랑하지 못하며, 나 자신만 사랑한 우리를 불쌍히 여겨 주옵소서. 내가 살기 위해서 다른 사람의 고통과 아픔을 외면했습니다. 앞만 보고 열심히 달리다가 정신없이 예배의 자리로 나왔습니다. 주님과 이웃을 향한 발걸음이 아니라, 성공이란 신기루를 향하여 달려가기에 급급했습니다. 옆을 보고 뒤를 돌아보아야 할 때에도 나만을 위해 앞만 보고 달렸습니다. 이번 주에도 똑같은 삶을 살았습니다. 주님께서 사랑하라는 말씀에 공감은 했지만, 우리의 삶에서 사랑이 없었습니다. 우리 안에 미움이 자리 잡았고, 시기와 질투의 삶을 살았습니다. 이런 우리의 모습이 부끄럽습니다. 용서하여 주시옵소서.

우리는 분노가 가득한 시대를 살아가고 있습니다. 분노를 주체하지 못해서 다른 사람에게 분풀이를 하는 사람들이 늘어납니다. 사회가 묻지마 범죄에 불안하고 있습니다. 사랑이 가득하신 하나님, 서로 사랑하라는 말씀을 우리가 먼저 실천하도록 용기를 주시고, 힘을 주옵소서. 주님의 시선이 머무는 곳에 우리의 시선과 행동이 따라가게 하옵소서. 주님의 눈물이 있는 곳에 우리의 눈물과 열정을 쏟게 하옵소서. 사랑이 필요한 곳에 주님이 거하시는 것처럼 우리도 사랑이 필요로 하는 곳에 사랑을 베풀게 하옵소서. 우리가 있는 가정에서, 직장에서, 사회 곳곳에서, 우리가 속한 모임 가운데 하나님의 뜻이 이루어지게 하옵소서. 우리가 먼저 사랑을 베풀게 하옵소서. 분노가 있는 곳에 평화를 심게 하시고, 애통과 고통 가운데 있는 곳에 위로를 베풀게 하옵소서. 잘못이 있는 곳을 바로 잡을 수 있는 용기와 힘을 주옵소서.

오늘 우리에게 말씀을 전하시는 목사님에게 성령의 기름을 부어주시고, 그 말씀으로 우리가 한 주를 복되게 살아가게 하옵소서. 말씀이 듣는 것에서 그치지 않고 우리 안에 역사하여 말씀대로 살아가는 한 주가 되게 하옵소서. 그리하여 다음 주 이 자리에 모일 때, 하나님의 돌보심과 은혜를 나누는 고백의 시간이 되게 하옵소서.

예배를 돕는 손길과 찬양대의 찬양을 기뻐 받아주시고, 우리의 예배가 하나님께 합당한 예배가 되게 하옵소서. 예수님의 이름으로 기도합니다. 아멘.

27 주일낮예배 기도문

우리와 함께 하시는 임마누엘 하나님께 감사드립니다. 우리를 눈동자처럼 보호하여 주시고, 매 순간 한 호흡과도 함께 하시는 주님, 주님께서 함께 하심을 생각할 때마다 감사함과 죄송함이 교차합니다. 주님께서는 한순간도 우리를 잊지 않으시고 동행하여 주시는데, 우리는 자주 말씀을 잊고 삽니다. 주님께서 보이지 않기에, 주님께서 없는 것처럼 행동하며 살 때가 많이 있음을 고백합니다. 그럼에도 불구하고 우리를 사랑하시는 주님의 은혜에 감사합니다. 그 은혜가 아니면 우리가 이 세상을 어떻게 살아야 할지 막막합니다. 우리의 죄를 용서하시고, 주님의 뜻대로 살 수 있도록 우리 마음을 굳게 붙잡아 주시옵소서. 죄로 인하여 흔들리지 않도록 하옵소서.

사랑의 주님. 이 땅에 만연해 있는 불신을 치유하여 주옵소서. 위정자들과 지도층의 도덕적 해이가 젊은 세대들에게 불신의 담을 만들고, 정치에 대한 불신은 사회 전반의 불신으로 번져 있습니다. 세대간의 불신, 계층간의 불신, 지역간의 불신, 이 모든 불신은 다른 사람의 문제가 아니라 바로 나의 문제임을 고백합니다. 내가 먼저 변하게 하옵소서. 우리가 먼저 변하게 하옵소서. 우리의 변화가 불신의 벽을 무너뜨리게 하옵소서. 우리가 먼저 겸비하여 주의 얼굴을 구하며 간구하게 하옵소서. 우리의 기도를 들으시고 이 땅을 불신으로부터 치유하여 주옵소서.

한국 교회를 위해서 기도합니다. 한국 교회를 회복시켜 주옵소서. 하나님 나라를 맛보고 경험해야 할 교회가 많은 이들로부터 지탄을 받고 있습니다. 우리의 잘못된 것을 인정하고 철저하게 회개하며 하나님의 말씀으로 회복되게 하시옵소서. 사회의 비난으로부터는 보호하여 주시고, 하나님 나라의 거룩성을 회복하여 주옵소서. 주님께서 원하시는 교회가 되도록 인도하여 주옵소서.

 이 시간 말씀을 전하시는 ○○○ 목사님과 함께 하시옵소서. 목사님을 통하여 주신 말씀의 은혜로 한 주간 살아갈 힘을 얻게 하옵소서. 예배를 돕는 손길과 주님의 성호를 찬양하는 찬양대의 찬양을 기뻐 받아주시고, 우리에게 주님의 평강을 더하여 주옵소서. 예수님의 이름으로 기도합니다. 아멘.

주일낮예배 기도문

　평강의 하나님. 이스라엘 백성을 구름기둥과 불기둥으로 인도하신 것처럼 우리의 삶을 인도하여 주심을 감사드립니다. 주님의 섭리와 인도하심을 잘 깨닫지 못하여, 하루가 멀다 하고 불평불만을 터뜨린 이스라엘 백성처럼, 우리를 인도하심을 이해하지 못하여 우리의 삶에 감사 대신 불평과 불만이 가득한 우리를 발견합니다. 우리가 선을 행한다고 말하지만, 우리의 내면에는 악독이 가득합니다. 이웃을 위한다는 소리에 스스로를 향한 탐욕이 숨겨져 있음을 고백합니다. 머리로 이해하는 감사가 아니라 마음으로 깨닫는 감사를 드릴 수 있도록 하옵소서. 우리를 불쌍히 여기시고, 우리의 삶을 변화시켜 주옵소서.

　세계에 흩어져 사역하는 선교사들을 위해서 기도합니다. 특히 분쟁지역에서 복음을 전하는 선교사들의 안전을 지켜 주시고, 복음을 듣는 이들의 마음을 움직여주시옵소서. 복음이 그들의 삶에 변화가 일어나게 하시고, 그들의 사람 속에 하나님의 은혜가 넘쳐나게 하옵소서. 이슬람권에서 복음을 위해 살아가는 선교사들의 삶이 헛되지 않도록 그들의 하루하루를 지켜 주옵소서. 눈에 보이는 열매만으로 그들을 판단하지 않게 하시고, 그들이 뿌리고 노력한 땀방울을 통해 생명력이 살아 움직임에 감사하게 하여 주옵소서. 선교사들이 지치지 않도록 우리가 함께 기도하며, 물심양면으로 섬기게 하옵소서. 선교지에서 복음을 듣는 이들과 현지 교회들이 건강하게 성장하도록 은혜를 부어 주시옵소서.

　우리 교회를 위해서도 기도합니다. 우리가 선교사님들처럼 복음을 전하는 일에 소홀하지 않게 하옵소서. 복음을 들어야 할 사람들이 우리의 침묵과 잘못된 행동으로 복음에 단절되지 않게 하옵소서. 우리가 삶으로 전하는 복음, 말로 전하는 복음, 이 둘이 하나가 되어 건강하게 소문난 교회가 되게 하옵소서. 믿지 않는 이들에게 선한 영향력과 복음의 생명력을 전하는 교회가 되게 하옵소서.

하나님의 말씀을 전하는 목사님과 함께 하시길 원합니다. 목사님을 통하여 말씀하시는 하나님의 뜻이 무엇인지 깨닫게 하옵소서. 말씀의 은혜가 되게 하시고, 결단하여 삶에 놀라운 하나님의 역사가 임하게 하옵소서. 예배를 돕는 손길과 찬양대의 찬양을 기쁘게 받아 주시옵소서. 예수님의 이름으로 기도합니다. 아멘.

주일낮예배 기도문

　성부, 성자, 성령 삼위일체 하나님께 영광을 돌립니다. 항상 우리와 함께 하심을 감사드립니다. 우리가 하나님을 생각하지 않는 때에도 우리 곁에서 보호하시니 감사드립니다. 세상에서 각자의 부르심에 합당한 삶을 살도록 우리를 인도하시고 성령님과 함께 한 주간을 보내고 이 자리에 나왔습니다.

　지난 한 주간도 그리 만만치 않은 삶이었습니다. 거대한 세속의 흐름 속에서 어디로 가야하는지 길을 잃기도 하고, 무엇을 해야 하는지 망설일 때도 있었으며, 잘못된 일인지 알면서도 애써 묵인한 일들도 많았습니다. 자녀들에게 믿음의 본을 보이지 못하고, 그리스도인이라는 것을 숨기며 행한 일들도 있습니다. 우리가 이렇게 무기력하게 사탄의 유혹에 넘어지고 쓰러져 살았음을 고백합니다.

　우리의 나약함을 불쌍히 여기옵소서. 우리에게 힘과 용기를 주옵소서. 주님을 위하여, 하나님 나라를 이루어 가도록 힘을 주시옵소서. 그리하여 이 세상이 살맛나는 세상이 되길 소망합니다.

　세상의 빛과 소금이 되라고 하신 주님의 말씀처럼, 우리의 삶에서 빛이 되어 어두운 곳을 비추게 하옵소서. 소금의 맛을 내어 살맛나는 세상이 되도록 우리의 삶을 지켜 주시고 인도하여 주옵소서. 우리가 빛과 소금의 삶을 살아가도록 지켜 주시고 인도하여 주옵소서. 누구를 탓하기 전에, 우리 자신을 돌아보게 하시고 우리가 먼저 주님의 뜻을 따라 살게 하옵소서. 이 세상을 하나님께서 가꾸시는 아름다운 정원으로 만들 때, 우리를 사용하여 주옵소서.

이 시간 말씀을 전하시는 목사님과 함께 하시옵소서. 영과 육이 강건하게 하시고, 성령의 임재 가운데 우리에게 꼭 하시고자 하시는 말씀을 전달하게 하옵소서. 말씀에 은혜를 받아 '주님의 은혜로 삽니다'라고 믿음의 고백을 하게 하옵소서. 예배 때마다 돕는 무명의 손길, 찬양으로 섬기는 손길, 주방에서, 주차장에서 수고하는 모든 손길을 기억하여 주옵소서. 예수님의 이름으로 기도합니다. 아멘.

30 주일낮예배 기도문

　상한 갈대를 꺾지 않으시고, 꺼져가는 심지를 끄지 아니하시는 하나님께 감사와 영광을 돌려드립니다. 이스라엘 백성을 불기둥과 구름기둥으로 인도하신 것처럼, 우리를 인도하시는 하나님의 돌보심에 감사를 드립니다. 복되고 은혜로운 주일을 맞이하여 주님 품안에 안길 수 있도록 하니 진심으로 감사합니다.
　우리에게 끊임없이 사랑을 베풀어주시고, 하나님의 품에 거하기를 기다리시는 하나님의 사랑을 받습니다. 하지만, 그 사랑에 보답하지 못하고 살고 있습니다. 하나님을 멀리 떠나 우리 멋대로 생활합니다. 하나님의 뜻과 생각은 전혀 고려하지 않고, 우리의 생각대로 살고 있습니다. 매 주일, 하나님께 예배하고 말씀을 듣지만 우리의 삶에서는 하나님의 모습이 보이지 않습니다. 사탄의 유혹에 넘어지고, 죄의 늪에 허우적댑니다. 우리의 영혼이 매일 지치고 힘듭니다. 그럼에도 하나님을 찾고, 하나님 앞에 오지 못했습니다. 하오나, 주님. 오늘 이렇게 이 예배의 자리에 나와서 우리의 몸과 마음을 다 내려놓고 주님께 예배합니다. 우리의 모든 잘못된 것들을 용서하여 주시옵소서.
　이 땅에 우리 교회를 세우신 하나님, 하나님의 섭리와 뜻 가운데 교회가 든든히 성장하게 하옵소서. 기도에 힘쓰는 우리 온 성도가 되게 하옵소서. 바리새인들과 율법학자들처럼 하나님을 섬김에 있어서 지식으로만 채우는 것이 아니라 우리의 생각과 삶으로 온전히 섬기게 하옵소서. 영적인 분별력으로 참 진리를 발견하고, 그 진리를 위해 헌신과 섬김의 삶을 살게 하옵소서.

이 나라와 이 민족을 사랑하시는 하나님. 하나님의 도우심이 아니었다면, 지금 우리나라의 모습은 없었을 것입니다. 하지만, 하나님의 돌보심을 잊고, 하나님 중심의 삶을 살지 않고 있습니다. 우리가 세상을 향해 모범이 되지 못하고, 빛을 잃어버렸습니다. 소금의 역할을 하지 못했습니다. 우리가 깨닫게 하옵소서. 세상을 향해, 이 나라와 이 민족을 향해 하나님의 사랑과 은혜를 전파하게 하옵소서. 이 나라를 이끌어가는 대통령과 위정자들이 하나님을 두려워하고, 하나님의 선하신 뜻이 무엇인지 발견하게 하옵소서.

주님을 말씀을 전하시는 목사님의 영육을 강건하게 지켜 주시고, 목회하실 때 성령의 임재하심으로 우리를 돌보게 하옵소서. 교역자들과 교회를 위해 수고하시는 성도들에게도 함께 하시고, 교회가 참된 교회가 되게 하옵소서. 억지로 섬기는 것이 아니라 자원하는 마음으로, 기쁜 마음으로 헌신하게 하옵소서.

우리의 예배를 기쁘게 받아주시고, 예수님의 이름으로 기도드립니다. 아멘.

31 주일낮예배 기도문

하나님 아버지! 구원받은 하나님의 자녀들을 주의 거룩하신 보좌 앞에 나오게 하시니 감사합니다. 감히 주 앞에 설 수 없는 죄인들이오나 예수 그리스도의 보혈을 의지하여 나왔사오니 하나님의 사랑과 은혜를 부어 주옵소서.

이 시간 우리가 주의 사랑과 은혜를 사모하는 마음으로 주님 앞에 엎드립니다. 예배 가운데 함께 해주시옵소서. 예배 가운데 상한 심령이 회복되고, 병마와 싸우며 고통 중에 있는 환우들이 고침 받게 하시며, 어디로 가야할지, 갈 바 몰라 방황하는 심령들이 하나님의 은혜로 가야 할 길을 발견하는 은혜 충만한 예배가 되게 하여 주옵소서.

하나님 아버지! 이 땅의 모든 교회들을 위하여 기도합니다. 교회를 섬기는 모든 목회자들을 성령 충만케 하시고, 하나님의 말씀을 전하는 귀한 사명자임을 깨닫게 하시며, 말씀의 능력을 부어 주옵소서. 하나님과 성도들 앞에서 진실하게 하시고, 세상 사람들 앞에서 삶의 본이 되게 하시며, 교회를 섬기는 이 귀한 사명 앞에 충성하게 하옵소서. 그래서 어둡고 타락해가는 이 세상에서 빛과 소금의 역할을 잘 감당하게 하여 주옵소서.

주님의 크신 뜻과 섭리가 있으셔서 우리 OO교회를 세워 주시고, 주님의 은혜로 이끌어 주시며 부흥케 하시니 감사합니다. 성령의 뜨거운 역사가 넘치며, 늘 살아 움직이고 생명이 넘치는 교회가 되게 하옵소서. 또한 우리 교회를 통해 이 나라와 민족, 온 열방에까지 주의 복음을 증거하며, 민족을 복음화 하는 사명에 앞장서게 하옵소서.

대한민국을 이끌어가는 대통령과 위정자들에게 지혜와 분별력을 더하여 주서서, 하나님의 의와 진리를 깨닫게 하시며, 경제적 어려움 가운데 신음하는 민생들의 문제들을 잘 해결하게 하옵소서. 이 땅의 모든 국민들이 각자 자신들의 삶의 자리에서 편안하고 행복하게 살아가는 복된 나라가 되게 하옵소서.

하나님 아버지! 말씀을 전하시는 ○○○ 목사님을 성령을 충만케 하셔서, 말씀을 통하여 교인들을 푸른 초장으로, 쉴 만한 물가로 인도하게 하옵소서. 선포된 진리의 말씀이 우리의 마음 밭에 믿음으로 뿌려지게 하시고, 하나님의 때에 30배, 60배, 100배의 결실을 맺는 역사가 일어나게 하옵소서.

○○○○ 찬양대의 찬양이 하나님께 영광이 되게 하시며, 성도들에게 큰 기쁨이 될 뿐 아니라, 영혼의 울림이 넘치는 은혜의 찬양이 되게 하옵소서. 이 예배의 시작과 끝을 온전히 주께서 맡겨드리오며, 우리 주 예수님 그리스도의 이름으로 기도드립니다. 아멘.

주일낮예배 기도문

　사랑과 은혜가 풍성하신 하나님, 감사합니다. 지난 한 주간 우리의 삶을 인도해 주시옵소서. 거룩하고 복된 주일, 하나님 앞에 나와 신령과 진정으로 예배하게 하시니 감사드립니다. 이 시간 드려지는 예배가 하나님께 영광과 기쁨이 되게 하여 주옵소서.

　이 나라와 민족을 사랑하시는 하나님 아버지! 현재 이 나라는 정치적, 경제적, 사회적으로 어렵고 혼란스러운 가운데 있습니다. 어렵고 힘들 때마다 나라와 민족을 위해 눈물을 흘리며 기도했던 믿음의 선배들이 있었음을 기억합니다. 우리도 이 나라를 위해 깨어 기도하게 하옵소서. 이 나라가 하나님의 뜻 안에서 정의와 공의가 바로 서는 나라가 되게 하여 주옵소서. 이 나라를 이끌어 가는 지도자들에게 지혜와 명철을 더하여 주셔서, 겸손한 마음을 가지고 국민을 먼저 생각하며 국정을 바르게 이끌어 가게 하여 주옵소서.

　우리 ○○교회를 사랑하시는 하나님 아버지! 하나님께서 이곳에 우리 교회를 세우시고, 하나님 나라를 위해서 많은 일들을 감당케 하심에 감사를 드립니다. 우리 교회가 하나님의 선하고 기뻐하시고 온전하신 뜻을 이루기 위해서 항상 깨어 기도하게 하시고, 하나님의 말씀 위에 바로 서게 하여 주옵소서. 모든 믿음의 권속들에게 성령의 충만함을 더하여 주시고, 가정에서는 하나님을 주인으로 섬기며, 세상에서는 소금과 빛의 사명을 잘 감당하는 믿음의 자녀들이 되게 하여 주옵소서.

　연약할 때 찾아오시고, 괴로울 때 함께 해 주시는 하나님! 하나님 앞에 나와 예배드리기를 간절히 원하지만, 육신의 질병과 고통으로 인해 함께 하지 못한 성도들을 기억하여 주옵소서. 하나님께서 그 손을 잡아 일으켜 세워 주시고, 치료의 광선을 비추어 주셔서 건강을 회복하게 하셔서, 주의 전에 나아와 함께 예배드릴 수 있는 날이 속히 오게 하여 주옵소서. 옆에서 간호하며 기도하고 있는 가족들을 강건하게 하시고, 믿음으로 잘 이겨나가게 하여 주옵소서.

하나님 아버지! 사랑하는 ○○○ 담임목사님의 영과 육을 늘 강건하게 하시고, 성령님께서 늘 함께 하시며 도와주셔서, 목회의 모든 사역 가운데서 성령의 열매가 풍성하게 하여 주옵소서. 오늘도 우리를 위해 예비하신 말씀이 담임목사님의 설교를 통해 선포될 때, 그 말씀이 저희들의 마음속 깊이 새겨지게 하시고, 성령님이 주시는 위로와 힘과 능력으로 상한 심령들이 치유되고 회복되게 하시며, 우리 모두에게 일용할 영의 양식이 되게 하여 주옵소서.

거룩한 주일에 아름다운 목소리로 하나님께 영광 돌리는 ○○○○ 찬양대의 찬양을 기뻐 받아 주시며, 찬양하는 이와 듣는 이 모두에게 은혜를 내려 주시옵소서. 모든 것을 주님께 감사드리오며, 예수님의 이름으로 기도드립니다. 아멘.

33 주일낮예배 기도문

찬양과 영광을 받으시기에 합당하신 하나님 아버지!

한 주간 동안도 우리를 주님의 날개 안에 품어 주셨다가, 주의 거룩한 날 주의 전에 나와 예배드리게 하시니 참으로 감사합니다. 계절에 따라 자연이 아름답게 변화되어 가듯이, 우리도 이 세상에 그리스도의 향기와 빛을 발하게 하시며, 신앙의 아름다운 열매들을 많이 맺을 수 있는 영적 성숙함을 허락하여 주옵소서.

우리의 지난날을 돌아보니 주님 앞에 죄스러운 마음뿐입니다. 하나님의 말씀을 듣고 그 말씀대로 살겠다고 다짐했음에도 일주일 동안 하나님의 말씀은 생각나지도 않았고, 그 말씀대로 실천하며 살지도 못했습니다. 내 생각과 내 주장대로 살았습니다. 주님, 용서하여 주옵소서. 우리의 연약함을 주님께서 아시오니, 한없는 은혜와 사랑으로 부족함을 채워 주시옵소서. 이 시간, 새로운 결단을 가지고 주님 앞에 충성하며 헌신하게 하여 주옵소서.

이 나라와 민족의 주인이 되시는 하나님 아버지! 우리나라가 하나님을 주인으로 모시고 살아가는 복된 나라가 되길 원합니다. 이스라엘 백성들이 하나님의 인도하심을 따라 약속의 땅 가나안에 들어갔던 것처럼, 우리나라가 하나님의 인도하심에 따라 살아감으로 날마다 채워 주시고 부어주시는 하나님의 은혜를 충만히 받아 누리는 복된 나라가 되게 하여 주옵소서. 특별히 이 땅의 젊은이들이 세상에 물들지 않고, 하나님의 말씀대로 살아가는 믿음의 사람들이 되게 하여 주옵소서. 그래서 이 나라가 복음으로 온전히 서게 하셔서, 이 땅위에 하나님 나라가 온전히 이루어지게 하여 주옵소서.

  이 땅에 교회를 세우신 하나님 아버지! 예수 그리스도의 피로 세우신 교회를 통해 하나님의 역사가 성취되어 가게 하시니 감사를 드립니다. 우리 교회가 이 땅 가운데 하나님의 뜻을 온전히 이루기 위해 항상 깨어 기도하며 우리 교회에 맡겨진 사명을 잘 감당하게 하여 주옵소서. 이곳에 우리 교회를 세워주시고, 이 지역을 섬기며 복음을 전하는 사명을 잘 감당하게 하옵소서. 우리 교회의 모든 믿음의 권속들이 성령 충만하여, 각자의 삶의 자리에서 승리하게 하시고, 하나님의 영광을 드러나게 살게 하여 주옵소서. 특별히, 멀리 떨어져 있는 우리 성도들의 가족들을 지켜 주옵소서. 해외 출타 중이거나, 군대에 있는 가족들을 눈동자와 같이 보호하여 주옵소서. 그들이 어디에 있든지 성령께서 동행하여 주시고, 온전히 주님만을 의지하는 믿음으로 승리하며 살아가게 하옵소서.

  이 시간 말씀을 전하시는 ○○○ 목사님을 성령의 능력으로 붙드셔서 그 말씀이 우리의 마음 속에 깊이 새겨지게 하시며, 말씀을 듣는 우리 모두가 말씀대로 살아가게 도와주옵소서. 전심으로 준비한 찬양을 올려드리는 ○○○○ 찬양대의 찬양이 하나님께 온전히 열납 되게 하시고, 모든 이들이 하나님의 영광 앞에 서는 은혜 충만한 찬양이 되게 하옵소서. 우리의 산 소망 되시는 예수님의 이름으로 기도드리옵나이다. 아멘.

34
주일낮예배 기도문

우리의 예배를 받으시기에 합당하신 하나님! 부족하고 연약한 우리를 지극히 사랑하셔서 아들 독생자 예수 그리스도를 십자가에 내어주심으로 우리를 구원해주시고, 지금도 우리를 위하여 하늘에 거처를 예비하시며, 영원한 천국으로 우리를 인도하시는 하나님 아버지의 사랑과 은혜에 감사와 찬송을 올려드립니다.

이렇고 크고 놀라운 은혜 가운데 살고 있음에도 불구하고, 바쁘고 힘든 일상 속에서 하나님의 은혜를 잊어버리고, 세상 풍파에 시달릴 때마다 불안해하고 근심하며 살았습니다. 우리의 연약함을 용서하여 주옵소서. 지금 이 순간에도 우리와 함께 하시겠다고 약속하신 대로 다시 오실 예수님을 굳게 믿게 하옵소서. 이 땅에 소망을 두지 않고 하늘에 소망을 두고, 믿음으로 담대히 승리하며 살아가는 하나님의 백성들이 되게 하여 주옵소서.

사랑의 하나님, 지금 이 순간에도 가난과 인권 탄압, 전쟁과 테러, 각종 자연재해로 고통당하는 이들이 있습니다. 그들을 친히 찾아가셔서 위로하여 주시며, 생명의 빛으로 회복시켜 주옵소서. 하나님의 사랑과 공의가 온 땅에 퍼져나가게 하시며, 물이 바다 덮음 같이 여호와를 인정하는 것이 온 세상에 가득하게 하옵소서. 그래서 아직도 복음을 듣지 못한 이들에게 생명의 복음이 전해지며, 죽어가던 영혼들이 살아나는 역사가 넘쳐나게 하옵소서.

이 나라의 대통령과 위정자들에게 하나님을 경외하는 지혜를 허락해주시고, 정치, 경제, 사회, 문화, 교육 각 분야마다 정직한 그리스도인들로 인해 이 나라가 바로 세워지게 하옵소서. 여전히 남과 북으로 나누어져 있는 우리 민족의 아픔을 기억하시고 하루 속히 복음으로 통일되게 하여 주옵소서. 지금 이 순간에도 굶주림과 폭정으로 고통당하는 북한 동포들을 긍휼히 여겨 주시며 구원하여 주옵소서.

하나님, 우리 한국 교회에 다시 한 번 부흥의 역사가 뜨겁게 일어나게 하여 주옵소서. 우리 ○○교회가 이 역사에 앞장서게 하시고, 성령충만, 은혜충만한 교회가 되게 하옵소서. 특별히 어렵고 힘든 시대를 살아가는 이 땅의 가정들을 믿음의 가정으로 세우는 교회가 되게 하옵소서. 우리 교회를 통해 깨어진 가정이 회복되고, 소망을 잃고 살아가는 다음세대에게 소망을 심어주게 하여 주옵소서.

우리 ○○교회를 이끌어 가시는 ○○○ 담임목사님께 영육 간에 강건함을 주시고 성령충만하게 하셔서, 사랑하는 성도들에게 영혼의 꼴을 풍성히 먹이며, 쉴만한 물가로 잘 인도하게 하옵소서. 모든 부교역자들과 성도들에게도 맡겨진 사명에 충성을 다함으로 주님께서 기뻐하시는 교회가 되게 하여 주옵소서.

이 시간 ○○○ 담임목사님께서 '○○○○○○'이라는 제하의 말씀을 선포하실 때, 우리에게 말씀하시는 하나님의 음성을 듣게 하시고, 그 말씀을 아멘으로 받아, 말씀대로 순종하며 살아가게 하여 주옵소서.

정성껏 준비한 ○○○○ 찬양대의 찬양을 기뻐 받아주시고, 예배를 섬기는 모든 손길들 위에 한없는 은혜와 복을 내려주옵소서. 우리 구주 예수 그리스도의 이름으로 기도드립니다. 아멘.

35 주일낮예배 기도문

　찬송과 영광을 받으시기에 합당하신 하나님 아버지, 오늘도 복된 주일을 맞이하여 주의 전에 나아와 예배하게 하시니 감사드립니다. 감히 주님 앞에 나아갈 수 조차 없는 죄인이지만, 십자가의 은혜로 구속해 주시고, 자녀 삼아 주심을 감사드립니다.

　죽을 수밖에 없었던 우리를 구원하신 하나님의 사랑과 은혜를 저버리고, 세상을 곁눈질하며 세상의 헛된 것만을 구하며 살아가는 어리석은 우리를 용서하여 주옵소서. 예수 그리스도의 보혈의 능력으로 우리를 새롭게 하여 주옵소서. 구원받은 백성답게 하나님의 영광을 위해 살아가는 복된 성도들이 되게 하여 주옵소서.

　하나님 아버지, 이 나라와 민족을 긍휼히 여겨 주옵소서. 대통령과 위정자들에게 하늘의 지혜와 정직한 리더십을 허락해 주셔서, 이 나라를 바르게 이끌어가게 해 주옵소서. 사회 모든 분야의 지도자들에게 겸손한 마음과 하나님을 경외하는 마음을 주셔서, 하나님께서 세워주신 각자의 자리에서 정의롭게 다스리게 해 주옵소서.

　사랑하는 북한 동포들에게 크고 놀라우신 사랑과 은혜를 베푸셔서, 고난과 궁핍, 억압과 고통으로부터 건져주시며, 북한의 악한 정권이 무너지고, 복음으로 하나 되는 이 민족이 되게 하여 주옵소서. 세계 곳곳에 전쟁과 테러, 자연재해와 기근으로 신음 가운데 있는 사람들에게 하나님의 평화와 은총을 내려 주옵소서. 세계 곳곳에서 복음을 전하시는 선교사님들의 사역을 축복하시고, 가정과 건강을 지켜 주옵소서.

하나님 아버지, 우리 ○○교회를 사랑해 주시고 지금까지 인도해 주시니 감사를 드립니다. 우리 ○○교회가 이 세상의 진리와 소망의 빛이 되게 하옵소서. 점점 어두워져가는 세상에서 하나님께 부름을 받은 복음의 일꾼으로 온전히 서서, 이 땅에 하나님 나라를 확장시키고, 온 세상에 예수 그리스도를 증거 하는 사명을 감당해 나가는 교회가 되게 하옵소서.

○○○ 담임목사님을 능력의 팔로 붙들어 주시며, 모세와 같은 리더십과 능력을 주셔서, 우리 교회를 잘 이끌어가게 하시며, 모든 부교역자들에게도 성령의 충만함을 허락해 주옵소서. 당회와 제직들, 모든 성도들이 교회를 더욱 뜨겁게 사랑하게 하셔서, 사랑과 은혜로 온전히 하나 되는 복된 교회가 되게 하여 주옵소서.

이 시간 말씀을 선포하시는 ○○○ 담임목사님에게 성령의 두루마리를 입혀 주셔서, 하나님의 말씀이 목사님을 통해 온전히 우리 모두에게 전해지는 은혜의 시간이 되게 하여 주옵소서. 모든 성도들이 마음 문을 활짝 열고, 하나님의 말씀을 온 마음으로 받게 하시고, 그 말씀대로 살아갈 수 있는 용기와 결단을 허락해 주옵소서. 그래서 말씀 붙들고 넉넉히 이기며 살아가게 하옵소서. 찬양으로 영광 돌리는 ○○○○ 찬양대의 찬양을 통해 큰 영광 받아주시고, 교회 여러 곳에 흩어져 신실하게 예배를 섬기는 모든 손길들에게 복을 내려 주옵소서. 우리의 예배가 온전히 하나님께만 영광 돌리기를 원하며, 우리 주 예수 그리스도의 이름으로 기도합니다. 아멘.

36 주일낮예배 기도문

　이 세상 천지만물을 다스리시고 주관하시는 하나님 아버지, 지난 한 주간도 저희들을 주님의 품 안에 품어주시고 눈동자 같이 지켜 주셨다가, 거룩한 주일, 성전에 나아와 주님 앞에 예배를 드릴 수 있는 건강과 은혜를 주시니 감사합니다.
　우리 주변에는 여러 가지 이유로 주님 앞에 나오지 못하는 안타까운 사람들이 많이 있습니다. 분주하고 바쁜 세상살이에 쫓긴 채 하나님을 알지 못하고 살아가는 불쌍한 영혼들이 있습니다. 또한 마음은 나오고 싶지만 육신의 연약함으로, 직업상의 어려움으로, 또 다른 여러 가지 이유로 주님 앞에 나아와 예배드리지 못하는 이들을 불쌍히 여겨 주옵소서. 하루 빨리 그들 앞에 당면한 모든 어려움을 잘 이겨내고, 또한 신앙생활의 장애물들을 극복하고, 주님 앞에 나아와 함께 예배드리며 큰 은혜 받을 수 있게 하여 주옵소서.
　이 시간 나라와 민족을 위해서 기도합니다. 이 나라와 민족을 불쌍히 여겨 주옵소서. 하루 속히 김정은과 공산체제가 무너지게 하셔서 이 세상 단 하나뿐인 분단조국에 평화통일과 하나 됨이 이루어지게 하옵소서. 지하교회에서 목숨 걸고 예배드리는 북녘 땅의 성도들을 지켜 주시고, 마음껏 예배드리며 자유롭게 신앙생활 할 수 있는 날이 속히 오게 하옵소서. 대통령과 위정자들에게 하나님을 경외하고 국민들을 뜨겁게 사랑하는 마음 주셔서, 우리 국민들이 믿고 신뢰할 수 있는 정치를 잘 해나갈 수 있도록 인도하여 주옵소서.
　하나님, 우리 성도들 중에는 여러 가지 인생의 문제들로 인하여 감당할 수 없는 고통 중에 있는 분들이 있습니다. 경제적인 어려움과 육신의 질병, 또 가족 간의 불화와 인간관계의 단절 등 삶의 무게를 이기지 못하고 힘겨워 허덕이고 있는 우리 성도들을 불쌍히 여겨 주옵소서. 하나님께서 친히 그들의 삶의 자리에 찾아가셔서 저들을 깊이 위로하여 주시고, 그 모든 문제들을 극복해 나갈 수 있는 안내와 용기, 그리고 지혜와 능력을 내려주옵소서. 그래서 하나님의 은혜를 깊이 체험하고 늘 감사하며 살아가는 성도들이 되게 하여 주옵소서.

우리 ○○교회를 사랑하셔서 지금까지 많은 하나님의 역사를 감당케 하신 은혜에 감사를 드립니다. 주님께서 피로 사신 이 교회, 또한 우리 믿음의 선배들이 헌신적으로 섬겨온 이 교회에 더 풍성한 하나님의 역사가 계속해서 일어나게 하옵소서. 당회원을 비롯한 모든 성도들이 더욱 뜨겁게 교회를 사랑하게 하시고, 모이면 예배드리고 기도하며, 흩어지면 이웃을 섬기고 전도함으로, 계속해서 부흥하는 교회가 되게 하여 주옵소서.

특별히 담임목사님께 늘 말씀의 권세와 능력을 더하여 주셔서, 우리 교회를 잘 이끌어가게 하시고, 우리 교회가 하고 있는 모든 사역들이 하나님의 뜻을 온전히 이루는 사역들이 되게 하옵소서.

이 시간에 말씀을 선포하시는 담임목사님을 붙잡아 주셔서, 성령 충만함으로 능력 있는 말씀 선포하게 하시고, 말씀을 받는 모든 심령에 풍성한 은혜의 단비가 내리게 하여 주옵소서. 모든 성도들이 말씀에 큰 은혜 받고 말씀대로 살아감으로, 약속하신 은혜를 다 받아 누리는 복된 성도들이 되게 하여 주옵소서. 예수 그리스도의 이름으로 기도드립니다. 아멘.

37 주일낮예배 기도문

　사랑과 은혜의 하나님 아버지, 지난 한 주간도 주님의 은혜 가운데 살게 하시고, 사랑으로 지켜주신 은혜에 감사를 드립니다. 또한 거룩한 주일을 맞이하여, 하나님 백성들의 주의 전으로 불러주시며, 은혜로운 예배의 자리에 있게 하신 은혜에 감사와 찬송과 영광을 올려드립니다.
　우리는 하나님의 은혜가 없이는 하루도 살 수 없는 주님의 자녀들입니다. 그런 우리를 주님의 날개 아래 보호하여 주시며 지켜 주시니 감사합니다. 그러나 지난 한 주간의 삶을 돌아보면, 하나님의 말씀과 뜻대로 살지 못하고, 세상의 죄악 된 삶과 헛된 것들에 우리의 마음을 빼앗긴 채, 온전히 하나님을 바라보며 하나님 안에서 살지 못할 때가 많았습니다. 주님, 용서하여 주옵소서.
　이 시간 주님의 임재하심을 강하게 체험하게 하여 주옵소서. 살아 역사하시는 하나님을 만나게 하시고, 하나님의 말씀 앞에 온전히 서게 하옵소서. 그래서 이 험한 세상 속에서도 하나님만을 의지하며, 하나님의 뜻대로 살겠다고 다시 결단하는 시간이 되게 하옵소서.
　이 시간 나라와 민족을 위해서 기도합니다. 70년이 넘는 시간 동안 분단되어 있는 이 나라를 하루 빨리 회복시켜 주옵소서. 이 땅에 속히 복음통일이 이루어져 온 민족이 다함께 예배드리는 날이 속히 오게 하옵소서. 특별히 굶주림과 폭정으로 고통당하는 북한 동포들과 지하교회 성도들을 지켜주옵소서. 이 나라 대통령과 위정자들이 하나님 앞에서 정직하고 공의롭게 이 나라를 이끌어가게 하시며, 우리나라와 민족이 하나님의 뜻을 온전히 이루는 복된 나라가 되게 하여 주옵소서.

우리 ○○교회를 사랑하시고, 지금까지 하나님의 영광을 드러내는 교회로 세워주신 은혜에 감사를 드립니다. 우리 교회를 통해 이 세상에 복음의 기쁜 소식이 더 많이 전해지게 하시고, 날마다 구원받는 사람들이 넘쳐나는 구원의 방주가 되게 하옵소서. 특별히, 젊은 세대들이 많이 세워지게 하여 주옵소서. 우리의 믿음이 다음세대에게 이어지는 통로가 되게 하시고, 그들을 통하여 우리 교회의 든든한 기둥이 되게 하옵소서. 교회가 교회되게 하시고, 하나님의 복음이 전파되게 하옵소서.

하나님, 우리 성도들 중에는 해외나 타지에 나가 있는 가족들과 자녀들이 있습니다. 군복무로, 유학으로, 해외 파견근무로, 출장으로, 먼 곳에 나가 있는 사랑하는 가족들을 불꽃같은 눈동자로 지켜 주시옵소서. 그들이 언제, 어느 곳에 가든지 하나님을 예배하고, 하나님 백성답게 승리하며 살아가게 하옵소서. 어떠한 고난 속에서도 하나님께 엎드리고, 기도하며, 의지함으로, 하나님의 도우심과 함께 하심을 깊이 체험하게 하여 주옵소서.

이 시간 말씀을 선포하시는 담임목사님과 함께 하여 주시옵소서. 성령 충만함으로 능력 있는 말씀 선포하게 하시고, 말씀을 받는 모든 성도들에게 큰 은혜가 임하게 하여 주옵소서. 우리를 향하신 하나님의 뜻을 깨닫고, 그 말씀대로 살겠다고 결단하게 하셔서, 삶의 모든 자리에서 하나님의 풍성한 역사를 경험하며 살게 하여 주옵소서.

아름다운 찬양으로 하나님께 영광을 돌리는 ○○○찬양대의 찬양을 기뻐 받아주옵소서. 찬양대원들과 우리 모든 성도들의 삶에 늘 하나님의 역사와 간증이 넘쳐나게 하여 주옵소서. 우리 주 예수 그리스도의 이름으로 기도드리옵나이다. 아멘.

38 주일낮예배 기도문

　우리 모든 인생과 가정의 주인이 되시는 하나님 아버지, 죽을 수밖에 없던 우리들을 예수 그리스도를 통해 구원해 주시고, 우리의 모든 삶을 지키시며 인도해 주시는 하나님의 크신 은혜를 감사 드립니다. 또한 지난 한 주간도 주님의 은혜 가운데 살게 하시고, 사랑으로 지켜주신 은혜에 감사합니다. 이 시간 우리의 마음과 정성과 뜻을 다하는 이 예배가 하나님께 영광 돌리며, 예배를 드리는 모든 성도들에게는 큰 은혜의 시간이 되게 하여 주옵소서.
　사랑의 주님, 이 시간 우리의 가정을 위해서 기도합니다. 우리에게 이 세상을 살아가는데 꼭 필요한 삶의 울타리인 가정을 허락해 주시고, 사랑하는 부모님과 형제, 자매와 함께 살아갈 수 있게 해주신 하나님의 은혜에 감사를 드립니다. 특별히, 온갖 수고와 희생을 마다하지 않고 자녀들을 돌보고 사랑해 주시는 부모님들을 우리에게 주심도 감사드립니다. 우리 부모님들이 사시는 날 동안 늘 영과 육이 강건하게 하시고, 날마다 천국 소망 바라보며, 주님의 은혜 가운데 기쁨과 감사로 살아갈 수 있도록 늘 함께 하여 주옵소서. 또한 사랑하는 우리의 자녀들이 하나님을 인격적으로 만나 하나님을 온전히 믿고 의지하며 살게 하시고, 이 험한 세상 속에서도 하나님께서 주시는 은혜로 늘 형통한 삶을 살아가도록 도와주옵소서.
　우리나라와 민족을 위해서 기도합니다. 남북으로 분단되어 서로가 총부리를 겨누고 있는 이 안타까운 현실을 하루빨리 해결하여 주옵소서. 계속하는 북한의 핵개발과 전쟁 위협으로부터 한반도를 지켜주옵소서. 하루속히 이 땅에 복음통일이 이루어져 온 민족이 다함께 예배드릴 수 있는 날이 속히 오게 하시며, 북한 동포들과 지하교회에서 예배드리는 북녘 땅의 성도들을 지켜주옵소서.

우리 교회를 위해서 기도합니다. 우리 교회를 사랑하시는 주님, 우리 교회가 하나님의 뜻을 온전히 이루며, 영광 돌리는 교회가 되게 하옵소서. 모이기에 힘쓰고, 믿음의 교제를 나누며, 예배와 찬송과 감사가 넘치게 하여 주옵소서. 말씀충만, 은혜충만, 성령충만한 교회가 되게 하옵소서. 세상 사람들에게 칭찬받고, 믿는 사람들이 날마다 많아지는 초대교회와 같은 교회가 되게 하옵소서.

또한 우리의 다음세대들을 축복하여 주옵소서. 그들이 교회학교를 통해 하나님을 인격적으로 만나게 하시고, 하나님을 경외하며, 하나님께서 주신 비전과 사명을 위해 살아가는 진실한 하나님의 사람들로 살아가게 하옵소서. 이 땅의 소망이 되는 젊은이들이 되게 하여 주옵소서.

특별히, 우리 ○○○ 담임목사님께 늘 말씀의 권세와 능력을 더하여 주서서, 우리 교회를 잘 이끌어가게 하시고, 사랑과 은혜가 넘치는 복된 교회가 되게 하여 주옵소서.

이 시간 담임목사님께서 말씀을 선포하실 때, 성령 충만함으로 능력 있는 말씀 선포하게 하시옵소서. 말씀을 받는 모든 심령들에게 큰 은혜가 임하게 하여 주옵소서. 문제가 해결되며, 험한 세상을 능히 이기며 살아갈 수 있는 능력을 주옵소서. 그래서 날마다 믿음으로 승리하는 삶을 살아가게 하여 주옵소서.

아름다운 찬양으로 하나님께 영광을 돌리는 ○○○찬양대의 찬양이 하늘에 상달되게 하시며, 찬양하는 모든 대원들의 삶에 풍성한 은혜를 내려주시옵소서. 예배를 위해 돕는 손길들에게도 은혜를 더하게 하시옵소서. 이 모든 말씀, 우리 주 예수 그리스도의 이름으로 기도드립니다. 아멘.

주일낮예배 기도문

　사랑과 은혜가 풍성하신 하나님 아버지, 언제나 변함없는 사랑으로 우리를 지켜 주시며, 돌봐주시는 하나님의 크신 은혜에 감사합니다. 또한 은혜의 보좌 앞에 서게 하시며, 영광스러운 예배드리게 하시니 감사를 드립니다.
　우리는 늘 하나님께서 베풀어주신 은혜에 감사하는 마음으로 살면서, 하나님께서 우리에게 주신 말씀대로 살아 하나님께 영광 돌리는 인생을 살아야 하건만, 때때로 하나님의 말씀과 뜻대로 살지 못해 하나님의 마음을 아프시게 할 때가 많았음을 고백하오니 용서하여 주옵소서.
　이 시간, 주의 백성들이 세상에서 갖가지 일들로 찢기고 상한 심령들로 이 자리에 나아와 하나님의 은혜와 자비를 구하오니, 우리 성도들을 주님께서 넓으신 품으로 안아주시고 위로하여 주셔서, 이 시간 내려주시는 은혜를 통하여 마음의 평안과 기쁨을 회복하는 시간이 되게 하여 주옵소서.
　우리나라와 민족을 사랑하시는 주님, 북한은 지금도 계속된 도발로 이 땅의 평화를 위협하고 있습니다. 또한 핵무기 계발과 인권 탄압, 폭정으로 자멸의 길을 가고 있습니다. 이 모든 악한 계획들을 그치게 하시고, 이 땅 위에 평화통일이 이루어지게 하여 주옵소서. 또한 이 나라의 대통령과 위정자들이 진정으로 나라와 국민들을 위하는 정치를 하게 하시고, 정치, 경제, 사회, 교육, 문화 등 모든 분야에 하나님의 공의와 질서가 바로 서게 하여 주옵소서. 오직 하나님만 섬기게 하시고, 이 땅에 하나님의 나라가 이뤄지게 하여 주옵소서.
　우리 교회를 사랑하시는 하나님, 이 세상이 점점 더 악해져가는 이때에, 우리 교회가 복음의 능력으로 굳건히 서서 어두운 세상을 비추는 진리의 빛이 되게 하여 주옵소서. 이 세상 어디에도 기댈 곳 없이 방황하는 많은 사람들을 하나님 앞으로 인도하는 교회가 되게 하옵소서. 당회원을 비롯해 모든 성도들이 교회를 사랑하는 마음으로, 서로 섬기고, 봉사하며, 하나님의 영광을 드러내게 하여 주옵소서. 그래서 믿지 않는 사람들이 우리 교회를 통해 소망을 갖게 하시고, 인생의 진정한 의미를 발견하게 하여 주옵소서.

하나님, 요즘 우리 성도들 중에는 삶의 어려움을 만나 큰 고통 중에 있는 분들이 있습니다. 특히 젊은이들이 너무나도 힘겨워 하고 있습니다. 혹독한 취업난과 직장생활, 경제적 불안정과 인간관계의 어려움 등으로 삶의 무게를 이기지 못해 힘겨워 허덕이고 있는 우리 성도들과 젊은이들을 불쌍히 여겨 주옵소서. 그들이 하나님을 온전히 붙들게 하옵소서. 하나님만이 우리의 진정한 피난처가 되시며, 힘이 되심을 깨닫게 하옵소서. 그래서 믿음으로 기도하면서 자신들의 문제를 이겨나갈 수 있게 하옵소서. 인생의 고난 속에서 역사하고 인도하시는 하나님을 만남으로, 새로운 인생을 살아가게 하여 주옵소서.

이 시간, 말씀을 들고 단 위에 서시는 담임목사님을 강한 손으로 붙잡아 주시고, 성령 충만함으로 능력있는 말씀 선포하게 하시옵소서. 말씀을 받는 모든 성도들에게 풍성한 은혜의 단비를 내려주옵소서. 받은 말씀대로 살아감으로 말미암아, 약속하신 은혜를 다 받아 누리는 복된 성도들이 되게 하여 주옵소서.

자신들의 믿음의 고백을 찬양으로 올려드리는 ○○○찬양대의 찬양이 하나님을 기쁘시게 하며, 모든 성도들의 마음 문을 활짝 여는 복된 찬양이 되게 하옵소서. 오늘 이 예배가 성삼위 하나님께만 온전히 영광 돌리는 예배가 되게 하옵소서. 예수 그리스도의 이름으로 기도드립니다. 아멘.

40 주일낮예배 기도문

생명의 주님! 오늘도 우리에게 말씀으로 역사하셔서 하나님께서 예수 그리스도를 통해 완성하신 부활 생명의 기쁨에 참여하게 하시니 감사드립니다. 성령님, 예배드리는 이 시간, 우리의 영혼 깊은 곳에 오셔서 말씀으로 조명하여 주셔서, 하나님의 임재하심 앞에 정직하고 정결한 마음으로 예배드리게 하옵소서. 우리의 굳은 마음과 닫힌 입술을 열어 주님의 영광을 찬양하며, 우리의 전인격이 주님을 바라보며 주님 앞에 나아갑니다. 주여, 우리에게 자비와 은혜를 베풀어 주옵소서.

주님, 이 땅에 황무함을 바라봅니다. 세계 각지에서 전쟁과 테러와 기근과 재난으로 인해 고통 받는 주님의 백성들을 기억하여 주시고, 무너진 그들의 영혼 가운데 함께 하셔서, 주님의 십자가의 사랑으로 일어나게 하옵소서.

나라와 민족을 위해서 기도합니다. 남북으로 분단되어 동포에게 총구를 겨누고 증오와 미움이 쌓여만 가고 있는 이 민족의 비극을 불쌍히 여겨 주옵소서. 특별히 군대에서 자신의 몸을 바쳐 나라를 위해 헌신하는 국군장병들을 기억하여 주옵소서. 나라를 지키는 일을 통해 자신의 정체성과 민족의 일원으로서의 귀한 사명을 발견하며, 이 민족을 지키시고 이 땅의 역사를 이끌어 가시는 창조주 하나님을 만나게 하옵소서.

하나님, 주님의 몸 된 교회를 위해서 기도합니다. 담임목사님과 부교역자, 당회원과 제직들에게 언제나 성령님께서 함께 해주셔서 마음을 같이하여 오로지 기도에 힘쓰며 주님께서 약속하신 성령의 능력으로 사명을 잘 감당하는 교회가 되게 하옵소서.

  우리 ○○교회를 통해 이루실 하나님의 역사를 바라보며, 먼저 모든 성도들이 엎드려 겸손하게 하나님의 음성을 듣게 하시고, 주님께서 주시는 영적인 분별력으로 합력하여 선을 이루게 하여 주옵소서. 주님의 영광만 나타내는 교회가 되게 하옵소서.

  특별히 교회 안에 영적으로, 육신적으로 어려움에 처해있는 연약한 이들을 기억하여 주시고, 예수 그리스도의 피묻은 손으로 안수하여 주셔서 세상이 줄 수 없는 참된 평안과 안식으로 위로하여 주시고 주님의 날개 아래 보호하여 주옵소서.

  말씀을 전하실 ○○○ 담임목사님께 성령님께서 친히 임재하셔서 주님이 기뻐하시는 말씀을 전하게 하시고, 불같은 성령님께서 여기 모인 주님의 백성들의 심령을 뜨겁게 하여 주사, 하나님의 말씀 앞에 온전히 서며, 성령 충만한 시간이 되게 하여 주옵소서. 찬양대의 찬양이 주님 앞에 향기로운 냄새로 올려져 주님께만 영광이 되게 하시고, 모든 성도들의 마음에 주님께 드리는 영광으로 기쁨이 넘치게 하옵소서. 우리에게 영원한 기쁨을 주시는 예수 그리스도의 이름으로 기도드립니다. 아멘.

41 주일낮예배 기도문

온 세대에 걸쳐 우리의 거처가 되신 하나님을 찬양합니다. 산들이 나타나기도 전에, 온 땅과 세상을 만드시기 전부터 영원까지 주께서는 하나님이십니다. 이 세상 그 어떤 것으로도 하나님을 대신할 것이 없으며, 하나님의 영광을 가릴 것이 없습니다. 오직 하나님만이 영광을 받으시기에 합당하십니다.

사랑이 가득하신 하나님. 한 주간 험난한 세상 속에서 지친 몸과 영혼을 이끌고 나왔습니다. 하나님께서 보실 때 부족하고 연약한 삶이었지만, 하나님을 사랑하고 예수님을 믿는 믿음으로 예배합니다. 우리의 예배를 받아주시옵소서. 죄 가운데에서도 우리가 하나님의 자녀라는 사실을 잊지 않게 하시고, 바로 깨닫고 회개하는 마음을 주시옵소서. 모르고 지은 죄도 이 시간 주님 앞에 용서를 구하오니 우리를 정결케 하옵소서. 세상 속에서 하나님의 자녀로서 당당하게 살게 하시고, 우리를 유혹하는 죄들을 향해 대항할 수 있는 용기도 주시옵소서. 똑같은 죄를 반복하여 짓지 않도록 우리를 붙잡아 주시옵소서.

우리 교회가 하나님께서 보실 때 아름다운 귀한 교회가 되길 원합니다. 단순히 교인 수가 늘어나는 교회가 아니라 하나님께서 임재하시는 교회가 되게 하옵소서. 신령과 진정으로 하나님께 예배하는 교회가 되게 하옵소서. 사랑과 배려와 기쁨이 가득한 교회가 되게 하옵소서. 교회를 통해 많은 사람들이 위로 받고 힘을 얻게 하옵소서.

말씀을 전하시는 ○○○ 목사님과 함께 하시옵소서. 우리가 설교를 들을 때에 하나님께서 우리에게 하시는 말씀으로 순종하게 하시옵소서. 듣고 깨달은 것에서 그치지 않고 우리의 삶에 적용하게 하옵소서. 목사님의 육체적 건강 뿐만 아니라 영혼의 건강도 지켜주셔서 우리 교회를 섬기고, 목회하실 때에 부족함이 없도록 하옵소서.

　귀한 시간과 목소리를 헌신하여 하나님께 찬양을 드리는 ○○○찬양대에도 하나님의 은혜가 더하게 하시옵소서. 자신의 자랑이 아니라 자신을 드려 하나님께 영광을 돌리게 하시옵소서. 여러 가지 손길로 교회를 돕는 성도들이 있습니다. 어느 곳에서 어떤 모양으로 섬기든지 기쁨으로, 자원하는 마음으로 하게 하옵소서. 또한 하나님의 은혜가 그들과 함께 하시길 기도합니다. 예수 그리스도의 이름으로 기도합니다. 아멘.

42 주일낮예배 기도문

　우리의 창조주와 구원자가 되신 하나님 아버지, 감사와 영광을 받으시옵소서. 우리가 매일 주님을 간절하게 찾고, 예배합니다. 우리의 삶에 물이 없어 메마르고 지친 땅에서 우리의 영혼이 목말랐습니다. 하나님이 아니고서는 우리를 회복시키실 분이 없으십니다. 우리의 영혼이 조용히 하나님만 기다리는 것은 우리의 구원이 하나님께만 나오기 때문입니다. 하나님만이 우리의 반석이시며 우리의 구원이십니다. 하나님만이 우리의 산성이시고, 우리의 피난처이십니다. 우리가 하나님과 함께 하지 않는다면, 우리에게는 희망이 없음을 고백합니다. 하나님과 늘 동행하는 삶을 살 수 있도록 도와 주시옵소서.

　이 나라와 이 민족을 불쌍히 여겨 주시옵소서. 130여 년 전에 이곳에 순교의 피를 흘리면서 복음의 씨앗을 흘려서 교회를 세우셨는데, 이 믿음의 유산을 제대로 이어가지 못하고 있습니다. 교회가 교회되지 못하고, 성도가 사회로부터 질타를 받게 되었습니다. 그 누구보다 삶의 모범이 되어야 할 성도들이 손가락질을 받고 있습니다. 그리하여 교회뿐만 아니라 하나님의 이름이 망령되게 했습니다. 주님, 우리가 회개합니다. 우리가 제대로 신앙생활을 하지 못했습니다. 하나님의 말씀대로 살지 않았습니다. 용서하여 주시옵소서.

　세계 곳곳에서 하나님의 말씀을 전하시는 선교사님들을 위해 기도합니다. 하나님을 알지 못하는 영혼들에게 예수님께서 그리스도이심을, 하나님께서 창조주이심을 담대하게 선포하게 하옵소서. 그들의 영혼을 향해 긍휼을 베풀어 주셔서 심령이 변화되는 놀라운 하나님의 역사가 일어나게 하옵소서. 복음이 그들에게 정말 기쁜 소식이 되게 하옵소서. 그리하여 복음이 선포되는 곳마다 그리스도인이 넘쳐나게 하시고, 그로 인하여 그 지역이 변화되고 나라가 변화되게 하옵소서. 하나님을 두려워하고, 예배하는 민족이 되게 하여 주시옵소서.

이 시간, 말씀을 전하실 ◯◯◯ 목사님을 성령으로 붙들어 주시고, 하나님께서 우리에게 예비하신 말씀을 전하게 하옵소서. 일주일 동안 말씀에 순종하는 삶을 살게 하옵소서. 말씀이 우리에게 지표가 되게 하옵소서. 좌우로 치우치지 않고, 하나님의 말씀대로 살도록 우리를 이끌어 주시옵소서. 말씀을 통하여 우리의 삶이 변화되고, 우리의 변화로 우리가 속한 공동체가 변화되게 하옵소서.

교회를 위하여 곳곳에서 섬기며 봉사하는 성도들의 마음을 살피시고, 하나님의 은혜를 경험하는 삶을 살도록 하옵소서. 그 어디에서도 누릴 수 없는 하나님의 축복이 임하게 하옵소서. 우리의 예배가 자리만 채우는 예배가 되지 않도록 하시고, 신령과 진정으로 하나님께서 경배하는 예배가 되게 하옵소서. 홀로 영광받으시기에 합당하신 예수 그리스도의 이름으로 기도합니다. 아멘.

43 주일낮예배 기도문

주님의 신실하심과 영원하심을 찬양합니다. 지극히 높으신 곳에서 우리의 모든 삶을 주관하시는 하나님을 찬양합니다. 우리의 대적을 물리치시고, 온갖 죄로부터 우리를 보호하시는 하나님의 돌보심에 감사를 드립니다. 하나님의 날개아래, 주님의 그늘아래 영원한 삶을 누리면 살기 원합니다.

올해도 어김없이 좋은 열매로 풍성하게 하시니 감사합니다. 과실의 열매뿐만 아니라 우리의 삶에도 성령의 열매가 맺게 하시옵소서. 이 세상에 쌓을 열매가 아니라 하늘나라의 창고에 쌓을 열매를 맺게 하시옵소서. 우리의 삶이 육체의 소욕에 따르는 삶이 아니라 성령의 이끄심에 따르는 삶이 되도록 도와 주시옵소서.

우리에게 물질을 허락하신 하나님께 감사를 드립니다. 하지만 물질에 현혹되어 하나님을 버리지 않게 하시옵소서. 하나님께서 항상 보고 계시다는 것을 잊지 않게 하시고, 투명한 물질 관리를 할 수 있도록 하옵소서. 또한 물질로 이웃을 돕고 하나님 앞에 자원하는 마음으로 드리게 하옵소서.

우리의 구원자가 되신 주님, 우리의 삶이 날마다 성숙하게 하옵소서. 지식뿐만 아니라 하나님의 지혜로 믿음이 성장하게 하옵소서. 세상을 향해 주눅 들지 않고 담대하게 복음을 선포할 수 있는 담대함을 주시옵소서. 두려움에 떨었던 예수님의 제자들이 성령을 받고 담대하게 복음을 선포했던 것처럼 우리에게 성령의 불을 내려주시옵소서. 복음을 듣지 못한 자들을 향해, 세상을 향해 당당히 복음을 선포하게 하옵소서.

하나님의 말씀을 전하시는 ○○○ 목사님과 함께 하여 주시옵소서. 영육간의 강건하게 하시옵소서. 부교역자들과 당회원, 온 성도가 담임 목사님과 함께 한 마음으로 교회를 섬기게 하옵소서. 하나님의 사역들을 감당하기에 부족함이 없게 하옵소서. 교회를 자랑하고, 목사님을 자랑하는 우리가 되게 하옵소서.
　찬양하는 ○○○ 찬양대와도 함께 하시옵소서. 하나님을 찬양함에 있어 온 몸과 마음을 다하게 하시옵소서. 교회를 섬기는 다른 손길들도 기억하시고, 하나님의 축복을 더하게 하옵소서. 우리의 예배를 받아주시옵고, 예수 그리스도의 이름으로 기도합니다. 아멘

44
주일낮예배 기도문

하늘에 계신 우리 아버지여, 아버지의 이름이 온 세상에 가득합니다. 주님의 손길이 이 세상에 미치지 않는 곳이 없습니다. 우리가 눈을 들어 하나님 여호와를 바라봅니다. 하나님께서 우리에게 영광과 자비를 베풀어주셔서 우리의 삶에 기쁨과 즐거움이 넘칩니다. 그 은혜에 감사와 영광을 드립니다.

우리에게 필요한 수많은 것들이 있습니다. 하지만 하나님께 간청하는 것들이 지금 우리에게 꼭 필요한 것이 아닐 수 있습니다. 어쩌면 우리의 욕심으로 얻어지는 것이 우리의 삶을 어긋나게 하는 경우도 있습니다. 우리가 하나님께 간구할 때 항상 우리의 욕심보다는 하나님의 뜻에 합당한 간구를 할 수 있도록 하옵소서. 주님의 시간은 천 년이 하루같이 금방 지나가고, 때로는 하루가 천 년 같기도 합니다. 우리의 이성으로는 이해할 수 없는 주님의 시간에 하나님의 사역들이 일어나게 하옵소서. 그 사역들에 우리가 함께 할 수 있도록 하옵소서.

뜻하지 않은 환우들을 위해 기도합니다. 그들의 아픔과 가족들의 고통을 기억하시고, 하나님의 위로와 돌보심으로 속히 회복하여 주시옵소서. 주님의 치유의 손길을 통해 회복하여 주시옵소서. 육체의 질병보다 우리 영혼의 질병을 안고 살아가는 성도들도 있습니다. 겉으로 볼 때는 아무런 문제가 없는 것 같지만, 그들의 영혼이 회복될 수 있도록 도와 주시옵소서. 하나님께서 깨닫게 하시옵소서. 하나님께서 베푸신 사랑과 은혜를 깨닫고, 감사와 영광을 돌리게 하옵소서.

  이곳에 하나님께서 우리 교회를 세우시고, 날로 부흥할 수 있도록 하시니 감사합니다. 아직도 이 지역에 주님을 모르는 사람들이 많이 있습니다. 이들에게 하나님의 복음을 전하고, 하나님의 사랑을 베푸는 교회가 되게 하옵소서. 특별히 말로만 복음을 전하는 것이 아니라 우리 온 성도의 삶을 통하여 예수 그리스도의 향기를 풍기는 교회가 되게 하옵소서.

  오늘도 하나님의 귀한 말씀을 선포하시는 ○○○ 목사님과 함께 하시옵소서. 능력의 전신갑주를 입혀주시고 그 말씀이 우리의 심령을 쪼개어 정결한 삶을 살도록 하옵소서. 우리가 성령으로 충만하여 내 삶이 기쁘고 즐겁게 하시고, 하나님께 영광을 돌리게 하옵소서.

  우리 안에 항상 평안함을 누릴 수 있도록 하옵소서. 거룩하신 우리 주 예수 그리스도의 이름으로 기도합니다. 아멘.

45 주일낮예배 기도문

전능하시고 자비로우신 하나님 아버지!

우리의 몸과 마음을 다하여 하나님을 찬양하오니 영광을 받으옵소서. 하나님께서는 의로우셔서 우리 앞에 있는 악한 것들을 다 끊어주십니다. 우리가 악에 빠지지 않게 하옵소서. 오직 하나님을 바라보며, 그 안에 거하는 삶을 살게 하옵소서.

지난 주간도 하나님의 돌보심으로 평안한 삶을 살게 하시고, 오늘도 주님께 예배를 드릴 수 있도록 하시니 감사를 드립니다. 우리의 추하고 약한 마음을 고쳐주시고, 정결한 삶을 살도록 인도하여 주시옵소서. 진실 된 성도가 되게 하시고, 주님의 말씀에 순종하는 삶을 살아 갈 수 있도록 하옵소서.

세상에 현혹되어 하나님을 잃어버린 삶을 살지 않게 하시고, 우리의 나약함을 공격하는 사탄의 공격에서 인내하고 견딜 수 있는 믿음을 주시옵소서. 우리의 힘으로는 결코 이길 수 없지만, 하나님의 전신갑주를 입은 성도들은 능히 이길 수 있습니다. 우리가 사탄을 이길 수 있는 믿음으로 무장하게 하옵소서.

내가 곧 길이요 진리요 생명이신 예수님, 아직도 옳은 길을 찾지 못하고 어두운 곳에서 헤매는 사람들을 향해 복음의 빛을 비추게 하옵소서. 하나님을 알지 못하고 죄의 늪에 빠져 죽어가는 자들을 긍휼히 여기시고 구원하여 주옵소서. 그들에게 위로와 평안을 주시옵소서. 이들에게 날마다 복음을 증거 하는 전도자의 사명을 감당하게 하옵소서.

하나님의 말씀을 전하는 ○○○ 목사님에게 힘과 능력을 주시옵소서. 말씀이 목사님의 개인적인 말이 아니라, 하나님께서 우리에게 꼭 하시고자 하시는 말씀을 하게 하옵소서. 하나님의 말씀은 살았고 운동력이 있어 좌우에 날선 어떤 검보다도 예리하여 혼과 영과 및 관절과 골수를 찔러 쪼개기까지 하며 또 마음의 생각과 뜻을 감찰하신다고 하셨습니다. 하나님께서 우리의 생각과 뜻을 주관하셔서 하나님의 자녀로서의 삶을 살아가게 하옵소서.

우리가 드리는 이 예배를 받아주시고, 홀로 영광을 받아 주시옵소서. 예수 그리스도의 이름으로 기도합니다. 아멘.

46 주일낮예배 기도문

온 우주 만물을 창조하시고 주인이 되신 하나님 아버지의 이름을 높여 드립니다. 거룩한 주일을 맞이하여 온 성도가 하나님의 전에 모여 하나님께 예배하오니 홀로 영광 받으옵소서. 주님의 거룩하신 손길로 우리의 상처와 아픔을 어루만져주시고, 우리가 가야할 길로 인도하시니 감사합니다. 죄로 인해 죽을 수밖에 없는 존재였던 우리를 위하여 십자가에 돌아가신 예수님의 사랑과 하나님의 은혜로 구원하여 주시니 또한 감사를 드립니다. 절망과 고난 속에서도 승리할 수 있도록 힘과 능력을 주심에 감사를 드립니다.

입술로 우리의 죄를 고백하며 회개하지만, 우리의 삶에서는 회개의 삶을 살지 못했습니다. 하나님, 입술의 고백뿐만 아니라 우리의 삶을 돌이켜 하나님의 말씀대로 살아가는 하나님의 자녀가 될 수 있도록 도와 주시옵소서. 주님의 보혈을 지나 아버지의 품으로 들어가게 하옵소서. 세상의 부와 명예와 권력이 현혹되지 않게 하시고, 오직 하늘의 신령한 것을 바라보는 삶을 살게 하옵소서.

사랑이 가득하신 하나님. 우리가 주님을 높이고 찬양함이 감정적이 되지 않도록 하옵소서. 진심을 다하여 우리의 삶을 하나님께 드리게 하옵소서. 특별히 하나님께서 우리에게 베푸신 은혜를 기억하며, 감사가 넘치는 삶을 살게 하옵소서. 다른 사람을 배려하고, 섬기는 삶을 살게 하옵소서. 우리의 욕심을 채우기보다는 다른 사람들의 부족을 채우는 삶을 살게 하옵소서.

주님!

우리에게 하나님의 깊고도 넓은 지혜를 주시옵소서. 세상이 알지 못하는 평안을 주시옵소서. 세상 사람들에게는 미련한 것으로 보일지라도 우리에게는 능력이 되는 지혜를 주시옵소서. 비난과 조롱이 있더라도 우리가 낙담하지 않는 것은 우리에게 임하신 하나님의 은혜를 알기 때문입니다. 우리가 누리는 기쁨과 평안을 그들도 함께 누리길 원합니다. 그들도 하나님의 복음을 듣고, 하나님의 지혜를 받는다면 동일한 은혜를 누릴 것입니다. 우리가 그들의 영혼을 불쌍히 여기는 긍휼의 마음을 갖도록 하옵소서. 담대함으로, 긍휼함으로 그들을 향해 예수 그리스도를 전하게 하옵소서.

우리에게 처한 모든 상황을 잘 아시는 주님. 우리의 필요를 채워 주시옵소서. 부족함으로 인해 하나님을 배반하지 않도록 하시옵소서. 때로는 우리의 필요보다 넘쳐서 하나님을 모른다고 교만한 자가 되지 않도록 하옵소서. 우리의 분량대로, 필요대로 하나님께서 계획하신 때에 채워 주시옵소서.

우리가 진심으로 드리는 이 예배를 받아주시고, 예수 그리스도의 이름으로 기도합니다. 아멘.

47 주일낮예배 기도문

오, 우리의 하나님 아버지, 우리가 주님께 감사를 드립니다. 주님의 이름이 영원하며, 주님의 놀라우신 일들을 선포합니다. 하나님의 사랑이 모든 사람들에게 선포되고, 온 피조물이 하나님을 찬양합니다. 찬양을 받으시기에 합당하신 하나님, 영광과 존귀도 함께 올려 드리오니 받아주시옵소서.

십자가의 죽음으로 하나님의 사랑을 확증하셨고, 부활의 소망으로 우리에게 소망을 주신 하나님. 우리가 자신의 이익과 탐욕에 눈이 어두워서 이웃을 보지 못하는 어리석은 자가 되지 않게 하시옵소서. 이 지역의 많은 영혼들을 위해 눈물을 흘리며 기도하게 하옵소서. 모두 하나님께서 만드신 귀한 영혼임을 잊지 않게 하옵소서. 우리의 마음에 예수 그리스도를 전하지 않고서는 견딜 수 없는 뜨거운 열정을 주시옵소서. 우리의 삶을 다하여 복음을 전하는 전도자가 되게 하옵소서.

이 나라를 섬기고 헌신하는 위정자들이 하나님을 두려워하며, 정치를 할 수 있게 하옵소서. 자신의 이익을 챙기는 것이 아니라 이 나라와 민족을 위한 정치를 하게 하게 하옵소서. 특히 주님을 믿는 그리스도인의 정치인들이 더 겸손하게 섬겨 다른 사람들에게 모범이 되게 하옵소서. 자신의 생각을 주장하기보다는 주님께서 원하시는 것을 묻고 하나님의 음성에 귀를 기울이게 하옵소서. 혼란스러운 사회에 질서와 평화가 찾아오게 하시고, 하나님의 공의와 사랑이 함께 공존하는 사회가 되게 하옵소서.

교회의 머리가 되신 예수님. 우리 교회의 모든 일이 주님의 뜻대로 움직이게 하시옵소서. 우리의 생각이나 욕심이 아니라 우리 교회를 통해 하나님께서 이루고자 하시는 일들을 행하게 하옵소서. 하나님께서 기뻐하시는, 합당한 교회가 되게 하옵소서. 온 성도가 서로 사랑하고, 은혜를 나누며, 영혼을 구원하는 교회가 되게 하여 주시옵소서. 이 지역을 구원으로 인도하는 등대와 같은 역할을 하는 교회가 되게 하옵소서. 직분을 맡은 자들은 그 직분이 감투가 아니라 섬김과 헌신의 자리임을 잊지 않게 하시고, 그 누구보다 겸손함으로 하나님을 섬기고, 성도들을 섬기게 하옵소서.

담임 목사님께서 말씀을 전하십니다. 성령님 함께 하여 주시옵소서. 성령의 역사가 일어나 우리의 삶이 변화되어 새 사람으로 거듭나는 역사가 일어나게 하옵소서. 하나님의 말씀으로 우리의 열정이 일어나게 하옵소서.

자리만 채우는 예배가 아니라 몸과 마음을 다해서 드리는 예배가 되게 하옵소서. 예수님의 이름으로 기도합니다. 아멘.

48 주일낮예배 기도문

우리의 생명이 되시는 여호와 하나님.

우리에게 호흡할 수 있도록 하시고, 하나님께 예배를 드릴 수 있도록 이 자리까지 인도하시니 감사를 드립니다. 우리가 마음을 모아 하나님을 찬양하고, 하나님을 섬기게 하시니 또한 감사를 드립니다. 하나님의 은혜가 아니고서 우리가 어떻게 하나님께 나아갈 수 있을까요? 하나님의 사랑이 없었다면 우리가 어떻게 구원을 얻을 수 있을까요? 모든 것이 하나님이 우리에게 베푸신 은혜와 사랑이 있었기 때문에 가능한 것입니다. 우리가 하나님께 찬양하고, 경배하고, 영광을 돌리는 것은 마땅합니다.

일주일 동안 비바람이 몰아치는 세상 속에서 방황하며 주님 품에 거하지 못했습니다. 우리의 욕심과 걱정과 염려 때문이었습니다. 주님은 항상 그 자리에서 우리를 향해 두 팔을 벌리고 있는데, 우리의 마음이 움직이는 갈대와 같아서 흔들립니다. 흔들리는 마음을 잡아주시고, 오직 하나님을 바라보는 삶을 살게 하옵소서. 상청을 보지 않게 하시고, 나를 향하신 주님의 뜻이 내 삶에 이루어질 수 있도록 하나님만 바라보게 하옵소서.

세상에서 지극히 작은 자를 세우시고, 교만한 자를 낮추시는 하나님.

우리의 삶이 우리의 이성과 지식으로 채워지는 삶이 아니라 하나님의 지혜와 은혜로 살아가게 하옵소서. 우리의 욕심을 채우기 위해서 하나님을 도구로 사용하지 않도록 하옵소서. 내가 원하는 것을 간구하면 언제나 다 내어놓는 도깨비와 같은 존재로 하나님을 한정짓지 않게 하옵소서. 하나님께서는 이 세상을 창조하신 분이시며, 우리의 구원자가 되시는 분이십니다. 하나님께서는 우리의 상상을 초월한 힘과 능력을 가지신 분이십니다. 하나님께서는 영광을 받으실 분이시며, 섬김을 받기에 합당한 분이십니다.

우리 교회를 세우신 하나님. 우리 교회가 든든히 성장하는 교회가 되도록 도와 주시옵소서. 온 성도가 한 마음으로 교회를 세워가게 하옵소서. 교회를 통해 하나님의 말씀과 사랑과 은혜가 흘러가게 하시고, 축복의 통로가 되게 하옵소서. 교회를 섬기시는 모든 분들에게 성령이 함께 하셔서 서로 협력하여 선을 이루게 하시고, 교회의 주인이 되신 예수 그리스도 안에서 화평케 하옵소서.

담임 목사님께서 말씀을 전하십니다. 이 말씀을 듣는 우리의 마음을 열어 주시고, 그 말씀을 마음의 밭에 심겨 싹이 나오고 삶에서 열매를 맺게 하옵소서. 찬양을 드리는 ○○○ 찬양대와도 함께 하시고, 그들의 찬양을 받아 주시옵소서. 우리의 예배를 기쁘게 받아 주시고, 예수님의 이름으로 기도합니다. 아멘.

49 주일낮예배 기도문

온 우주 만물의 주인이 되신 여호와 하나님, 하나님의 선하심으로 이 세상에 하나님의 사랑이 넘쳐나게 하시니 감사합니다. 매일 우리의 삶을 통해 하나님께 감사와 영광을 돌립니다. 우리가 하나님을 찬양하고 예배하기를 원합니다. 하나님께서는 영광을 받으시기에 합당하십니다. 우리의 일상이 늘 하나님과 동행하는 삶을 살며, 하나님의 말씀에 순종하기 원합니다.

여호와 하나님, 우리가 드리는 간구에 귀를 기울이시고, 우리의 심정을 헤아려 주시옵소서. 죄를 짓지 않으려고 무단히 노력했지만, 하나님을 기쁘시게 하지 못한 삶이 너무 많습니다. 우리의 마음이 사탄의 유혹에 무너지며 하나님의 말씀에 대적하는 삶을 살았습니다. 우리의 마음을 붙잡아 주시옵소서. 사랑은 허다한 죄를 덮는다고 말씀하셨습니다. 주님의 풍성하신 사랑으로 나의 허물을 덮어주소서. 그 사랑의 힘으로 더 이상 죄를 범하지 않는 삶을 살게 하옵소서. 또한 하나님께 받은 사랑으로 주변의 많은 사람들에게 사랑을 베풀 수 있는 성도가 되게 하옵소서.

항상 햇빛 찬란한 삶을 원하지만, 우리의 인생에는 비바람이 찾아올 때가 있습니다. 때로는 우리가 감당하기 힘든 태풍이 불어오기도 합니다. 우리가 환난 날에 불평과 불만을 쏟아내기보다 더욱 하나님을 찾게 하옵소서. 하나님께서 정금과 같이 쓰실 날을 기약하며 견디고 이겨내게 하옵소서.

우리 교회의 온 성도에게 하나님의 강력한 임재가 일어나게 하옵소서. 성도 한 사람 한 사람이 작은 예수가 되어 가는 곳곳마다 그리스도의 사랑이 넘쳐나게 하소서. 주변에 우리를 통해 복음을 듣고 예수 그리스도를 구세주로 고백하는 놀라운 역사가 일어나게 하옵소서. 행여 우리의 모습이 주변 사람들에게 실족하지 않게 하시옵소서. 하나님의 이름에 먹칠을 하는 행동을 하지 않도록 하소서.

  또한 온 성도가 마음이 청결하길 원합니다. 특히 재물에 대해서 청결하게 하소서. 투명한 재정으로 돈의 세력 앞에 무너지지 않게 하옵소서. 하나님을 재물 뒤로 물러나지 않게 하소서. 돈을 섬기며 돈의 노예가 되지 않도록 하옵소서. 오직 우리 안에 예수 그리스도만 모시는 성도들이 되게 하옵소서.

  오늘 우리가 듣는 말씀에 성령님께서 임재 하셔서 우리의 마음을 움직여 주옵소서. 우리의 귀를 열어 주시옵소서. 말씀에 순종하는 삶을 살게 하옵소서. 오늘도 우리와 함께 하시는 예수 그리스도의 이름으로 기도합니다. 아멘.

50 주일낮예배 기도문

지극히 높으신 분이시며, 전지전능하신 능력의 소유자이신 여호와 우리 하나님 아버지. 하나님의 이름을 높여 드리며, 찬양합니다. 주님의 이름을 찬양하는 것이 우리에게 기쁨이 되고, 좋습니다. 매일 하나님을 드높이며, 하나님과 함께 하는 삶이 행복합니다. 하나님께서 베풀어 주신 은혜에 매일 기쁘고 행복한 삶을 살아갑니다. 우리에게 베푸신 은혜, 감사와 영광을 올려 드립니다.

우리의 대적들이 우리를 향해 달려오고, 우리의 삶을 무너뜨릴 때마다 하나님께서 보호하시고 대적들을 무찔러 주시니 감사합니다. 하지만 하나님의 돌보심에 감사보다 하나님께서 나를 속박한다는 생각으로 하나님의 품을 떠나려고 했습니다. 우리의 잘못된 행동을 주님 앞에 고백하오니 용서하옵소서. 주님께서 십자가 위에서 우리를 위해 피를 흘리시고, 구속하신 그 은혜를 생각하면서 우리가 거룩한 삶을 살기로 다짐하는 시간이 되게 하옵소서. 오직 믿음의 주요, 온전케 하시는 주님만을 바라보고 살게 하옵소서. 교회에서 사람을 바라보다 실망하거나 낙심하지 않게 하옵소서. 사람이 아니라 하나님만 바라보게 하옵소서.

하나님의 말씀을 전하시는 ○○○ 목사님을 위해 기도합니다. 목사님의 건강을 지켜주셔서 하나님의 대언자로서의 삶을 감당하게 하옵소서. 하나님의 음성에 귀를 기울이고, 하나님께서 목사님과 우리 교회에 하실 말씀을 듣고 우리에게 담대하게 선포하게 하옵소서. 듣는 우리도 믿음으로 순종하게 하옵소서.

교회의 온 성도가 하나 되길 원합니다. 어린 아이부터 노년에 이르기까지 한 마음으로 하나님을 영화롭게 하며, 교회를 섬기길 원합니다. 하나가 되기 위해서 나의 욕심이 아니라 다른 성도들을 배려하고 포용하며 화해하는 마음을 주시옵소서. 부족함을 들추기보다는 격려하고 위로해서 함께 어려움을 헤쳐 나갈 수 있는 성도가 되게 하옵소서.

하나님께 찬양을 드리는 ○○○ 찬양대와 함께 하시고, 찬양을 통하여 그들의 몸과 마음을 받아주시옵소서. 찬양대장과 모든 대원들이 하나님을 찬양하는 데에 기쁨이 되게 하시고, 하나님께 영광을 돌리는 삶을 살게 하옵소서.

우리의 예배를 받아주시고, 우리를 죄에서 구원하신 예수님의 이름으로 기도합니다. 아멘.

51 주일낮예배 기도문

뜨거운 더웠던 올 여름이 지나고, 시원한 바람이 부는 가을이 왔습니다. 가을바람을 맞으며 하나님께서 주시는 풍성함과 여유로움을 만끽하게 됩니다. 우리에게 때로 힘든 시기도 있지만, 평안함으로 하나님께서 만드신 자연을 즐기는 시기도 있습니다. 우리의 인생에 많은 굴곡들이 있지만, 조금씩 하나님을 향하는 길임을 잘 알고 있습니다. 우리가 낙담하지 않고 인내하며 견디게 하시옵소서. 하나님을 더욱 의지하고, 하나님께서 인도하신 길을 묵묵히 걸어가는 믿음의 사람들이 되게 하옵소서.

하나님을 찬양하고 경배하는 데 소홀하지 않도록 하옵소서. 하나님께서는 영광을 받으시기에 합당하신 분이십니다. 왜냐하면 하나님께서는 온 우주 만물을 창조하시고, 인류의 역사를 주관하시는 분이실 뿐만 아니라 죄로 인해 죽을 수밖에 없는 우리를 위해 보혈의 피를 흘리셔서 구원하셨기 때문입니다. 하나님의 사랑과 은혜가 아니었다면 우리에게는 영원한 생명, 구원이 없었을 것입니다. 피조물인 우리가, 구원받은 우리가 하나님을 찬양하고 영광을 드리는 것은 마땅합니다.

그럼에도 불구하고 지난 일주일을 생각해보면, 우리의 모습이 부끄럽습니다. 하나님의 영광을 가린 일도 많았고, 나의 욕심을 채우기 위해 하나님은 전혀 생각하지 않았던 일도 많았습니다. 사탄의 작은 유혹에도 넘어가 죄의 세계에서 한참을 헤맨 적도 많았습니다. 하나님, 우리의 죄를 용서해 주시옵소서. 우리의 연약함을 긍휼히 여기시고 용서해 주시옵소서.

하나님께서 뜻하신 바가 있으셔서 ○○년 이전에 이곳에 교회를 세움을 잘 압니다. 우리 교회가 지금까지 하나님의 돌보심에 성장하고, 특히 온 성도가 하나님을 예배하고 섬기는 일에 충성하게 하시니 감사합니다. 하나님, 세상이 교회를 향해 칭송하기보다는 질타와 비난을 합니다. 이 모든 것이 우리들의 잘못된 행동들이었습니다. 우리를 용서하시고, 교회가 교회답게 세워지는 데 힘과 마음을 다하게 하옵소서. 목사님을 비롯하여 당회원, 직분자들이 한 마음으로 교회를 섬기게 하옵소서. 교회에 다툼이나 시기, 질투가 없게 하시고, 서로 협력하여 든든히 교회를 세워나가게 하옵소서.

하나님의 말씀이 교회 곳곳에 세워지고, 우리 성도들의 가정과 직장과 사업장과 삶에 임하셔서 축복과 은혜가 넘치게 하옵소서. 우리를 구원하신 예수 그리스도의 이름으로 기도합니다. 아멘

52 주일낮예배 기도문

　우리의 힘이시고 노래이며 구원자가 되신 여호와 하나님을 찬양합니다. 주님은 우리의 하나님이시니 우리가 입을 모아 찬양합니다. 우리의 영혼이 매일 주님을 바랍니다. 주님이 우리를 돌보시고, 우리가 가야 할 길을 인도하신다는 것을 신뢰합니다. 우리가 억울할 때에 변호해 주시고, 우리를 살피십니다. 우리가 무슨 생각을 하는지 마음과 생각을 알아서 우리의 필요를 채우십니다. 하나님의 이름을 높이며 찬양합니다. 경배합니다.

　이 세상에서 그리스도인으로 사는 것이 참으로 힘듭니다. 하루에도 수없이 많은 사탄의 유혹이 우리를 기다리고 있습니다. 세상 사람들은 우리를 향해 비난하기도 합니다. 예수님을 믿는 것 때문에 고통을 당하기도 합니다. 하지만 우리에게는 하나님의 위로가 있고, 하나님의 은혜가 있습니다. 지금의 시련이 우리를 힘들게 하지만, 하나님 나라를 향해 밑거름이 되고 천국의 소망을 주기도 합니다. 하나님, 우리가 더 낮아지게 하시고 다른 사람들을 섬기게 하옵소서.

　우리 교회를 이곳에 세우신 하나님. 우리 교회를 통해 하나님의 크신 뜻이 이루어지길 원합니다. 하나님의 뜻이 무엇인지 잘 알고, 그 뜻대로 행하는 교회가 되게 하옵소서. 하나님의 말씀에 귀를 기울이고, 항상 찬양과 기도가 끊이지 않는 교회가 되게 하옵소서. 교회 안에 기쁨이 넘치고, 모이기에 힘쓰게 하옵소서. 힘들고 어려운 성도들을 서로 위로하고 격려하게 하옵소서. 기쁨과 슬픔을 나누고, 우리가 한 형제자매라는 사실을 잊지 않도록 하옵소서.

우리 성도 중에 뜻하지 않은 아픔으로 병원에 있는 분들이 있습니다. 병원은 아니지만, 질병 때문에 힘들어 하는 분들도 계십니다. 하나님께서 치료하여 주시옵소서. 육체의 질병으로 인해 하나님을 섬기고 예배하는 데 걸림돌이 되지 않도록 하옵소서. 우리의 육체뿐만 아니라 영혼의 질병도 치료하시고, 특별히 하나님께 예배하는 데에 소홀하지 않도록 하옵소서.

하나님의 말씀을 듣고자 합니다. 목사님을 통하여 우리가 오늘 꼭 들어야 할 말씀을 하옵소서. 하나님께서 주신 말씀을 듣고, 우리의 삶이 변화되고 힘을 얻어 세상에서 굳건히 믿음을 지키며 하나님의 자녀다운 삶을 살게 하옵소서. 귀한 목소리로 찬양하는 ○○○ 찬양대의 찬양을 기쁘게 받아주시고, 우리가 신령과 진정으로 드리는 예배를 받아 주시옵소서. 예수님의 이름으로 기도합니다. 아멘.

기도는 하나님의 고막을 울리는 소리이다
- E.M. 바운즈

오후찬양예배 기도문

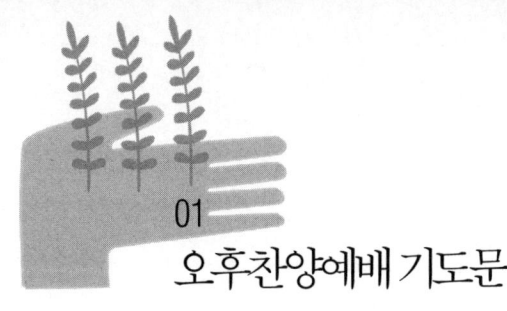

01 오후찬양예배 기도문

　지난 한 해를 하나님의 은혜 가운데 보내게 하시고, 이렇게 새로운 날을 주신 하나님, 감사드립니다. 하나님의 돌보심이 올해에도 계속 이어지기를 기도합니다. 한 해를 시작하면서 많은 기도의 제목들이 있지만, 우리가 먼저 하나님 앞에 경배하게 하옵소서. 하나님을 찬양하게 하옵소서. 하나님께 영광을 돌리게 하옵소서.
　거룩한 주일, 주님께 예배하기 위해 이른 시간부터 지금까지 주님의 성전에서 예배합니다. 이 시간에도 주님 앞에 모여 예배하오니, 기쁘게 받아주시옵소서.
　주여, 성도들 한 사람 한 사람이 믿음 안에서 일주일 동안 열심히 땀을 흘려 수고하게 하시고, 주일에는 주님 앞에 나와 예배하게 하옵소서. 우리가 많은 일에 치우쳐 주님을 잊고 살 때가 많이 있습니다. 삶의 우선순위가 바뀌지 않도록 우리를 깨닫게 하시고, 주일 주님을 찾아 예배의 자리로 나아오게 하옵소서. 많은 유혹이 우리를 넘어지게 하지만, 그 유혹을 물리치게 하시고, 주님을 만나는 기쁨을 가지고 주님 앞으로 달려오게 하옵소서. 올해 예배에 집중하게 하옵소서. 주님을 사모하며 예배하는 한 해가 되게 하옵소서.
　주님, 우리의 인생이 내 것이 아니라 주님이 주신 선물인 것을 깨닫게 하옵소서. 우리의 인생이 내 것처럼 시간과 물질, 모든 것을 내 계획과 생각을 가지고 살아갈 때가 많습니다. 그러나 이 모든 것이 주님의 은혜로 살고 있음을 깨닫게 하여 주옵소서. 인생의 어려움이 다가 왔을 때 깨닫는 것이 아니라, 내 삶 전체가 주님의 은혜의 장중에 거함을 깨닫게 하시고, 주님 위해 일하며 하나님 나라를 이루어가며 살아가게 하옵소서.

　우리에게 필요한 양식을 목사님을 통해 우리에게 전해 주실 때에 그 말씀이 내게 생명에 꼭 필요한 양식이 되게 해 주시고, 마음의 큰 짐을 가진 자에게는 안식과 평안을 주서서 짐을 내려놓게 하시고, 영적으로 혼란한 우리들의 영혼에게는 진리의 등대가 되게 하옵소서.

　이름 없이 빛도 없이 수고하는 모든 봉사자들과 그들의 자녀에게 복을 주옵소서. 지혜와 명철을 더해 주시고, 날로 그들의 자녀들이 하나님과 사람 앞에 귀중하게 쓰임 받게 하옵소서. 이들의 수고가 저 하늘나라에 들어가서는 상급이 되게 하시며, 이 땅에서보다는 천국에서 더 잘 사는 복된 성도가 되게 하옵소서.

　예수님의 이름으로 기도합니다. 아멘.

02 오후찬양예배 기도문

　세상 만물을 창조하시고, 그것을 보시며 좋았다고 말씀하신 하나님을 찬양합니다.
　오늘 이 시간 우리의 예배가 하나님께서 보시기에 좋았다고 말씀하시는 그런 예배가 되기를 원합니다. 습관적이고 형식적인 예배가 아니라 하나님의 말씀이 살아있고, 기쁨이 넘치고 감사가 넘치는, 찬양이 가득한 예배가 되게 하여 주옵소서. 이 예배를 통하여 하나님을 만나기를 소원합니다. 간절한 마음을 가지고 나온 우리를 만나주시고, 하나님의 한량없는 은혜를 더하여 주시며, 성령의 충만함을 더하여 주옵소서.
　그리하여 이 예배 속에서 하나님과 연합하게 하시고, 주님으로부터 연약한 우리가 세상에 나아갈 힘과 능력과 담력을 얻게 하여 주옵소서. 나는 포도나무요 너희는 가지라 말씀하신 예수님의 말씀에 따라 우리가 오직 주님에게 붙어있어 주님이 주시는 힘과 능력으로 살게 하시고, 또한 열매 맺게 되기를 원합니다. 하나님의 은혜로 이 시간 우리의 예배를 통하여 떨어져 나가려 하는 우리의 가지를 다시 주님께로 붙여주시고 다시는 주님 곁을 떠나지 않게 꼭 잡아주옵소서.
　우리가 드리는 이 예배가 이렇게 하나님의 은혜가 넘쳐나는 예배, 만물이 소생하듯, 우리의 영혼이 소생하며 새 힘을 얻는 그런 예배가 되기를 소원합니다. 다시 한 번 우리의 모습을 통하여 영광을 홀로 받으시옵소서. 특별히 우리 가운데 연약한 자들이 있습니다. 육체적으로, 영적으로 지쳐있는 자들에게 하나님의 생수의 강물이 차고 넘치게 하옵소서. 또한 다시 한 번 새 힘을 얻고 세상에 나아가 빛과 소금의 역할을 잘 감당할 수 있는 우리 모두가 되게 하옵소서.

하나님 앞에 서는 날, 우리가 하나님께로부터 잘 했다 칭찬받는 자가 되게 하여 주옵소서. 이 예배뿐만 아니라 우리의 삶의 모든 모습이 주님께서 보시기에 좋은 삶의 예배가 되게 하여 주옵소서. 우리의 예배를 기쁘게 받으실 예수님의 이름으로 기도합니다. 아멘.

오후찬양예배 기도문

    우리의 모임 중에 임하시는 하나님, 오늘 오후찬양예배로 한 자리에 모여 주님을 찬양하고 예배하게 하시니 감사합니다. 이 시간 우리의 예배 가운데 주님께서 좌정하시어 이 예배를 기쁘게 받아 주옵소서. 오늘 하나님을 찬양하며 예배하는 가운데, 우리의 마음에 있는 모든 걱정과 근심과 염려가 사라지기를 소원합니다. 너희는 마음에 근심하지 말라 하나님을 믿으니 또 나를 믿으라 말씀하신 예수님의 음성이 오늘 우리의 귀에 들려지게 하여 주옵소서.

    나를 위해 십자가에서 돌아가신 예수님, 우리를 의의 길로 인도하사 푸른 초장과 쉴만한 물가로 인도하시는 예수님을 신뢰합니다. 전적으로 삶의 모든 것을 주님께 맡기고, 주님이 인도하시는 대로 따라가는 우리의 삶이 되게 하여 주옵소서. 주님이 함께 하심으로 말미암아 무슨 일을 만날지라도 해를 두려워하지 않는 우리의 삶의 모습이 되기를 소원합니다. 주님이 손잡아 주심으로 말미암아, 넘어지되 아주 넘어지지 않게 하시고, 주님과 동행함으로 형통한 삶이 우리의 삶이 되게 하여 주옵소서.

    오늘 이 시간 이 예배가 그런 주님을 만나고 체험하는 예배가 되기를 소원합니다. 나를 위해서 죽기까지 사랑하시는 예수님의 사랑과 그 은혜의 감격 가운데 들어가게 하여 주옵소서. 주님이 주시는 은혜의 단비가 우리 안에 흡족히 내려 주님의 말씀이 우리 안에서 싹을 틔우고 열매 맺게 하여 주옵소서. 그러기 위해 우리 안에 먼저 부드러운 마음을 허락해 주시기를 원합니다. 내 안에 있는 모든 죄악과 더러운 것들을 정결케 하시고, 주의 보혈로 깨끗하게 씻어 주옵소서. 우리의 굳어진 마음을 갈아 부드러운 흙처럼 되게 하셔서 주님의 말씀이 열매 맺는 좋은 밭이 되게 하여 주옵소서.

오늘 말씀 가운데 은혜를 더하시고, 말씀을 전하는 자나 듣는 자 모두가 하나님의 은혜로 충만한 시간이 되게 하여 주옵소서. 특별히 모두가 내게 주시는 하나님의 말씀으로 듣게 하시고 말씀을 깨닫는 지혜가 우리에게 넘치게 하여 주옵소서. 나를 구원하시고, 주님의 길로 인도하시는 예수님의 이름으로 기도합니다. 아멘.

04 오후찬양예배 기도문

빛의 근원이 되시고, 세상에 빛을 창조하신 하나님, 오늘 이 시간 우리의 예배를 받아 주옵소서. 빛으로 세상에 오셔서 어둠을 밝히신 예수님처럼, 우리도 그렇게 살아가기를 다짐합니다. 그러나 우리는 여전히 연약하여서 날마다 죄악 가운데서 살아갑니다. 날마다 하나님보다 세상을 더 사랑하였고, 세상의 유혹과 쾌락에 자신을 내어 맡길 때가 많습니다. 우리의 죄를 용서하여 주옵소서. 오직 빛으로 오시어 우리에게 그 빛을 나누어 주신 예수님처럼, 우리도 세상에서 빛으로 살아가게 하여 주옵소서. 세상에 물들기보다 세상을 이겨 승리하게 하시고, 세상을 주님의 빛으로 가득 차도록 우리의 발걸음을 인도하여 주옵소서.

또한 너희는 세상의 소금이라고 말씀하셨습니다. 우리가 세상의 소금의 역할을 감당하게 하여 주옵소서. 내게 있는 짠맛, 그리스도인으로서의 삶의 본질을 잊지 않게 하시고, 나를 통하여 세상을 유지해 나가는 하나님의 도구가 되기를 소망합니다. 우리 모든 성도님들 한 사람, 한 사람이 모두 이런 세상의 빛과 소금의 역할을 잘 감당하게 하시고, 하나님의 귀한 도구가 되기를 소망합니다.

오늘 이 시간 우리의 찬양과 기도, 말씀 가운데 임재하여 주시고, 주님의 빛을 비추어 다시 한 번 우리 자신을 돌아보게 하여 주옵소서. 주님을 향한 믿음이 연약함으로 우리 안에 빛이 연약한 자가 있습니까? 주님께서 그에게 믿음을 더하시고, 그 누구보다도 밝게 빛나게 하여 주옵소서. 우리의 의를 드러내지 않고 하나님의 의를 나타내며, 나 자신을 높이기보다 주님을 높이게 하시고, 하나님의 영광만을 위해 살아가는 우리 모두가 되게 하여 주옵소서. 세상의 소금으로서 내게 주신 사명을 잊지 않게 하시고, 그 사명을 위해 최선을 다하게 하여 주옵소서. 짠 맛을 잃지 않도록 항상 말씀으로 자신을 비추어 살피게 하시고, 말씀에서 벗어나지 않도록 우리의 삶을 인도하여 주옵소서. 주님이 자신을 희생함으로 사역을 완성하셨듯이, 우리 또한 나 자신을 먼저 희생함으로 그리스도인의 본질을 드러내게 하여 주옵소서. 내가 먼저 희생하고, 내가 먼저 섬김으로 그리스도께서 보이신 본을 따라 나아가게 하여 주옵소서.

오늘 이 예배를 통하여 우리가 세상의 빛과 소금임을 다시 한 번 깨닫게 하시고, 하나님의 말씀의 은혜로 다시 한 번 주님의 길로 나아가기를 다짐하는 귀한 시간 되게 하여 주옵소서. 우리를 부르시고 이 땅 가운데 빛과 소금이 되게 하신 예수 그리스도의 이름으로 기도합니다. 아멘.

05 오후찬양예배 기도문

    사랑의 주님, 우리로 주님 전으로 부르시고, 한 자리에 모여 주님을 예배하게 하시니 감사합니다. 하나님을 예배하는 이 시간, 주님과 교통하게 하옵소서. 예배를 통하여 하나님께 영광을 드리고, 하나님의 음성을 듣고 하나님의 말씀을 깨달으며, 그 말씀에 순종하게 하옵소서. 내 마음과 내 뜻, 내 생각을 내려놓고, 오직 하나님의 인도하심에 따라 나아가게 하여 주옵소서.

    하나님께서 우리에게 마음과 뜻과 정성을 다하여 주 너의 하나님을 사랑하고 네 이웃을 내 몸과 같이 사랑하라 말씀하셨습니다. 이 시간 우리가 주님 앞에 우리의 마음과 뜻과 정성을 다하여 주님을 예배하기를 원합니다. 나의 모든 것이 다 주님의 것입니다. 나의 모든 것이 지금 주님을 향하여 나아갑니다. 나를 받으시고, 이 예배를 흠향하여 주옵소서.

    네 이웃을 내 몸과 같이 사랑하라 말씀하신 하나님의 음성을 다시 한 번 마음에 새기기를 소망합니다. 하나님을 사랑한다고 말하면서 얼마나 많은 죄악 가운데 살아왔으며, 다른 이들에게 범죄하며 살았습니다. 하나님의 사랑을 전해야 할 우리일진대, 도리어 나로 인해 하나님의 이름에 먹칠을 하는 일이 허다했습니다. 회칠한 무덤과 같다고 책망하시던 바리새인과 서기관들의 모습이 바로 우리의 모습이었습니다. 우리의 죄를 회개하오니 용서하여 주옵소서.

    다시 한 번 우리로 하나님만 사랑하는 것이 아니라, 내 이웃도 내 몸과 같이 사랑할 수 있도록 우리의 삶이 변화되게 하여 주옵소서. 약하고 소외된 자들에게 관심을 가지고 사역을 하시던 예수님의 모습을 기억하게 하시고, 우리도 주님처럼 약하고 소외된 사람들, 혼자 힘으로 살아가기 힘든, 도움을 필요로 하는 그들을 향해 우리의 손을 내밀게 하여 주옵소서.

　그리하여 이곳에서 드려지는 예배가 어느 특정한 계층을 위한 예배가 아닌, 어떤 소수를 위한 예배가 아닌, 오직 모두가 함께 하나 되는 예배가 되게 하옵소서. 서로가 서로를 사랑하고, 이해하며, 용서하고 용납하는, 그래서 서로 주님의 사랑으로 하나 되는 그런 예배가 되게 하여 주옵소서. 나를 위해 십자가에서 죽기까지 사랑하신 예수 그리스도의 이름으로 기도합니다. 아멘

06 오후찬양예배 기도문

　우리의 창조자가 되시며, 우리의 구원자가 되신 하나님 아버지, 우리에게 베풀어주신 은혜를 감사드립니다. 거룩한 주일을 맞이하여 하나님의 전에 모이게 해주시고, 지금 이 시간 오후찬양예배로 하나님께 영광 돌릴 수 있게 해주시니 정말 감사합니다.
　우리의 연약함을 아시는 주님, 우리가 교만하여 주님의 뜻대로 살지 못하였음을 고백합니다. 주님의 마음을 아프게 하고, 주님의 말씀을 듣지 않고 살아간 우리를 용서하여 주시옵소서. 주님의 능력을 힘입어 살아가는 우리이지만 주님의 뜻은 무시하며 살았고, 주님이 베풀어주신 것을 만끽하며 살았지만 감사하지 못했습니다. 이런 우리를 사랑하여 주시고, 자녀 삼아주신 주님의 은혜에 무한한 감사를 드립니다.
　주님, 우리 교회의 예배를 주님께서 기억하여 주시고, 우리의 예배가 하나님 앞에 드려지는 온전한 예배가 되게 하옵소서. 우리가 항상 주님께 어떻게 영광을 돌려야 하지 고민하게 하시고, 그 고민으로 인하여 날마다 더욱 기도로 나아가는 우리가 되게 하옵소서. 항상 하나님의 음성에 귀 기울이게 하여 주시고, 우리의 기도와 간구가 하나님께 열납되는 기도가 되게 하옵소서.
　주님의 몸된 교회에 육체적으로, 정신적으로, 영적으로 고통 받는 성도가 있습니다. 주님께서 지켜 보호하여 주시고, 주님께 나아가는 것이 기쁨이 되어 그 모든 고통에서 벗어나 오직 하나님께만 영광을 드리는 삶을 살게 하옵소서.
　또한 우리가 받은 그 하나님의 은혜를 이웃에 전하는 교회가 되게 하여 주시옵소서. 우리 교회에 복에 복을 더하사 오직 은혜로 임재하여 주시옵소서. 교회의 모든 시종을 주님께 의탁하오니 주님께서 직접 교회에 모든 일을 주관하옵소서.

　우리의 삶 가운데 말씀으로 덧입혀 주시는 목사님 가운데 은혜의 말씀으로 동행하게 하옵소서. 또한 그 말씀을 받는 우리가 주님의 은혜로 더욱 주님을 붙잡으며 나아가게 하옵소서. 우리의 연약한 마음을 주님께서 강하게 바꾸어 주시고, 주님이 행하실 모든 일들을 기뻐하며 감사하는 우리의 모습이 되게 하옵소서. 주님께서 예배의 모든 것을 주관하여 주실 줄 믿으며, 이 모든 말씀 예수 그리스도의 이름으로 기도드립니다. 아멘.

07 오후찬양예배 기도문

　사랑으로 우리를 먹이시고, 푸른 초장으로 인도하시는 사랑의 주님, 그 은혜에 감사드립니다. 하나님께서 천지 만물을 창조하시고, 또한 우리 역시도 창조하심을 정말 감사합니다. 그 하나님의 감당할 수 없는 은혜를 받은 우리를 합당한 자들로 변화시켜 주시고, 날마다 거저 받은 것을 거저 나눠주는 그리스도인이 되게 하옵소서.

　지난 6일간 우리가 살아가면서 각자의 처소에서, 일터에서 주님께서 주신 역할을 감당하며 살아왔습니다. 그러나 우리의 죄성으로 인해 우리는 주님이 주신 그 역할을 충실히 감당하지 못하기도 했습니다. 우리를 용서하여 주시고, 우리가 주님께서 주신 그 역할을 잘 감당하여 그리스도인으로 세상의 빛과 소금의 역할을 감당하게 하옵소서.

　오직 우리가 주님의 십자가를 붙잡으며 나아갑니다. 우리를 대신하여 십자가를 지신 예수님, 이제는 우리가 그 주님의 십자가를 조금이라도 함께 지길 원합니다. 십자가를 질 수 있나 주님께서 물어보실 때 우리가 '네'라고 대답할 수 있는 믿음을 더하여 주시옵소서.

　우리 안에 있는 나를 내려놓게 하여 주시고, 우리의 마음에 오직 주님이 주인 되시어 우리의 모든 삶을 주님께서 인도하옵소서. 우리는 다 양 같아서 그릇 행하여 각기 제 갈 길로 가려고 합니다. 주님께서 목자가 되시어 인도하여 주시고, 우리는 주님의 양으로 오직 목자 되신 주님 한분만을 따라가는 자들이 되게 하여 주시옵소서.

하나님 아버지, 우리 교회를 주님께서 기억하옵소서. 우리 교회가 사랑이 넘치는 교회, 은혜가 충만한 교회가 되게 하시고, 서로를 섬기고 돌아보며, 서로를 이해하는 교회가 되게 하옵소서. 많은 사람들이 개인주의로 마음에 안식을 얻지 못할 때 우리 교회가 협력하여 선을 이루는 교회가 될 수 있도록 주님께서 우리의 모든 사종을 주관 하옵소서.

주님, 지금 이 시간 오후찬양예배로 모인 우리들에게 말씀을 전하실 목사님을 기억하시고, 그 말씀으로 인해 우리의 삶이 변화되는 놀라운 은혜를 경험하게 하옵소서. 주님께서 우리의 목자가 되심을 믿으며, 이 모든 말씀을 예수 그리스도의 이름으로 기도드립니다. 아멘.

오후찬양예배 기도문

교회에 머리되시는 하나님 아버지, 우리에게 베풀어주신 은혜에 감사드립니다. 주께서 세상의 죄에서 머물던 우리를 주님의 전으로 불러주시고, 오늘 이 시간 오후찬양예배로 나아갈 수 있게 해주시니 정말 감사합니다. 오늘 이렇게 주님의 전에 모여 달고 오묘한 주님의 말씀을 들을 수 있게 해주시고, 우리의 찬양을 홀로 영광 받아주시니 감사합니다.

거룩하신 주님 앞에 우리는 보잘 것 없는 죄인임을 고백합니다. 그러나 주님께서 누구든지 그리스도 안에 있으면 새로운 피조물이 된다고 말씀하시고, 또한 이전 것은 지나가고 새것이 되었다고 선포해주시니 정말 감사합니다. 하지만 우리에게 아직도 버리지 못하는 더러운 생각과 습관이 있습니다. 그 모든 더러운 생각과 습관을 주님의 피로 말갛게 씻어 주시옵소서.

우리가 이 세상을 살아가는 가운데 우리의 이성과 지혜로는 도저히 알 수 없는 일들이 너무 많습니다. 때로는 악인이 승리하는 것 같아 보이고, 우리에게 주신 고난을 도저히 감당할 수 없을 것 같은 때도 많습니다. 그러나 주님께서는 감당 할 수 있는 시험 외에는 주시질 않으시는 분인 줄 알았사오니 우리가 그 주님의 뜻을 깨달아 항상 주님만을 섬기고 찬양하게 하옵소서.

우리 교회에 많은 형제, 자매들을 주님께서 기억하여 주시고, 우리가 한 지체로 교회를 위하여 봉사하며, 기도하며, 어떤 것이든 서로 함께 나눌 수 있게 하옵소서. 우리 교회가 이 세상의 약자들을 위하여 봉사하는 교회가 되게 하옵소서. 그리스도를 섬기는 것이 우리의 이웃 하나를 섬기는 것임을 기억하게 하옵소서.

　주님의 교회 가운데 말씀을 가르치고 성도를 섬기는 등 여러 가지 사역을 담당하는 사역자들이 있습니다. 이 모든 사역자 한 사람 한 사람에게 주님께서 은혜로 덧입혀 주시고, 그들로 인하여 우리 교회가 더욱 든든하여지고, 강건해지게 하옵소서. 마치 우리 교회가 초대 교회처럼 이웃의 칭찬을 받는 교회가 되게 하옵소서.

　이 시간, 강단에서 말씀을 전하시는 목사님과 동행하시고, 하나님의 말씀을 받아 우리에게 전달할 때 우리 온 성도도 아멘으로 화답할 수 있게 도와 주시옵소서. 이 모든 말씀 예수 그리스도 이름으로 기도드립니다. 아멘.

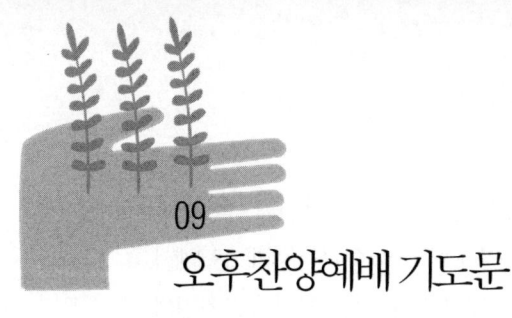

09 오후찬양예배 기도문

은혜가 충만하신 하나님 아버지, 우리에게 새로운 소망, 예수 그리스도를 허락하여 주시니 감사합니다. 우리의 모든 죄를 주님의 보혈로 씻어주시고 죄인된 우리를 자녀삼아 주시니 감사합니다. 살아계신 주님께서 우리의 삶에 찾아와 주시고, 오직 주님의 은혜로 더러워졌던 우리가 희게 씻어질 수 있도록 도와 주시옵소서.

우리의 마음에 주님께서 친히 자리하셔서 우리가 선한 싸움을 이길 수 있도록 우리 안에 악한 것들을 모두 제하여 주시옵소서. 낙심하는 심령에 주님이 거할 자리가 없음을 고백하오니 우리에게 산 소망 되시는 주님 한분만을 바라보게 하여 주시옵소서.

위기에 처한 이 나라를 기억하시고, 불쌍히 여기시옵소서. 주의 백성들이 주님의 뜻대로 살지 못한 죄를 회개하고 하나님 앞에 돌아올 수 있도록 하옵소서. 남과 북의 위정자들이 하나님을 두려워할 수 있게 해주시옵소서. 교회가 죽어가는 영혼들을 위하여 기도하게 하시고, 우리 교회가 죽어가는 사람을 살리는 세상의 빛과 소금의 역할을 잘 감당하게 하옵소서.

이 세상은 날이 갈수록 악해지고 있습니다. 이런 악한 세상 가운데 먼저 우리의 영혼을 살펴주시고, 우리의 모든 심령이 오직 하나님을 의지하는 성도들이 되게 하옵소서. 악한 세상 가운데 우리 교회를 세우셨으니 우리 교회가 세상을 향해 빛과 소금의 역할을 감당하게 하옵소서. 악한 세상을 향해 담대히 복음을 선포할 수 있는 교회가 되게 하옵소서.

이 시간 오후찬양예배를 맞이하여 모인 모든 성도와 함께 하시고, 말씀을 통하여 더욱 믿음이 자라나게 하옵소서. 목사님을 통하여 우리에게 말씀하신 것들이 우리 안에 선하고 좋은 씨앗이 되게 하옵소서. 또한 우리 안에 심겨진 씨앗이 30배, 60배, 100배의 결실을 맺게 하옵소서. 목사님과 그 가정을 기억하시고, 건강으로 지켜 주시옵소서. 온전히 주님의 몸 된 교회와 성도들을 섬기는 선한 청지기가 될 수 있게 함께 하옵소서. 우리의 예배를 홀로 받으시고, 모든 말씀을 예수 그리스도의 이름으로 기도드립니다. 아멘.

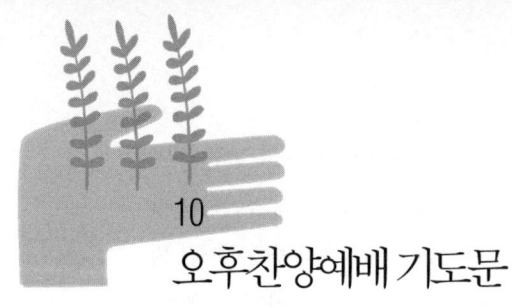

10 오후찬양예배 기도문

은혜가 많으신 하나님 아버지!

우리의 인생을 주관하시고, 우리의 모든 선택의 순간마다 주님께서 직접 간섭하셔서 선한 것들로 인도하여 주시니 감사합니다. 우리의 삶이 오직 하나님 한 분만을 바라보길 원합니다. 우리가 악인들의 꾀를 따르지 아니하며 죄인의 길에 서지 아니하고 오직 주님의 말씀대로, 말씀을 의지하여 살아가는 우리들의 모습이 되게 하옵소서. 우리의 삶 가운데 주님께서 주인이 되어 주시고, 우리가 어떤 상황에 있든지 주님을 향한 삶을 살아가게 하옵소서.

우리 교회에 맡겨진 많은 영혼들을 기억하옵소서. 먼저 믿은 우리가 그 영혼들을 잘 보살피게 도와 주시옵소서. 주님께서 다시 돌아오시는 그날 칭찬 받는 교회가 되게 하옵소서. 우리 교회 가운데 주님께서 동행하여 주시고, 우리 교회가 초대교회와 같이 기사와 표적이 나타나는 교회가 되게 하옵소서. 믿는 사람이 함께 모이며, 서로 통용하게 하옵소서. 또한 모이기에 힘쓰고 함께 떡을 떼며 기쁨과 순전한 마음으로 나누는 교회가 되게 하옵소서. 우리에게 주신 어린 영혼들을 기억하게 하시고, 그 어린 영혼들이 오직 하나님 한 분만을 바라보며 성장 할 수 있게 해주시옵소서.

주님께서 이 나라를 기억하시옵소서. 우리가 나라의 위정자들을 위하여 항상 기도하게 하옵소서. 믿음을 가진 많은 위정자들이 주님을 경외할 줄 아는 자들이 되게 하옵소서. 또한 어지러운 세상 가운데 우리를 사용하시기 위해 부르셨으니, 우리가 그 부르심에 응답하여 이 어지러운 세상에 예수 그리스도의 빛을 비출 수 있게 하옵소서.

 지금 이 시간 드려지는 이 예배를 주님께서 주관하시옵소서. 우리의 기도와 찬양과 모든 경배를 주님께서 홀로 영광 받으시옵소서. 말씀을 전하시는 목사님 가운데 함께 해주시고, 우리에게 들려지는 말씀이 꿀보다 더 달고 오묘한 말씀이 되게 하옵소서. 우리의 마음을 열어 그 말씀을 받고, 그 말씀으로 우리의 삶에서 많은 결실을 맺게 하옵소서. 주님께서 우리의 마음을 다 아시오니 우리에게 필요한 마음으로 채워 주시옵소서. 주님께서 우리를 붙잡아 주시고 동행하여 주실 것을 믿으며, 이 모든 말씀을 예수 그리스도의 이름으로 기도드립니다. 아멘.

11 오후찬양예배 기도문

사랑과 은혜가 풍성하신 하나님.

주일 아침부터 이 시간까지 주님의 은혜로 풍성하게 채워 주시니 감사를 드립니다. 이 예배 가운데 임재하여 주셔서, 우리 모든 심령들을 감화, 감동케 하시는 하나님의 역사를 뜨겁게 체험하게 하옵소서. 그래서 확고한 믿음과 풍성한 은혜로 재무장하여 세상을 향해 담대하게 나아가게 하옵소서. 세상에 본이 되는 삶을 살아가게 하시고, 특별히 하나님의 자녀답게 거룩한 삶을 살게 하옵소서. 우리의 삶을 통해 많은 사람들이 복음을 접하게 하시고, 회개하여 하나님의 품으로 돌아올 수 있도록 하옵소서. 또한 오늘 예배를 통해 주신 말씀과 은혜를 가지고 이번 한 주도 승리하며 살아가도록 도와주옵소서.

주여, 이 시간 나라와 민족을 위해서 기도합니다. 이 나라를 지금 이때까지 하나님의 은혜로 지켜 주시고, 하나님께서 주시는 풍성한 은혜를 누리게 하시니 감사를 드립니다. 그러나 요즘 우리나라가 많은 어려움을 겪고 있습니다. 사회적으로, 정치적으로, 경제적으로 많은 혼란을 겪고 있는 이 모든 난관들을 잘 이겨나가게 도와주옵소서. 대통령과 위정자들이 하나님을 경외하며 나라를 사랑하는 마음으로 국민들을 잘 섬기게 하셔서, 이 나라가 하나님께서 기뻐하시는 모습으로 온전히 서가게 하여 주옵소서.

세계 곳곳에서 전쟁과 질병과 자연재해로 인해 신음하고 있는 사람들을 불쌍히 여겨주옵소서. 특별히, 이슬람 극단주의자들의 무자비한 살상과 테러로부터 무고하게 죽어가는 사람들을 지켜 주시며 위로하여 주옵소서.

세계 선교 현장에서 복음을 들고 사역하시는 선교사님들을 지켜 주시며, 온갖 악조건 속에서도 주의 복음을 전파하며 하나님 나라의 씨앗을 뿌릴 때, 풍성한 영혼의 결실이 맺어지게 하여 주옵소서.

주께서 사랑하시는 우리 ○○교회를 위해서 기도합니다. 지금까지 많은 좋은 목사님들과 훌륭한 신앙의 선배님들, 그리고 하나님과 교회를 위해 헌신하시는 믿음의 동역자들과 함께 신앙생활하게 하시니 감사를 드립니다. 주여, 우리 교회가 점점 더 어두워져가며 죄악으로 물들어가는 이 세상에 소망의 빛을 발하는 교회가 되게 하옵소서. 갈 바를 몰라 방황하는 사람들에게 인생의 방향을 제시하는 교회, 절망 속에서 신음하는 사람들에게 그리스도 안에서의 소망을 전해주는 교회가 되게 하옵소서.

이 시간 담임목사님께서 말씀을 선포하실 때, 성령께서 강권적으로 붙들어 주셔서 권세있는 말씀을 선포하게 하시고, 그 말씀 앞에 모든 심령들이 충만한 은혜를 받고 순종하며 살아감으로, 하나님께서 각 심령에게 주시는 복과 은혜가 충만하게 하여 주옵소서. 우리를 사랑하시는 예수 그리스도의 이름으로 기도드리옵나이다. 아멘.

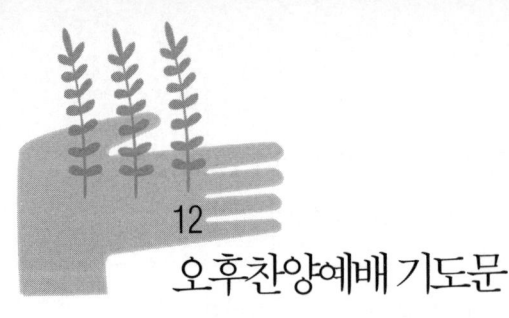

12 오후찬양예배 기도문

우리 인생의 주인이 되신 하나님 아버지.

오늘도 주일을 맞아 하루 종일 주의 전에 거하며, 말씀과 은혜로 우리의 심령을 가득 채워 주시니 감사를 드립니다. 받은 말씀과 은혜를 붙잡고, 세상의 어떤 유혹과 시험이 와도, 오직 주님만 바라보고 의지하며, 주님의 뜻을 잘 따르며 살게 하여 주옵소서. 언제 어디를 가든지 하나님의 말씀을 기억하며 그 말씀대로 살아감으로, 하나님께서 기뻐하시는 인생을 살아가는 복된 성도들이 되게 하여 주옵소서.

이 시간 나라와 민족을 위해서 기도합니다. 지금도 공산체제 속에서 고통당하고 있는 북한 동포들을 불쌍히 여겨 주옵소서. 어서 속히 그들을 그 고통 속에서 구원하여 주옵소서. 혹독한 핍박 속에서도 신앙을 지켜나가고 있는 북한의 그루터기 성도들과 지하교회 성도들을 주님의 날개 아래 보호하여 주시고, 통일이 되는 그 날에 그분들을 통해 북한 땅 곳곳에 하나님의 교회가 다시 세워지는 역사가 일어나게 하여 주시옵소서. 오직 복음만이 이 나라와 민족을 온전히 회복시키며 하나 되게 하실 줄로 믿습니다. 하루 속히 이 민족에게 복음으로 말미암아 온전히 회복되며 하나 되는 날이 오게 하여 주옵소서. 그래서 우리 민족 전체가 복음화되며, 하나 된 힘으로 세계선교를 이루어가는 복된 우리 민족이 되게 하여 주시옵소서.

우리 ○○교회가 많은 영혼들을 구원하는 교회가 되게 하옵소서. 많은 인생의 문제로 힘들어하고 갈 바 몰라 방황하는 이 땅의 많은 사람들을 하나님의 진리로 위로하며 그리스도 안에서 소망을 주는 교회가 되게 하옵소서. 그래서 많은 사람들이 우리 교회를 통해 진정한 삶의 의미와 목적을 깨닫고, 행복한 인생을 살아가게 하여 주옵소서.

○○교회를 앞장서서 이끌어가시는 ○○○ 담임목사님을 늘 성령으로 충만하게 하셔서, 우리 교회의 모든 사역들을 잘 감당하게 하시며, 성도들을 생명의 말씀으로 잘 양육함으로, 우리 교회가 더욱 든든히 서가게 하여 주옵소서.

이 시간 ○○○목사님께서 하나님의 말씀을 선포하실 때, 그 입술을 성령께서 주장해 주시옵소서. 선포되는 말씀을 통해, 우리 모든 성도들이 하나님의 뜻을 깨닫고, 그 말씀에 위로받으며, 힘과 능력을 받음으로, 이 험한 세상을 승리하며 살아가게 도와주옵소서.

주님, 이 예배가 온전히 하나님께만 영광 돌리는 은혜로운 예배가 되게 하여 주옵소서.

주 예수 그리스도의 이름으로 기도드리옵나이다. 아멘

13 오후찬양예배 기도문

하나님 아버지, 은혜를 감사합니다. 죄와 허물로 영원히 죽을 수밖에 없는 우리를 구원하시기 위해, 십자가에 못 박히시고 피 흘리신 예수님의 한량없는 은혜에 감사를 드립니다.

우리가 이 구원의 은혜를 생각할 때마다 감사하고 감격하고 찬양을 드려야 하는데, 우리의 마음이 무뎌지고 메말라서 반응하지 못할 때가 많았습니다. 주님, 우리를 불쌍히 여겨 주시고, 우리의 죄를 용서하여 주옵소서. 이 시간 성령의 단비를 우리의 온 몸과 마음에 흠뻑 내리시어, 영과 진리로 주님께 감사하고 찬양하며 예배하게 하옵소서.

하나님 아버지, 이 나라를 위해 기도드립니다. 북한의 도발과 국제사회의 테러로부터 우리를 보호하여 주시고, 이 나라의 지도자들에게 나라를 잘 이끌어 나갈 수 있는 지혜를 허락하여 주셔서, 하나님께서 기뻐하시는 나라가 되게 하여 주옵소서. 또한 하나님을 온전히 섬기며, 세계 선교를 위해서 힘쓰는 이 나라와 민족이 되게 하옵소서.

이 시간 우리 ○○교회를 위해서 기도합니다. 우리 교회가 하나님의 기쁨이요, 하나님의 영광이 되기를 소망합니다. 하나님이 주인 되시고, 하나님이 친히 다스리시며 보호하시는 하나님의 교회가 되기를 소망합니다. 이를 위해서 세워주신 ○○○ 담임목사님에게 성령으로 충만케 하시어, 하나님 아버지의 마음과 선한 목자의 마음으로 목회하실 수 있도록 은혜 위에 은혜를 더하여 주옵소서.

우리 교회의 구역과 기관들을 위해서 기도합니다. 섬기시는 모든 주님의 일꾼들을 하나님의 권능의 손으로 붙들어 주옵소서. 하나님의 지혜와 능력을 더하시어 섬기는데 부족함이 없도록 은혜를 베풀어 주옵소서. 주님의 일꾼들의 삶과 가정과 일터와 특별히 자녀들에게 하나님의 놀라운 복을 내려 주옵소서. 특별히, 원치 않는 질병으로 고통 중에 있는 성도들을 기억해 주시사, 여호와 라파의 하나님께서 어루만지시어 속히 건강을 회복하도록 은혜를 내려주옵소서.

오늘 말씀 전하실 담임목사님을 능력의 장중에 붙잡아 주시고, 말씀을 받는 우리는 '주님 말씀만 하옵소서. 주의 종이 듣겠나이다' 하고 순종의 마음으로 듣게 하옵소서. 그 말씀이 우리의 관절과 골수를 쪼개며, 우리의 심령에 강하게 역사하여 주서서, 말씀이 주장하는 삶, 말씀에 순종하는 복된 삶을 살아가게 도와주옵소서.

이 모든 기도, 우리를 사랑하시되 끝까지 사랑하시는 예수님의 이름으로 기도드립니다. 아멘.

14 오후찬양예배 기도문

　사랑과 은혜의 하나님. 주님의 끝없는 사랑과 은혜에 감사드립니다. 또한 은혜로운 예배의 자리로 불러주시니 감사합니다. 이 시간 우리의 마음과 정성을 다하여 드리는 복된 예배가 되게 하여 주옵소서.
　주님, 우리는 주님의 은혜 아니면 이 자리에 설 수 없는 부끄러운 자들입니다.
　우리가 살아온 인생은 모든 것이 주님의 은혜였고, 주님께 감사한 것 뿐이었음에도 불구하고, 저희들은 죄된 본성대로 살아가며, 세상적인 이득만을 크게 기뻐하고, 잃은 것을 슬퍼하였습니다. 주님께서 주신 은혜에 만족하지 못하였고, 우리의 정욕을 위해 더 안락한 삶만 추구하였던 인생이었음을 이 시간 고백합니다.
　주님, 이제 우리가 이 세상 잠시 왔다 돌아가는 나그네 인생임을 깨닫게 하여 주옵소서. 십자가에서 이루신 예수 그리스도의 놀라운 사랑을 체험하고, 장차 오실 예수 그리스도를 고대하며 기다리며 순전하고 정직한 신앙으로 살아가는 믿음의 성도들이 되게 하여 주옵소서.
　주님, 나라를 위해서 기도합니다.
　대통령과 위정자들이 공의로우신 하나님을 경외하는 자들이 되게 하여 주옵소서. 점점 악해져 가는 이 땅이 하나님께로 돌아오게 하시고, 하나님만을 온전히 섬기는 민족이 되게 하옵소서.
　저 북녘 땅에 있는 우리 동포들에게는 자비와 긍휼의 은혜를 베풀어 주셔서,

악한 정권의 손에서 구원하여 주옵소서. 온 민족이 하나 되어 하나님께 예배하며 영광 돌리는 복된 우리나라와 민족이 되게 하여 주옵소서.

교회를 위해서 기도합니다.

담임목사님과 모든 교역자들, 그리고 당회원과 모든 제직들에게 성령의 충만함을 주셔서, 우리 교회를 잘 섬기며, 하나님 아버지의 마음으로 자기가 맡은 사명을 충성스럽게 감당하게 하옵소서. 우리 교회가 더욱 부흥하며, 많은 사람들을 구원하는 성령 충만한 교회가 되게 하여 주옵소서.

말씀 전하실 담임목사님을 하나님의 손으로 붙드시고, 귀한 말씀 선포 될 때에 기쁨으로 화답하며 '아멘' 하게 하시고, 그 말씀에 순종하여 삶으로 증거할 수 있게 하여 주옵소서. 이제 내일부터 시작되는 모든 일상에서 하나님을 아버지로 고백하며, 하나님의 뜻대로 살아가는 믿음의 성도들이 다 되게 하여 주옵소서. 이 예배를 주님께 온전히 올려 드리며, 예수님의 이름으로 기도드립니다. 아멘.

15 오후찬양예배 기도문

선한 목자되신 하나님 아버지,

날마다 우리를 푸른 풀밭과 쉴만한 물가로 인도해 주시니 감사합니다.

하나님의 사랑과 은혜 가운데 날마다 우리의 삶을 지켜 주시며, 주님의 풍성한 은혜로 채워 주시니 또한 감사를 드립니다. 어떠한 상황 속에서도 주님의 날개 안에 거하게 하시고, 우리의 목자 되신 주님만을 온전히 따라가며 목자의 음성에 순종하며 살아가게 하여 주옵소서.

사랑의 하나님, 우리 교회를 사랑하셔서 주님의 능력으로 붙잡아 주시고, 날마다 사랑과 은혜와 말씀과 성령이 충만한 교회가 되게 하시니 감사를 드립니다. 우리 교회의 각 부서와 기관과 교회학교가 하나님의 은혜 가운데 더 잘 세워져 가도록 인도하여 주옵소서.

특별히 교회학교가 날로 부흥하게 하셔서, 우리의 다음세대들이 우리 교회를 더욱 든든히 세워나가며, 이 세상이 꼭 필요한 일꾼들과 지도자들로 성장하게 하여 주옵소서. 이들을 사랑과 기도로 양육하시는 모든 교사들을 위해 은혜 베풀어주시고, 모든 교역자들에게도 성령의 충만함과 말씀의 은사를 내려 주옵소서.

지금 이 시간에도 세계 많은 나라들이 테러로, 자연재해로, 수많은 사건사고들로 고통을 당하고 있습니다. 하나님께서 이 세상에 진정한 평화를 내려주옵소서. 그리스도의 사랑과 헌신과 희생의 정신이 더 많은 나라에 퍼져가 하나님 나라가 이 땅 가운데 이루어지게 하옵소서.

또한 복음을 들고 땅 끝까지 이르러 증거 하시는 선교사님들과 사역을 지켜 주옵소서. 그들이 밟는 모든 땅이 주님의 것이 되게 하시며, 그들이 가는 곳마다 예수 그리스도의 복음과 사랑이 널리 전파되게 하여 주옵소서. 선교사님들의 건강과 가정을 지켜 주시고, 성령의 충만함으로 맡겨진 사명을 잘 감당하게 도와주옵소서.

이 시간 주님의 말씀 앞에 서고자 합니다. 주님께서 우리에게 하시고자 하는 말씀이 온전히 선포되게 하여 주옵소서. 선포되는 말씀에 우리의 마음 문을 활짝 열고, 온 마음으로 받게 하여 주옵소서. 그리고 그 말씀에 온전히 순종할 수 있는 믿음을 허락하여 주옵소서. 그래서 말씀대로 살아갈 때, 하나님께서 주시는 풍성한 은혜를 누리게 하여 주옵소서.

말씀을 들고 단 위에 서시는 목사님을 성령으로 충만하게 하시고, 하나님의 말씀이 목사님의 입술을 통해 온전히 증거 되게 하옵소서. 오늘 이 예배 가운데 임하셔서 우리의 모든 심령들에게 풍성한 은혜를 내려 주실 줄 믿사오며, 우리를 사랑하시는 예수 그리스도의 이름으로 기도드리옵나이다. 아멘.

오후찬양예배 기도문

생명의 주님, 오늘도 거룩한 주일 아침부터 지금까지 우리에게 풍성한 은혜를 내려주시니 감사를 드립니다. 오늘 이 시간에도 우리 모든 심령들의 마음속에 찾아오시고 역사하여 주셔서, 하나님의 백성답게 살아갈 수 있는 견고한 믿음과 담대한 신앙을 허락하여 주옵소서. 또한 우리의 영혼 깊은 곳에 오셔서 말씀으로 조명하여 주시어, 하나님의 임재하심 앞에 온전히 서서, 정직하고 정결한 마음으로 예배드리게 하여 주옵소서.

주님, 나라와 민족을 위해 기도합니다. 남북으로 분단되어 서로를 향해 총구를 겨누며, 핵무기 개발과 전쟁 준비 등 극한 대립으로 치닫고 있는 이 민족의 비극을 불쌍히 여겨주옵소서. 하루 속히 평화통일이 이루어져, 이 땅에 그리스도의 평화가 임하게 하여 주옵소서.

이 시간에도 자신의 젊음과 몸을 바쳐 나라를 지키고 있는 국군 장병들을 기억하여 주시고 그들을 지켜주옵소서. 그들이 군 생활을 통해 나라 사랑하는 마음이 더 커져가게 하시고, 무엇보다 하나님을 만나게 하여 주옵소서. 주님 안에서 자신들이 가야할 비전을 분명히 발견하게 하셔서, 하나님과 이 나라, 이 민족을 위해 귀하게 쓰임받는 일꾼들이 되게 하여 주옵소서.

주님의 몸 된 교회를 위해 기도합니다. 담임목사님과 부교역자들과 당회원과 제직들에게 언제나 성령님께서 함께 하여 주셔서, 마음을 같이하여 깨어 기도에 힘쓰며 주님께서 약속하신 성령의 능력으로 사명을 감당하게 하옵소서. 온 교인들이 그리스도의 사랑으로 하나되게 하시고, 주님께서 주시는 영적 분별력으로 세상 속에서 하나님의 인도하심을 온전히 따라 살게 하여 주옵소서. 우리 교회가 주님의 영광만 나타내는 교회가 되게 하옵소서.

특별히 교회 안에 영적으로, 육신적으로 어려움에 처해있는 연약한 자들을 기억하여 주시고, 예수 그리스도의 피 묻은 손으로 안수하여 주시옵소서. 그분들이 세상이 줄 수 없는 참된 만족과 참된 평안으로 위로 받으며, 주님의 날개 안에 평안히 거하게 하여 주옵소서.

말씀을 전하실 목사님에게 성령으로 기름부어 주셔서 주님이 기뻐하시는 말씀을 전하게 하시고, 불같은 성령님께서 여기 모인 주님의 백성들의 심령을 뜨겁게 하시며, 이 자리에 모인 모든 심령들 속에 강하게 역사하여 주옵소서.

우리에게 영원한 기쁨을 주신 예수 그리스도의 이름으로 기도드립니다. 아멘.

17 오후찬양예배 기도문

　우리의 생사화복을 주관하시는 하나님 아버지, 은혜를 감사드립니다.
　우리에게 생명을 주시는 분도 하나님이시요, 우리의 모든 삶을 주관하시며 다스리시며 인도하시는 분도 하나님이신 줄 믿습니다. 지금까지 임마누엘의 하나님께서 함께 하신 것처럼, 앞으로도 모든 삶 가운데 우리와 늘 함께 해주시며, 우리가 가야 할 길을 인도하여 주옵소서.
　주님, 이 땅의 가정들을 위해 기도합니다. 경제적으로 어려움을 겪는 가정이 늘어가면서, 부부관계와 가족간의 관계가 깨어지고, 서로 깊은 상처를 주고받는 안타까운 일들이 계속해서 일어나고 있습니다. 서로 의지하고 사랑해야 할 부부가 불신이 깊어지고, 자녀들은 이런 가정 속에서 심리적인 불안정으로 어려움을 당하고 있습니다.
　주님, 이 땅의 가정들을 회복시켜 주옵소서. 하나님께서 처음 창조하실 때의 아름다운 인간성들을 회복하게 하시며, 서로가 서로를 아껴주고 사랑하며 서로를 의지하는 부부가 되게 하시고, 믿음으로 하나 되는 가정, 자녀들이 대를 이어 하나님을 섬기는 복된 가정들이 되게 하여 주옵소서. 가장 작은 믿음의 공동체인 가정이 회복되어 각 가정마다 하나님을 찬양하고 기도하며 경배하게 하옵소서. 하나님께서 주시는 은혜가 충만한 가정들이 되게 하옵소서. 특별히 믿음의 자녀들이 부모의 신앙을 이어받기를 원합니다. 이를 위해 부모가 먼저 교회에서나 가정에서 본이 되게 도와 주시옵소서.
　하나님, 주님의 피로 세우신 교회를 위해 기도합니다. 우리 교회가 성령 충만한 교회, 믿음의 교제가 활발한 교회, 다음세대가 든든히 세워지는 교회, 세상 사람들로부터 칭찬받는 교회가 되게 하여 주옵소서. 온 성도들이 마음을 같이 하여 주의 일에 힘쓰며, 먹든지 마시든지 무엇을 하든지 하나님 영광을 드러내는 교회가 되게 하옵소서.

모든 제직들에게 기름부어 주셔서, 하나님께서 각 사람에게 맡겨진 직분들을 잘 감당하게 하시며, 주의 일을 할 때 하나님께서 주시는 지혜와 능력으로 하게 하옵소서. 그래서 주님 안에서 모든 것이 합력하여 선을 이루는 역사가 풍성히 일어나게 하여 주옵소서.

담임목사님에게 성령의 두루마기를 입혀주셔서 말씀을 선포하실 때 능력있게 하시고, 말씀을 전하는 분과 받는 이들이 다함께 큰 은혜 받는 복된 시간이 되게 하옵소서.

우리의 산 소망이신 예수님의 이름으로 기도드리옵나이다. 아멘.

18 오후찬양예배 기도문

하나님 아버지!

오늘도 주님께서 안식하게 하신 이 거룩한 날에, 주님의 전으로 인도하여 주셔서 예배드리게 하시니 감사를 드립니다. 아침부터 지금까지 오늘 하루를 하나님께 온전히 드립니다. 우리의 마음과 정성을 받아 주시옵소서. 예배와 찬송과 영광을 받으시기에 합당하신 하나님께서 이 예배의 자리에 함께 하여 주셔서, 예배하는 모든 심령이 주님의 임재하심을 경험하는 복된 시간이 되게 하여 주옵소서.

하나님, 이 시간 저희들의 부족함과 믿음 없음을 주님 앞에 고백합니다. 우리는 날마다 하나님께서 베풀어주신 사랑과 은혜에 감사하면서, 하나님께 영광 돌리는 삶을 살아야 하건만, 주님의 은혜를 잊어버리고 우리의 능력으로 살아왔다고 착각했습니다. 우리의 소망이신 주님을 본받아 살지 않고, 썩어 없어질 이 세상 영광을 쫓아다니는데 분주하였습니다. 주님, 이 시간 우리의 죄와 허물을 용서하여 주옵소서. 주님만이 오직 우리 삶의 진정한 소망되심을 확실히 믿게 하시고, 그리스도의 사랑을 삶 가운데 실천하며 살게 하여 주옵소서.

이 시간 우리 교회를 위해서 기도합니다. 우리 교회가 하나님의 뜻을 온전히 이루며 하나님께 영광 돌리는 교회가 되길 원합니다. 모든 성도들이 성령의 하나 되게 하심을 따라 합력하여 선을 이루게 하여 주옵소서. 하나님보다 다른 것들을 앞세우지 않고, 오직 말씀과 기도로 날마다 새로워지게 하여 주옵소서.

지역 사회에 있는 우리의 이웃들에게 그리스도의 사랑과 복음을 전하고 증거하는 일에 힘쓰게 하셔서, 우리 교회로 인하여 우리 지역에 하나님께 많은 복을 받게 하여 주옵소서. 우리 지역 뿐 아니라, 우리나라와 민족의 빛이 되며, 구원의 방주 역할을 감당하는 복된 교회가 되게 하여 주옵소서.

우리 교회를 섬기는 ○○○ 담임목사님께 솔로몬과 같은 지혜와 모세와 같은 영적 지도력을 주셔서, 우리 교회를 하나님께서 기뻐하시는 교회로 잘 이끌어가게 하여 주옵소서. 부교역자들도 성령 충만하여 맡겨진 양떼들을 말씀으로 잘 양육하게 하옵소서. 모든 성도들이 교회를 더욱 뜨겁게 사랑하며, 교회를 위해 늘 기도하게 하여 주옵소서. 우리 교회가 하나님께 영광을 돌리며, 안 믿는 사람들에게 칭찬받는 은혜로운 교회가 되게 하여 주옵소서.

하나님의 말씀을 들고 단 위에 서시는 ○○○목사님에게 성령께서 강하게 역사하여 주시사, 선포되는 말씀이 하나님께서 직접 말씀하시는 것이 되게 하시고, 모든 성도들이 그 말씀 앞에 겸손하게 순종하며 하나님의 뜻대로 살아가게 하여 주옵소서.

우리 구주 예수님의 이름으로 기도드리옵나이다. 아멘.

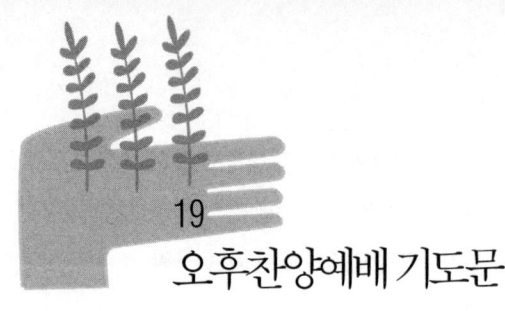

19 오후찬양예배 기도문

우리의 믿음의 반석과 구원의 손길 되시는 하나님 아버지!

거룩한 주일에 주님의 전으로 나와, 주님의 그늘 아래 쉬며 목자의 음성을 들려주셔서 감사드립니다. 주님의 뜰 안에서 거하며 안식한 오늘 하루가 우리의 인생의 목마름을 해결해주며 안식을 주는 푸른 초장이요, 은혜의 단비가 되게 하심도 감사합니다.

오늘 예배와 말씀을 통해 받은 은혜를 잘 간직하게 하시고, 받은 말씀대로 살아 하나님께서 우리에게 약속하신 풍성한 은혜를 누리게 하옵소서. 삶의 어려운 순간들을 만날 때마다, 받은 말씀이 기억나게 하셔서 말씀으로 잘 이겨나가게 도와주옵소서.

한 주간의 삶을 온전히 하나님께 맡깁니다. 주님과 동행하며 살아가는 복된 한 주가 되게 하옵소서. 영적으로 민감하여 하나님의 인도하심을 잘 분별하게 하시고, 믿음으로 순종하며 따르게 하옵소서. 하나님의 거룩하심을 닮아 삶 속에서 하나님 자녀답게 거룩한 삶을 살아가게 하여 주옵소서.

세상 속에서 신앙을 지키며 살아가는 것이 점점 힘들어지고 있습니다. 예수님을 믿는다고 고백한 많은 신앙인이 세상에서는 믿지 않는 사람들과 별반 다르지 않은 삶을 살아갑니다. 때로는 믿지 않는 사람보다 더 악한 삶을 사는 경우도 있습니다. 이런 일 때문에 사회로부터 교회가 질타를 받습니다. 우리가 이 일에 대해서는 주님 앞에 엎드려 통곡하게 하시고, 세상을 향해 담대하게 그리스도인의 참 모습을 보일 수 있도록 도와 주시옵소서. 때로 손해를 보더라도 다른 사람을 높여주고, 배려하는 삶을 살게 하옵소서.

우리 교회가 이 세상의 빛과 소금의 역할을 다하는 교회가 되게 하옵소서. 점점 어두워져가며 죄악이 관영한 이 세상 속에서 진리의 빛을 온전히 비추게 하시고, 모든 이들에게 소망을 주는 교회가 되길 원합니다. 오직 예수님만이 이 땅을 살아가는 모든 이들에게 진정한 소망이 되실 줄 믿습니다. 예수님을 증거하며 소망의 길로 인도하는 우리 교회의 성도들이 다 되게 하여 주옵소서.

이 시간 주님의 말씀 듣기를 원합니다. ○○○목사님을 말씀의 파수꾼으로 세워주셔서, 말씀을 듣는 우리의 심령을 깨우시고, 세우시며, 회복시켜 주옵소서. 말씀을 듣고 난 후 우리의 생각과 마음과 삶이 변화되게 하시며, 오직 하나님을 바라보고 의지하며 살아가는 주님의 백성들이 되게 하여 주옵소서.

우리를 위해 죽으시고, 지금도 중보하고 계시는 예수 그리스도의 이름으로 간절히 기도드리옵나이다. 아멘.

20 오후찬양예배 기도문

　하나님 아버지, 감사합니다. 우리가 또 다시 주의 제단 앞에 나와 예배를 드리게 하시니 감사를 드립니다. 이 시간 우리가 하나님 앞에 온 마음과 정성과 뜻을 다하여 예배하는 시간이 되게 하옵소서.
　우리의 심령이 날마다 하나님 앞에 서기를 갈급해하며, 하나님께 예배드림을 사모하게 하여 주옵소서. 예배를 통해 이 자리에 임재하시는 하나님을 만나게 하시고, 하나님께서 우리를 위해 예비하신 하늘의 은혜와 복을 충만히 누리게 하옵소서. 그리하여 내일부터 시작되는 한 주간의 삶을 믿음으로 넉넉히 승리하며 살아가는 복된 하나님의 백성들이 다 되게 하옵소서.
　이 나라와 민족을 사랑하시는 하나님 아버지! 이 나라에 하나님의 은혜를 더하여 주시옵소서. 하나님을 잘 믿고 섬기는 나라가 되게 하옵소서. 이 나라의 정치, 경제, 사회, 문화 등 모든 분야에 하나님의 뜻과 질서가 온전히 서게 하옵소서.
　한국교회가 이 나라의 빛과 소망이 되게 하옵소서. 많은 삶의 문제 앞에서 갈 바 몰라 방황하는 이 나라 국민들이 교회를 통해 삶의 방향과 목표를 회복하고, 주의 복음으로 말미암아 진정한 삶의 의미를 발견하게 하옵소서. 그래서 이 나라 모든 백성들이 하나님을 찬양하며 예배하는 복된 민족이 되게 하여 주옵소서.
　우리 교회를 사랑하시는 하나님 아버지! 하나님께서 우리 교회를 사랑하셔서 이 나라의 복음화와 세계 선교 사역을 위해 귀히 사용하여 주심에 감사를 드립니다. 우리 교회가 더욱 하나님께 쓰임 받는 교회가 되게 하옵소서. 날마다 모이기에 힘쓰고, 주의 복음을 증거 하는 일에 열심을 품는 복된 교회가 되게 하옵소서. 하나님의 말씀과 기도와 은혜가 충만한 교회가 되게 하옵소서. 하나님께는 영광이요, 세상 사람에게 칭찬받는 교회가 되게 하옵소서.

이 시간 마음은 원이로되, 육체의 질병으로 인해 주의 전에 나오지 못하고 어려움을 당하고 있는 성도들을 위해 기도합니다. 하나님께서 그 아픈 부분을 어루만져 주옵소서. 여호와의 치료의 광선을 비추어 주옵소서. 약할 때 강함 되시는 주님께서 그 약함을 아시오니 특별히 그 마음을 위로하여 주시고, 강건하도록 역사하여 주옵소서.

말씀을 증거하실 담임목사님께 영육간의 강건함과 성령의 충만함을 더하셔서 우리들에게 증거 하시는 말씀을 통하여 우리들의 심령을 새롭게 변화시켜 주시고, 삶 속에서 그 말씀대로 살아갈 수 있는 성령의 충만함을 더하여 주옵소서.

우리의 찬송을 받으실 하나님, 온 마음과 정성을 다해 찬양 드리는 ○○○ 찬양대의 찬양을 열납하여 주시고, 한분 한분의 고백의 찬양이 하나님께 기쁨이 되게 하여 주옵소서.

오늘도 우리를 새롭게 하시는 예수님의 이름으로 기도드립니다. 아멘.

21 오후찬양예배 기도문

사랑과 은혜가 많으신 하나님!!

죄와 허물로 죽었던 우리를 위해 외아들을 보내주시고 십자가에서 죽으심으로 영원한 생명을 주시니 감사합니다. 본래 하나님과 원수된 관계에서 하나님의 자녀 삼아 주시니 감사합니다. 날마다 주의 은혜로 채워 주시고 우리의 필요를 공급하여 주시니 또한 감사합니다.

주의 말씀 따라 하나님께서 기뻐하시는 뜻대로 살기로 결단하며 삶의 자리로 나아가지만, 우리의 연약함으로 넘어질 때가 많았음을 고백합니다. 하나님의 뜻을 생각하며 따르기보다 우리의 경험과 지혜를 의지했던 우리를 용서해 주십시오.

궁휼이 풍성하신 하나님!

동아시아에 힘의 균형이 깨지면서 외교적 갈등이 곳곳에서 커져만 갑니다. 위정자들에게 지혜를 주셔서 동아시아에 평화를 이루어 내고, 서로 공존 공생하도록 은혜를 내려 주옵소서. 국내 정치 가운데도 함께 하셔서 당들 간의 정쟁을 멈추고, 이 나라를 바르게 이끌 수 있는 바로 다스리는 정치(政治)가 되게 하시고, 하나님의 정의와 공의가 이 땅에 실현되도록 함께 하여 주옵소서.

교회를 사랑하시는 하나님!

한국교회 안에 여러 가지 문제들이 곪아 터져서 냄새를 피우고 있습니다. 오히려 이 기회를 통하여 교회가 바르게 회복되도록 치유하여 주시고, 고치시고 싸매시는 하나님의 손길을 통해 교회가 하나님께서 원하시는 교회가 되게 하여 주옵소서. 이 땅의 많은 목회자들을 눈동자처럼 지켜보시되, 바른 목회자, 바른 지도자가 되도록 인도하시옵소서. 영적으로 늘 깨어있게 하시어, 교회가 하나님께서 원하시는 방향으로 나아가게 인도하옵소서.

이 시간 예배의 자리로 나가는 주님의 백성들의 마음을 녹여주시고, 말씀을 듣고 선 목사님께 성령님의 충만함으로 임하여 주셔서 하나님의 말씀을 대언할 때 그 말씀으로 우리가 하나님의 위로와 도전을 받게 하옵소서. 신령한 노래로 올려드리는 ○○○ 찬양대의 찬양을 기뻐 받아주옵소서. 모든 영광을 올려드리며, 예수님의 이름으로 기도하옵나이다. 아멘

22 오후찬양예배 기도문

우리를 사랑하시는 하나님!

주님께서 우리를 향하여 얼굴을 드시고 평강주시는 은혜를 사모하며 주일 오후찬양예배의 자리에 왔습니다. 이 시간 우리에게 은혜 내려 주옵소서. 해마다 주님께 서원했던 많은 기도제목이 있었지만, 부끄럽게도 주님께 약속만 하고 지키지 못했던 시간들이 하염없이 흘러만 갔음을 고백합니다. 하나님을 사랑하고 이웃을 사랑하라 말씀하셨지만, 내 자신조차 추스르기 힘들어 했던 우리 자신이었습니다. 수많은 사건과 일들이 우리 앞마당에서 일어났음에도 불구하고, 남의 일인 것처럼 나와 내 가족은 그 속에 속하지 않았음을 안위하면서도 무기력했던 부끄러운 모습이었음을 고백합니다. 주님의 뜻보다는 내 생각이 우선하였고, 하나님의 인도하심과 달리 내 갈 길을 걸어갔던 삶이었음을 고백합니다. 이런 부끄러운 모습이 내 자신이었고, 우리 공동체였습니다. 우리를 불쌍히 여겨 주시고, 주님의 말씀으로 회복케 하여 주옵소서.

우리의 모든 처지를 아시는 주님!

우리가 부족할 때 채워 주시고, 우리가 약할 때 강힘을 주시는 주님께서 우리로 하여금 자족하는 마음을 가지고 살아가게 하옵소서. 우리 앞에 시험이 다가올 때 피할 길을 주시고, 능히 감당할 수 있는 어려움은 극복할 수 있는 힘을 주옵소서.

이 시간 선교지를 위해 기도합니다. 곳곳에 흩어져 사역하는 선교사들을 기억하시고, 그들의 안전과 가정을 지켜 주시고, 복음의 사역에 지치지 않도록 함께 하시며, 선교사들과 함께 하는 모든 현지인들의 믿음이 성숙되게 하옵소서.

　이 시간 예배를 돕는 모든 일꾼들을 축복해 주시고, 보이지 않는 곳에서 묵묵히 주의 몸 된 교회를 섬기는 믿음의 가족들을 기억해 주시고, 찬양으로 영광 돌리는 찬양대와 함께 하여 주옵소서. 이 시간 말씀을 전하실 목사님과 함께 하여 주서서 하나님의 말씀을 선포하실 때, 말씀으로 우리 삶의 지표를 삼아 주님과 동행하는 삶이 되게 하여 주옵소서.

　예수님의 이름으로 기도합니다. 아멘

23 오후찬양예배 기도문

하나님 아버지 감사합니다.

우리를 하나님의 강한 손과 편 팔로 보호하여 주시고, 오늘 하나님을 예배하는 자리에 나아와 마음을 다하여 예배할 수 있도록 인도하시니 참으로 감사합니다. 이 시간 예배를 통하여 하나님만 높이고, 하나님께서 부어주시는 은혜를 경험할 수 있도록 인도하여 주옵소서.

세상에서 바쁜 삶을 살면서 미처 하나님을 찾지 못하였습니다. 날마다 하나님의 사랑과 은혜를 구하지만, 정작 하나님에게로 나아가지 못하였습니다. 우리의 연약함을 불쌍히 여기시고, 매일의 삶 속에서 하나님을 의지하는 법을 배우고 익히게 하옵소서. 하나님의 나라를 소망하며 승리하게 하옵소서.

교회학교를 위해서 기도합니다. 출산율 저하와 함께 다음세대라 불리는 학생들이 교회에서 점점 보이지 않습니다. 주님, 구약시대에 다음세대가 다른 세대가 되는 것에 대한 불안함이 우리에게도 있습니다. 어린 학생들을 품는 교회가 되게 하여 주옵소서. 또한 믿음의 유산이 이어지는 교회가 되게 하여 주옵소서. 그리하여 10년 뒤에, 20년 뒤에도 교회가 든든히 서 가도록 다음세대를 향하여 두팔을 벌리고 안아주는 교회가 되어, 믿음의 유산이 흘러가게 하옵소서. 이를 위하여 수고하는 교사들의 눈물과 땀방울을 기억하시고, 각 부서를 인도하는 목회자에게 열정을 부어주셔서, 다음세대를 지도하는데 부족함이 없게 하여 주옵소서.

담임목사님에게 지혜를 주셔서 우리교회가 세상의 소망이 되는 교회가 되게 하시고, 영적 민감함을 허락하여 주셔서 하나님의 뜻을 깨닫고 우리에게 전하게 하여 주옵소서.

　이 시간 목사님을 통해서 주시는 하나님의 말씀을 기대하며 우리의 마음을 활짝 엽니다. 하나님의 말씀을 듣게 하시고, 그 말씀대로 살아가기로 결심하고 결단하게 하여 주옵소서. 예수님의 이름으로 기도드립니다. 아멘.

24 오후찬양예배 기도문

　사랑과 은혜의 하나님 아버지, 늘 우리를 눈동자 같이 지키시고 주의 날개 그늘 아래에 감추어주시니 감사합니다. 우리가 항상 하나님을 향해 영광을 돌리며, 우리의 삶에서 그리스도의 향기를 날릴 수 있도록 하시니 감사합니다.
　하지만 우리는 연약하여 주님께서 지켜 주시지 않으면, 각자 제 길로 가는 양과 같아서 늘 실수하고 넘어지는 존재입니다. 주님께서 목자가 되셔서 우리 인생의 길을 인도하여 주옵소서. 때론 지팡이로 때론 막대기로 우리를 혼내시되, 바른 길로 인도하시고, 사망의 음침한 골짜기를 지날 때, 주님께서 우리를 인도하시면, 우리가 고난의 길을 헤쳐 갈 수 있음을 믿습니다. 늘 우리와 함께 하여 주옵소서.
　성도들 가운데 여러 가지 이유로 고통 속에 있는 지체들이 있습니다. 그들을 찾아가 위로해 주시고, 상한 심령이 있다면, 치유하여 주시고, 마음을 강건하게 하여 주옵소서. 육신의 연약함으로 고통당하는 지체도 있습니다. 주님 불쌍히 여기사 몸을 온전히 회복시켜 주옵소서. 가정의 문제로 신음하는 가정도 있습니다. 주여, 그 가정을 회복시켜 주옵소서. 하오나 주님, 이 모든 것이 주님의 섭리 가운데 있음을 보게 하시고, 고통 속에서 주님의 계획을 깨닫고 알게 하여 주옵소서.
　이 시간 말씀을 전하시는 목사님을 하나님의 의로운 오른손으로 붙드셔서 더욱 굳세게 하여 주옵소서. 어느 상황에서든지 오직 하나님의 편에 서서 일하여 하나님의 기쁨이 되게 하여 주옵소서. 우리 교회는 물론 한국교회에 선한 영향력을 끼쳐 여전히 교회가 세상의 소망임을 증명하게 하옵소서. 하나님을 말씀을 읽고 묵상할 때마다 하나님의 뜻을 깨닫게 하시고, 그 뜻을 우리에게 잘 전하게 하여 주옵소서. 이 시간 기대하는 마음으로 하나님의 말씀을 듣습니다. 들은 말씀대로 살아가기로 결심하고 결단하게 하시고, 끝내 승리하게 하옵소서.

찬양으로 주님께 영광을 돌리는 ○○○ 찬양대와 함께 하시고, 예배를 돕는 손길에 하나님의 은혜를 더하여 주옵소서. 우리의 예배를 기쁘게 받으시기를 원하옵고, 예수님의 이름으로 기도드립니다. 아멘.

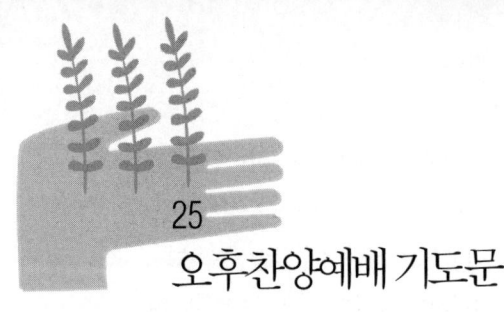

오후찬양예배 기도문

사랑이 풍성하신 하나님!

오늘도 우리를 강한 손과 펴신 팔로 인도하여 주시고, 오후찬양예배의 자리로 나아오게 하시니 감사합니다. 이 시간, 우리가 온 맘 다해 하나님을 예배합니다. 우리의 예배를 기쁘게 받아 주옵소서. 이 오후 시간 주님의 말씀을 사모하여 이 자리에 나왔습니다. 주님의 한없는 은혜를 부어주시고, 주님의 평강으로 우리의 심령을 가득 채워 주옵소서.

세상에 악한 생각과 행동이 가득하여 하나님께서 물로 인류를 심판하셨던 것을 기억합니다. 지금 우리의 시대가 악한 생각과 행동으로 가득한 것은 아닌지 생각하게 됩니다. 하나님의 심판이 임했던 순간에도 구원을 받았던 노아와 가족들처럼, 우리가 하나님과 동행하길 원합니다. 하나님의 음성에 귀를 기울이고, 하나님께서 명하신 말씀대로 살기를 원합니다. 구원의 방주에 거하길 원합니다.

이 땅의 가정들을 위해서 기도합니다. 주님, 상처받은 가정이 많이 있습니다. 부부의 문제와 고부간의 갈등, 자녀와의 문제로 인해 상처받은 가정이 있습니다. 사랑의 주님께서 가정의 문제에 함께 하셔서 문제의 실타래를 풀어 주옵소서. 먼저 내 잘못임을 깨닫는 우리가 되게 하시고, 정죄가 아닌 사랑의 눈으로 사랑의 행동으로 먼저 다가가 가정의 문제가 풀어지게 하옵소서. 그리하여 하나님 보시기에, 아름다운 가정과 행복한 가정이 되게 하여 주옵소서.

교회 안의 가장 작은 공동체 구역을 위해서 기도합니다. 구역 안에 주님의 사랑이 꽃피게 하여 주옵소서. 가족을 넘어서는 큰 가족이 되게 하시고, 그 안에서 주님의 은혜를 나누게 하옵소서. 먼저 보듬어 안아주고, 불편한 관계가 풀어지게 하옵소서. 서로 다가가 사랑을 나누게 하옵소서. 주님의 은혜가 교회의 세포와 같은 구역에 차고 넘쳐서 모든 구역이 건강하게 살쩌우고, 교회가 든든히 세워져가게 하옵소서.

  이 시간 말씀을 전하시는 목사님을 귀히 사용하셔서 생명의 말씀을 선포하게 하시고, 우리 교회를 이끌어가는 데 부족함 없는 육적, 영적 충만함을 허락하여 주옵소서. 우리는 겸손히 하나님의 말씀을 듣습니다. 그 말씀이 우리의 마음 밭에 깊이 뿌리내려 삶의 열매를 맺게 하여 주옵소서. 예수님의 이름으로 기도드립니다. 아멘

오후찬양예배 기도문

오늘도 수고한 손이 헛되지 않도록 우리를 채워주신 주님의 은혜에 감사를 드립니다. 우리에게 꼭 맞는 것들로 채워 주시고, 생활 속에서 하나님을 바라보게 하시니 감사를 드립니다.

우리가 늘 기도하며 주님께 간구하며 살아가지만, 정작 주님께서 원하시는 삶을 살지 못했음을 고백합니다. 우리에게 일용할 양식을 구하라고 알려 주셨지만, 우리는 일용할 양식이 아니라, 풍성함을 넘치도록 기도합니다. 우리는 시험에 빠지지 않도록 구하라 알려 주셨지만, 우리는 늘 유혹과 친구삼아 살고, 때론 유혹을 찾아다니며 살고 있습니다. 우리에게 잘못한 사람을 용서하라고 알려 주셨지만, 우리는 용서하기는커녕 미움을 키우고, 때론 해하는 우를 범하고 있음을 고백합니다. 그러면서도 주님께는 우리를 용서하여 달라고 간구합니다. 주님 우리의 연약함을 깨닫게 하시고, 주님의 말씀으로 우리를 변화시켜 주옵소서.

우리 교회를 사랑하시는 주님. 많은 기관과 부서가 합력하여 선을 이루게 하옵소서. 많은 일들을 하다보면, 갈등도 있고, 알력도 생기곤 합니다. 그때마다 합력하여 선을 이루라 하신 말씀을 잊지 않고, 실천하게 하시고, 우리가 늘 그리스도의 몸 된 지체임을 깨닫게 하옵소서. 섬길 때는 먼저 한 발을 내딛게 하시고, 얻고자 할 때는 먼저 한 발을 뒤로 빼어 서로 섬김의 부서와 기관들이 되게 하옵소서. 봉사를 할 때, 하나가 되게 하시고, 봉사의 목적과 우선순위를 뒤바꾸지 않게 하옵소서. 서로 섬김의 봉사를 할 때, 말씀이 녹아져서 몸으로 실천이 되는 시간이 되게 하옵소서. 보이지 않는 곳에서 봉사하는 손길들을 기억해 주시고, 그들의 땀과 수고가 교회의 혈관처럼 곳곳에 퍼져서, 우리 교회가 아름다운 교회가 되고 있음을 기억하게 하옵소서.

이 시간 말씀을 전하시는 목사님과 함께 하옵소서. 선포되는 말씀이 목사님의 생각이나 뜻이 아니라, 하나님께서 우리 교회와 성도들에게 꼭 필요한 말씀이 선포되게 하옵소서. 듣는 우리에게도 말씀에 순종하게 하옵소서. 또한 말씀의 은혜로 하루하루를 살아가는 우리가 되게 하옵소서. 예수님의 이름으로 기도합니다. 아멘.

27 오후찬양예배 기도문

사랑과 은혜가 많으신 하나님!!

날마다 주의 은혜로 채워 주시고 우리의 필요를 공급하여 주시니 감사합니다. 계속되는 무더위 속에서도 안전하게 지키시고 인도해 주시니 감사합니다.

오늘도 하늘 아버지께서 우리의 삶을 주관하시는 것을 고백하며 주님께 나아갑니다. 주의 말씀 따라 하나님 기쁘신 뜻대로 살기로 결단하며 삶의 자리로 나아가지만 우리의 연약함으로 넘어질 때가 많았음을 고백합니다. 하나님의 뜻을 생각하며 따르기보다 경험과 지혜를 의지했던 우리를 용서해 주십시오.

긍휼이 풍성하신 하나님!

사회 곳곳에서 붕괴의 소식들이 들려옵니다. 인구 절벽으로 인한 공포가 몰려오고, 사회에 소외된 계층들이 증가하고, 고독사가 늘어가고, 생계형 범죄와 강력범죄가 늘어가고 있습니다. 주님의 복음의 능력 외에는 이 어려움을 극복해 갈 수 없음을 고백합니다. 주님 우리가 먼저 주변을 돌아보게 하시고, 주님께서 선하게 인도하셔서 이 어려움을 극복하게 하옵소서. 혹 우리에게 잘못이 있다면 깨닫게 하시고, 변화시켜 주옵소서. 우리가 먼저 이 사회를 이 땅을 위해서 기도하게 하옵소서.

이 시간 교회를 위해 기도합니다. 질병으로 고통 받는 환우들을 안수하여 주시옵소서. 온전한 회복을 경험케 하시고, 삶의 여러 가지 문제로 주님 앞에 나아가는 주의 백성들의 마음을 위로하시고 용기를 주시옵소서. 모든 일을 믿음으로 잘 헤쳐 나아갈 수 있도록 인도하옵소서. 군에 있는 청년들, 해외에 있는 가족들에게도 하나님의 살아계심이 선포되게 하옵소서.

  이 시간 예배의 자리로 나가는 주님의 백성들의 마음을 녹여주셔서 주님의 말씀을 온전히 알아가게 인도하옵소서. 말씀을 들고 선 목사님께 성령님의 충만함으로 임하여 주셔서 하나님의 말씀을 대언할 때 그 말씀으로 우리가 하나님의 위로와 도전을 받게 하옵소서.

  모든 영광을 올려드리며 예수님의 이름으로 기도하옵나이다. 아멘.

28 오후찬양예배 기도문

사랑의 주님!

지난 한 주간 무더운 날씨 속에서 우리를 지켜 주시고, 건강 주셔서 주님 앞에 나오게 하심을 감사드립니다. 주님의 보호하신 손길을 알고 있지만, 인도하심을 누리지 못하고, 말씀의 달콤함을 알지만, 말씀대로 살지 못하고 주님 앞에 나왔습니다. 우리의 부족함과 연약함을 받아주시고, 주의 말씀으로 우리를 회복시켜 주옵소서.

매일의 삶에서 주님의 은혜를 구하는 삶이 되게 하여 주옵소서. 주님의 은혜 없이는 살 수 없음을 고백합니다. 하루의 삶이 하나님의 인도하심을 따라 살아가게 하옵소서. 매일 일용할 양식을 주시고, 우리를 용서하시는 하나님임을 잊지 않게 하옵소서.

세계 곳곳에서 테러와 자연재해의 소식들이 들려옵니다. 고통과 신음하고 있는 이들의 눈물을 닦아주시고, 위로하여 주옵소서. 죄 없이 고통당하는 이들과 함께 하여 주시고, 주님의 뜻에 따라 사랑의 나눔이 있게 하옵소서.

우리가 살아가고 있는 이 땅 대한민국을 위해 기도합니다. 여러 분야에서 도덕적 해이가 독버섯처럼 퍼지고 있습니다. 정치, 경제, 문화, 스포츠에 만연해 있는 잘못된 관행들을 고쳐주시고, 주님의 말씀을 따라 공의가 강같이, 정의가 하수처럼 흘러, 이 땅이 하나님께서 원하시는 나라, 모든 사람이 함께 기쁨을 회복하는 나라가 되게 하옵소서.

무더위와 나약함을 이길 힘을 주시고, 특별히 어린이와 청소년 여름수련회를 통해 학생들이 영적으로 준비되게 하시고, 섬기는 교사와 목회자에게도 준비 과정에서 먼저 은혜를 받게 하옵소서. 앞으로 진행되는 국내 선교봉사를 통해 함께 하는 형제교회들을 도와 지역사회에 건강한 교회로 세워지도록 함께 하시고, 여름 행사들과 수련회, 비전트립 가운데도 함께 하시옵소서. 우리의 섬김을 통해 선교의 지평을 넓혀가게 하시고, 주님의 뜻이 삶의 곳곳에서 이루어지게 하옵소서.

말씀을 전하시는 목사님과 함께 하시고, 그 말씀이 선포될 때, 우리가 아멘으로 화답하게 하옵소서. 말씀이 우리의 삶을 인도하고, 말씀이 우리 안에 이루어지는 역사를 경험하게 하여 주옵소서. 예배를 돕는 모든 손길을 축복하여 주시고, 그 손을 꼭 붙잡아 주옵소서.

이 예배 홀로 받으시고, 영광중에 거하옵소서. 예수님의 이름으로 기도합니다. 아멘.

29 오후찬양예배 기도문

찬양과 영광을 받으시기에 합당하신 하나님!
오늘 이 시간 주님의 전에 나와 주님을 찬양하며 예배할 수 있게 하시니 감사합니다. 우리가 드리는 이 예배를 기쁘게 흠향하여 주옵소서. 우리의 부족함과 우리의 연약함으로 인해 온전히 하나님께 나아가지 못함을 용서하옵소서. 다시 한 번 우리에게 힘과 능력을 더하여 주시고 성령의 충만함으로 채워주셔서 하나님께 더 가까이 나아갈 수 있게 하여 주옵소서.

매 주일마다 예수 그리스도의 부활의 감격을 다시 한 번 떠올리게 하시고, 하나님을 기쁘게 찬양하는 축제의 예배가 우리의 예배가 되기를 소원합니다. 주의 성전 안에서 우리 모두가 하나님을 기쁘게 찬양하고 경배하게 하시고, 주님이 주시는 위로를 통하여 감사가 넘치게 하옵소서.

우리는 하나님을 예배하고, 하나님을 찬양하고, 하나님의 음성을 듣는 이 시간이 귀한 줄 몰랐습니다. 매 주마다 다가오는 똑같은 날로 여겼고, 삶의 여러 문제들을 가져와 교회에서까지 걱정과 염려로 하나님을 온전히 예배하지 못했습니다.

하나님께서 사람을 지으신 목적이 하나님께 영광을 돌리게 하기 위함이라 하셨는데, 우리가 지으신 목적에 따라 살게 하여 주옵소서. 한 주간을 살며 지친 우리들에게 오늘 드려질 예배를 통하여 주의 말씀의 은혜로 채워주옵소서. 실의에 빠진 사람들에게는 하나님의 위로를 더하여 주옵소서. 하나님의 말씀을 깨닫는 지혜를 더하여 주옵소서. 말씀을 실천하는 자가 되게 하여 주옵소서. 또한 주일뿐만 아니라 삶의 모든 순간마다 하나님을 찬양하며 경배하여 영광을 돌리는 우리가 되게 하여 주옵소서. 그리하여 우리의 삶속에 나와 함께 하시는 하나님, 나와 동행하시는 하나님을 체험케 하여 주옵소서.

우리의 예배를 받으시기에 합당하신 예수 그리스도의 이름으로 기도합니다. 아멘

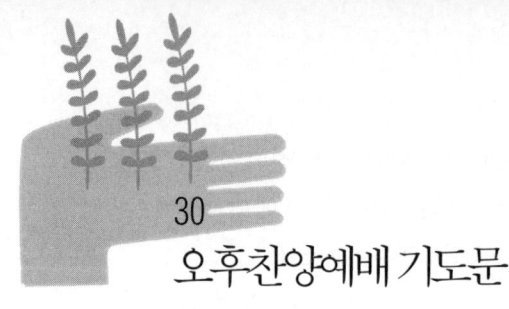

30 오후찬양예배 기도문

모든 만물의 주인이 되시고, 지혜의 근본이 되시는 하나님 앞에 머리 숙여 예배합니다. 우리의 예배를 기쁘게 받아 주옵소서. 우리의 목자가 되시어 우리의 모든 삶을 이끌어 주시고, 가야할 길로 갈 수 있도록 빛을 비춰주시옵소서. 어떤 시련과 고난 속에서도 주님께 맡기며 살아가는 믿음을 주시옵소서. 날마다 우리의 삶이 정결하게 하옵소서. 정결한 마음으로 늘 거룩한 삶을 살 수 있도록 도와 주시옵소서.

우리가 늘 주님의 말씀을 듣고 삶에 순종하며 살게 하시고, 주님의 섭리를 깨닫는 시간이 되게 하옵소서. 우리가 다른 사람의 죄를 용서한 것같이 우리의 죄를 용서하여 주옵소서. 죄를 반복해서 짓는 삶이 아니라 매일 거룩한 삶을 살아가도록 도와 주시옵소서. 사탄이 우리를 계속 유혹하더라도 말씀으로 그 유혹을 이기게 하옵소서. 우리의 연약한 부분을 계속 공격할 것입니다. 그래서 때로는 죄를 범하게 되고, 죄책감을 느끼기도 합니다. 하지만 우리가 하나님의 자녀라는 것을 잊지 않게 하시고, 우리의 죄를 주님 앞에 나아 고백하게 하옵소서.

이 세상을 향해 복음을 전하는 삶을 살게 하시고, 복음을 위해 우리의 모든 시간과 재능과 환경을 사용하게 하옵소서. 우리의 믿음이 비록 겨자씨만한 믿음일지라도 진실하게 하옵소서. 열정이 넘치는 믿음을 갖게 하시고, 우리의 겉사람이 아니라 속 사람이 진실하게 하옵소서. 세상의 화려함에 빠지지 않게 하시고, 하나님나라의 영광을 소망하게 하옵소서.

사랑의 하나님, 우리가 허망한 것들을 쫓지 않게 하시고 소중한 삶을 누리게 하옵소서. 어떤 상황에서도 복된 삶을 누리게 하옵소서.
　우리 교회가 늘 말씀이 충만하게 하시고, 하나님의 은혜가 넘치게 하옵소서. 우리의 빛과 소금이 되시고, 우리의 목자가 되시는 예수님의 제자로써의 삶을 살기 원합니다. 세상을 향해 빛과 소금의 역할을 하며, 비록 우리가 손해를 보더라도 그 역할을 감당할 수 있도록 하옵소서. 우리의 모든 삶을 이끌어 주시는 예수 그리스도의 이름으로 기도합니다. 아멘.

오후찬양예배 기도문

하늘에 계신 하나님 아버지, 우리를 아버지의 자녀로 삼아주심을 감사합니다. 지금까지 우리를 지켜 주시고, 매주 하나님 앞에 예배를 드릴 수 있도록 해주시니 감사합니다. 어떤 시련 속에서도 하나님과 함께 하는 삶을 누리며 기쁨과 찬양을 드리게 하옵소서. 우리가 하나님의 자녀로써 담대하고, 거룩한 삶을 살 수 있게 하옵소서. 세상 사람들이 우리를 바라볼 때 하나님을 찬양하고, 우리를 칭찬하는 삶을 살게 하옵소서.

우리나라가 겪고 있는 많은 어려움이 하나님의 은혜로 말미암아 해결되게 하시옵소서. 특별히 북한 땅을 기억하여 주시옵소서. 핵과 도발로 계속 우리를 위협하여 두려움과 공포를 주려고 합니다. 하나님께서 속히 남북이 하나가 되는 통일을 이루게 하시고, 대부흥운동이 일어났던 그때처럼 성령의 역사가 일어나게 하여 주옵소서. 동방의 예루살렘이라고 불렸던 평양 땅에 교회가 다시 세워지고, 하나님을 찬양하고 예배하게 하옵소서.

이 시간 고개 숙인 우리의 영혼을 축복하시고, 예수님의 마음을 알아가는 시간이 되게 하옵소서. 진심으로 예수님을 닮아가는 삶을 살아가게 하옵소서. 특별히 다른 사람을 판단하지 않게 하옵소서. 누구를 막론하고 다른 사람을 판단하는 것은 우리 자신을 정죄하는 것이라고 말씀하셨습니다. 이런 일을 행하는 자는 하나님의 심판이 이루신다고 하셨습니다. 다른 사람을 심판하지 않게 하옵소서. 또한 하나님께서는 각 사람에게 그 행한 대로 보응하신다고 말씀하셨습니다. 참고 선을 향하여 영광과 존귀와 썩지 아니함을 구하는 자에게는 영생으로 하시고, 당을 지어 진리를 따르지 아니하고 불의를 따르는 자에게는 진노와 분노로 하신다는 알고 있습니다. 하나님, 모든 사람에게 사랑과 용서와 포용의 사람으로 살아가게 하옵소서.

  뜻하지 않게 몸의 질병으로 힘들어 하는 성도들이 있습니다. 하나님께서 한 사람 한 사람 찾아가셔서 의로운 오른손으로 어루만져주시고, 하나님의 놀라우신 능력이 일어나게 하옵소서. 하나님의 전지전능하심으로 모든 질병을 다 이겨내게 하옵소서. 건강한 몸으로 주님을 예배하고 섬기게 하옵소서. 우리의 예배를 받으시고, 우리에게 은혜를 내려주시는 예수 그리스도의 이름으로 기도합니다. 아멘

32 오후찬양예배 기도문

천지만물을 창조하시며, 생명의 근원이 되신 하나님께 감사와 영광을 드립니다. 거룩한 주일 아침부터 지금에 이르기까지 하나님께 예배하는 시간을 허락하시니 감사합니다. 이 시간 우리의 영혼을 깨워주시고, 우리의 마음에 하나님의 말씀으로 가득 차 세상을 향해 나갈 수 있도록 하옵소서.

하나님 아버지, 지금 우리가 고난과 고통 속에서 하나님께 영광을 돌리는 자가 되게 하옵소서. 열매를 맺는 인내와 믿음이 있어야만 가능합니다. 우리에게 견딜 수 있는 힘과 능력을 주시옵소서. 또한 세상에서 방황하는 불쌍한 영혼들을 위해 긍휼한 마음을 가지고 기도하는 넉넉한 마음도 주시옵소서. 그들이 예수 그리스도를 구세주로 고백하고, 우리와 함께 하나님의 자녀가 누리는 귀한 은혜를 누리며 살아가게 하옵소서.

우리 교회를 위해 기도합니다. 우리 교회가 하나님께서 보실 때 아름답고 귀한 교회가 되길 원합니다. 진정한 교회의 모습을 지닌 교회가 되길 원합니다. 시기와 질투보다 사랑과 배려가 가득한 교회가 되길 원합니다. 세상의 이야기로 가득한 교회가 아니라 말씀과 은혜의 고백이 넘쳐나는 교회가 되길 원합니다. 우리 교회를 통하여 많은 사람이 복을 받게 하시옵소서.

특별히 우리 교회의 기둥이 되는 젊은 세대들과 청년들, 교회학교를 위해 기도합니다. 시간이 흐를수록 신앙을 간직하며 믿음의 생활을 하는 것이 어려워지고 있습니다. 우리 교회의 젊은이들이 신앙을 지키며 다음세대에까지 계속 믿음의 유산을 물려줄 수 있도록 하옵소서. 점점 교회마다 젊은이들, 아이들이 줄어들어서 이대로 가다가 교회가 없어질 수 있다고 합니다. 교회 안에 젊은이들이 가득하게 하옵소서. 아이들의 웃음소리가 끊이지 않도록 하옵소서.

　우리가 예배 가운데 드리는 찬양과 기도를 받아주시고, 마음을 열어 하나님께서 말씀하시는 것을 듣고 그 말씀대로 살아가게 하옵소서. 귀한 말씀을 전하시는 ○○○목사님에게도 함께 하셔서 인간의 소리가 아닌 하나님의 귀한 말씀을 전하게 하옵소서. 어지럽고 혼탁한 세상에서 흔들리지 않는 믿음을 가지고 살아가기에 주춧돌이 되는 말씀이 되게 하옵소서. 또한 우리의 예배가 하나님께 영광이 되며, 우리에게는 하나님의 은혜가 충만한 시간이 되게 하옵소서. 예수 그리스도의 이름으로 기도합니다. 아멘.

오후찬양예배 기도문

　의로우신 우리 하나님 아버지, 하나님의 전지전능하심에 영광을 돌려드립니다. 하나님께서 우리에게 베풀어주신 은혜에 감사를 드립니다.
　우리의 하나님! 우리가 하나님께 부르짖을 때마다 응답하시고, 곤경에 처한 우리를 구원하여 주시옵소서. 우리를 가엾게 여기시고, 언제나 우리의 기도를 들어주소서. 세상 사람이, 특별히 안티기독교 사람들이 우리를 향하여 조롱합니다. 멸시하고, 하나님을 욕합니다. 하나님께 영광을 돌려야 하는데, 우리의 잘못된 생각과 행동 때문에 그 영광을 가리고 있습니다. 때로는 하나님께 돌려야 할 영광을 우리가 가로채고, 하나님의 영광을 더럽혔습니다. 우리의 잘못을 용서하여 주시옵소서.
　하나님께서 베푸신 은혜를 생각하면 우리가 하나님의 말씀대로 살아야 함이 당연합니다. 그런데 우리의 삶은 하나님의 모습을 보이지 않고, 우리의 욕심과 야망으로 가득 차 있습니다. 부와 명예와 권력을 위해 살아가고 있습니다. 하나님의 선을 위한 삶, 하나님의 거룩이 있는 삶을 찾아가게 하옵소서. 내 마음에 세상이 채워주는 기쁨은 언젠가는 없어집니다. 하지만 하나님께서 주신 기쁨은 영원하며 풍성합니다.
　우리 교회가 하나님께서 기뻐하시는 교회가 되게 하옵소서. 교회는 하나님을 믿는, 예수님을 구세주로 믿는 자들의 모임입니다. 하나님 안에서 하나가 되는 모임이 바로 교회입니다. 한 마음, 한 뜻으로 기도하는 곳이 교회입니다. 분쟁과 다툼은 사탄이 주는 교활한 속임수이며, 교회를 무너뜨리기 위한 위장

술입니다. 우리가 하나님의 말씀으로 하나가 되게 하여 주시옵소서. 온 성도가 하나님께서 주신 비전을 선포하고, 그 사명을 감당하는 교회가 되게 하여 주시옵소서.

말씀을 전하시는 ○○○목사님에게 하나님의 능력이 더하게 하옵소서. 언제 어디서나 하나님의 귀한 사역자가 되게 하시고, 말씀을 준비함에 있어 하나님의 임재 가운데 있게 하옵소서. 하나님께서 ○○○목사님을 통하여 우리에게 말씀하시는 것을 듣고 온 성도가 그 말씀을 삶에 적용하여 그리스도인의 향기가 세상 곳곳에 풍기게 하옵소서.

우리의 예배를 받아주시고, 우리 마음에 기쁨과 하나님의 은혜가 가득한 시간이 되게 하옵소서. 예수 그리스도의 이름으로 기도합니다. 아멘.

34 오후찬양예배 기도문

여호와 우리 하나님, 하나님의 이름이 온 땅에 어찌 그리 아름다운지요. 아름다운 세상을 창조하시고, 주관하시는 하나님의 능력을 찬양합니다. 우리의 참 소망이 되시고, 능력이 되시는 하나님 아버지의 은혜가 가득한 거룩한 주일입니다. 주님의 복된 날 오후찬양예배를 통해 하나님을 찬양하며 예배합니다. 우리의 온 마음과 정성을 다하여 하나님께 예배하오니 홀로 영광을 받으시옵소서. 이 예배를 통하여 우리 성도들에게는 지친 몸과 영혼이 회복되는 시간이 되게 하옵소서.

사랑의 하나님. 하나님께서 우리를 사랑하셔서 독생자 예수 그리스도를 이 땅에 보내셨는데, 우리는 왜 서로 사랑하지 못하는 것일까요? 왜 하나님을 향한 마음을 간직하며 살지 못하는 것일까요? 연약한 우리의 모습을 불쌍히 여기시고, 용서하여 주옵소서. 더 굳건한 믿음의 사람이 되길 원합니다. 더 깊은 신앙생활을 하길 원합니다. 우리의 삶에 기도와 찬양이 끊이지 않기를 원합니다. 하나님의 백성으로, 하나님의 자녀로, 하나님의 제자로 살기 원합니다. 우리의 모든 삶을 주관하여 주시옵소서.

늘 지켜 주시고, 보호하시는 주님, 우리 교회를 지켜 주시옵소서. 우리 교회가 겪고 있는 어려움들을 한 마음으로 해결하게 하시고, 기쁨과 감사가 넘치는 교회가 되게 하여 주시옵소서. 교회에 사랑이 넘치게 하시며 서로를 위해 기도하고 격려하며 위로하게 하옵소서.

○○○목사님이 전하시는 말씀에 모든 성도들이 그 말씀을 깨닫는 지혜를

주시옵소서. 하나님의 말씀으로 우리의 삶이 변화되게 하시고, 영육이 성장하는 우리가 되게 하옵소서. 성령님께서 성도 한 사람, 한 사람에게 임재 하셔서 우리가 알지 못하는 것까지 다 탄식하게 하옵소서. 하나님의 마음을 알아가는 우리가 되게 하옵소서.

교회를 섬기는 담임목사님을 비롯하여 부교역자들과 당회원 모두 하나님의 은혜가 가득한 삶을 살게 하옵소서. 신령과 거룩한 생활 속에서 삶이 복음이 되게 하시옵소서. 다른 누구보다 모범이 되며, 복음 전도자의 사명을 잘 감당하게 하옵소서.

이 자리에 참석하지 못한 많은 성도들이 있습니다. 어떤 상황에 처해 있든지 늘 주님을 생각하게 하시며, 삶의 자리가 예배인 것을 잊지 않게 하옵소서. 언제 어디서든지 하나님을 예배하게 하옵소서. 오늘 우리가 드리는 이 예배를 받아주시옵소서. 예수님의 이름으로 기도합니다. 아멘.

오후찬양예배 기도문

    주 여호와 우리의 하나님께 우리의 온 마음을 다해 찬양합니다. 주님께서 행하신 놀라우신 일들을 찬양합니다. 우리가 주를 기뻐하고 즐거워하며 가장 높으신 주님의 이름을 높이고, 찬양합니다. 우리의 삶에 큰 힘과 능력을 더 하시고 지켜 보호하시니 감사합니다. 하나님의 돌보심이 아니라면 이 세상의 험난한 인생을 헤쳐 나가기가 힘들 것입니다. 늘 함께 하심에 감사합니다. 주님의 성전에서 오전부터 지금까지 하나님을 예배하고 찬양하고 영광을 돌리게 하시니 또한 감사를 드립니다.
    우리 교회가 하나님의 영광으로 가득한 교회가 되게 하옵소서. 사랑과 감사가 넘치는 교회가 되게 하옵소서. 우리 교회를 통해 하나님의 역사가 이루어지게 하옵소서. 하나님의 사역에 사용하여 주옵소서. 우리 교회의 머리가 되신 예수 그리스도를 중심으로 한 마음, 한 뜻으로 기도에 힘쓰는 교회가 되게 하옵소서. 우리 교회가 준비한 여러 가지 사역들이 있습니다. 이 사역들이 우리의 욕심이 되지 않게 하시고, 하나님의 뜻과 인도하심으로 이루어지게 하옵소서.
    담임목사님을 비롯하여 교회를 섬기시는 부교역자, 그리고 당회원과 온 성도들이 하나님과 늘 함께 하는 삶을 살아가도록 하옵소서. 특별히 담임목사님의 건강을 지켜 주시옵소서. 목회함에 있어서 육체의 건강 때문에 지치지 않도록 하시옵소서. 성령의 임재 가운데, 항상 주님의 말씀에 귀를 기울이고, 하나님께서 하시고자 하는 말씀을 우리에게 전달할 수 있는 능력의 대언자가 되게 하옵소서.

뜻하지 않은 질병으로 힘들어 하는 성도들이 있습니다. 하나님의 손길로 아픈 곳을 어루만져주시고, 하나님의 놀라우신 능력으로 치유의 역사가 일어나길 원합니다. 함께 하고 싶어도 병상에 누워 있기에 이곳에 함께 하지 못한 성도들이 회복되어 함께 찬양하고 기도하고 예배할 수 있도록 도와 주시옵소서.

인간의 생사화복을 주관하시는 하나님. 우리의 육체뿐만 아니라 영의 질병도 치료하여 주시옵소서. 사탄의 끊임없는 공격에 지치고 힘들어 하는 우리의 영혼을 위로하시고 치유하여 주시옵소서. 하나님의 전지전능하심으로 우리의 모든 삶에 하나님의 축복과 기쁨이 넘치게 하옵소서.

우리가 드리는 이 예배를 홀로 영광 받으시고, 우리에게 은혜가 넘치게 하옵소서. 예수님의 이름으로 기도합니다. 아멘

34 오후찬양예배 기도문

뜨거웠던 여름이 지나가고 있습니다. 시원한 바람과 높은 하늘을 바라보며 하나님의 전지전능하심을 느낍니다. 아무리 더운 날씨에도 계절의 변화가 찾아오게 되고, 하나님의 섭리가 이루어지는 것을 봅니다.

권능의 하나님!

온 우주와 세상의 모든 만물이 하나님의 손 아래 있고, 우리 작은 것 하나까지도 세밀하게 살피시는 하나님의 돌보심을 믿습니다. 믿음은 바라는 것들의 실상이요, 보이지 않는 것들의 증거라고 했습니다. 오직 믿음으로 그리스도인의 삶을 살아가게 하옵소서. 우리가 든든히 서 가는 믿음의 사람으로 자라가게 하옵소서. 오직 주님의 말씀을 붙잡고 사는 사람이 되게 하옵소서. 세상의 허망한 것들을 쫓는 미련한 삶을 살지 않게 하옵소서. 나의 욕심과 욕망으로 가득한 삶이 아니라 하나님께서 원하시는 사랑과 평화의 삶을 살아가게 하옵소서. 입술뿐만 아니라 행동까지 하나님의 자녀의 삶을 살 수 있도록 하옵소서.

우리 교회가 하나님의 말씀으로 세워지길 원합니다. 우리의 생각이 아니라 하나님의 말씀대로 교회를 이끌어 주옵소서. 성도 한 사람 한 사람이 협력하여 선을 이루게 하옵소서. 서로를 위해 기도하고 한 마음으로 교회를 위해 기도하게 하옵소서. 하나님께서 우리 교회를 통해 이루시고자 하는 뜻이 우리를 통해 이루어지게 하옵소서. 교회가 하나님의 사랑으로 가득하게 하시고, 세상을 향해 그 사랑을 베풀게 하옵소서.

세계 곳곳에서 지상명령의 사명을 감당하시는 선교사님들을 지켜 주시옵소서. 타지에서 힘들고 어려움 속에서도 복음 전파를 위한 그들의 헌신을 기억하여 주시옵소서. 선교지역의 많은 사람들이 복음을 듣고 주님을 마음에 받아들이고, 구속의 은혜에 감격하며 살아가는 자들이 되게 하여 주시옵소서. 우리가 비록 우둔한 입술로 기도하지만, 하나님께서 우리의 기도를 들어주시옵소서. 예수님의 이름으로 기도합니다. 아멘

37 오후찬양예배 기도문

거룩한 주일, 주님의 전에서 아침부터 지금까지 하나님을 예배하고 섬기게 하시니 감사를 드립니다. 주님을 예배하는 기쁨을 주시고, 우리 안에 하나님의 은혜가 가득하게 하시니 감사를 드립니다. 생각해보면, 우리의 삶 속에서 하나님의 돌보심과 은혜가 얼마나 많은지 모릅니다. 우리 곁에 있는 것들이 당연한 것 같지만, 아주 작은 것 하나라도 하나님의 손길이 없다면 이루어질 수 없다는 것을 압니다. 우리 곁에서 우리를 지켜주셔서 감사합니다.

모든 것들을 주관하시는 하나님!

우리 교회를 위해서 기도합니다. 우리 교회가 주님의 말씀을 바로 서는 교회가 되게 하옵소서. 베드로를 향해 너는 반석이라고 말씀하신 것처럼 우리가 교회가 반석이 되게 하옵소서. 교회를 세우는 데에 기둥이 되게 하옵소서. 자신을 뽐내는 데에 몰두할 것이 아니라 교회를 섬기고 봉사하는 데 힘을 다할 수 있도록 하옵소서. 우리 교회를 통해 하나님의 놀라우신 역사들이 일어나게 하시고, 우리 지역에서 칭찬받는 교회가 되게 하옵소서. 교회의 온 성도가 하나 되어 잘 섬기게 하옵소서.

목사님을 비롯한 교역자들의 건강을 지켜 주시고, 목회함에 있어서 성령의 인도하심 가운데 흔들림 없이 목회에 전념할 수 있도록 하옵소서. 하나님께서 우리 교회를 향해 주신 비전을 선포하고, 나아가야 할 일을 대언하는 목회자가 되게 하옵소서. 직분자를 비롯하여 온 성도가 하나님의 말씀을 듣고 늘 변화하는 삶을 살게 하옵소서. 예수 그리스도를 믿음으로 변화된 삶을 누리며 살게 하옵소서.

　병환 중에 있는 성도들의 상처를 어루만져 주시고, 하루 속히 병상을 털고 일어나게 하옵소서. 예수 그리스도의 이름으로 치유하는 역사가 일어나게 하옵소서. 우리의 흐트러진 신앙생활에도 힘을 주셔서 믿음의 자녀로서의 삶을 온전히 행하게 하옵소서.

　우리가 드리는 예배를 홀로 영광 받아 주시고, 예수 그리스도의 이름으로 기도합니다. 아멘.

38 오후찬양예배 기도문

하늘 영광 버리고, 십자가를 지시고, 이 땅에 오신 예수 그리스도의 사랑이 없었다면 우리의 삶에 어찌 기쁨이 있을까요? 하나님의 은혜가 없었다면 우리가 누리는 이 모든 생활이 어찌 가능할까요? 그저 우리는 하나님께 영광과 감사를 드릴 뿐입니다. 우리가 하나님의 마음을 채우기에 얼마나 부족한지 잘 압니다. 우리가 아무리 노력해도 하나님의 마음을 채울 수 없다는 것을 압니다. 하지만 하나님께서는 아무런 조건 없이 우리를 받아주시고, 아주 작은 우리의 행동에도 기뻐하시고, 칭찬해주십니다. 죄인이지만, 의인이라 불러주십니다. 하나님의 자녀라고 특권을 주시고, 하나님의 것을 우리가 누릴 수 있도록 하십니다. 이 모든 것을 생각하면 그저 고개를 숙이고, 하나님께 예배하며 영광을 드립니다. 감사를 드립니다.

우리의 삶을 돌아보면, 하나님의 은혜와 사랑에 보답할 만큼 거룩한 삶을 살지 못했습니다. 부정했고, 교만했으며 연약했습니다. 생각과 입술과 삶이 부끄러웠습니다. 이웃을 향해 사랑보다는 악한 행동을 했습니다. 내 삶이 풀리지 않는다고 불평과 불만을 쏟아내기도 했습니다. 주님, 이 시간, 우리의 모든 죄를 다 내려놓고 회개하오니 용서하여 주시옵소서.

세계 각 처에서 복음을 위해 헌신하는 선교사님들을 기억하옵소서. 하나님께서 주신 사명을 감당하기 위해서 타지의 삶을 선택했습니다. 언어와 문화의 차이 때문에 힘듭니다. 하지만 복음을 위해서라면, 주님의 부르심에 순종했습니다. 그들의 순종과 헌신을 기억하옵소서. 힘과 능력을 주시옵소서. 건강하게 하시고, 사역들 위해 하나님께서 함께 하시옵소서.

　주님의 귀한 성전에서 이렇게 예배를 드립니다. 이 예배 가운데 함께 하옵소서. 이 예배를 통해 하나님께는 영광이요, 우리에게는 은혜와 기쁨의 시간이 되게 하옵소서. 특별히 ○○○ 목사님을 통해 우리에게 하실 말씀을 듣고자 합니다. 그 말씀을 사람의 소리가 아니라 하나님께서 우리에게 하시는 말씀임을 믿고, 말씀대로 삶에서 실천하게 하옵소서. 우리의 심령이 새롭게 되게 하옵소서.

　예배를 돕는 손길들이 있습니다. 그 손길을 통해서 더 거룩한 예배가 되게 하옵소서. 영광과 존귀를 하나님께 드리게 하옵소서. 우리의 예배를 받아주시옵소서. 우리를 죄와 사망에서 구원하시는 예수 그리스도의 이름으로 기도합니다. 아멘

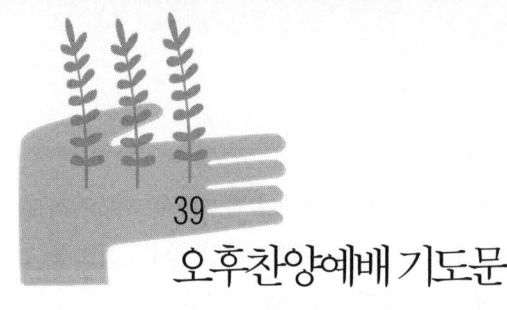

오후찬양예배 기도문

사랑의 원천이 되시며, 자비로우신 하나님을 찬양합니다. 예수 그리스도를 이 땅에 보내주셔서 우리를 구원하시고, 하나님의 자녀로 삼아 주시니 감사합니다. 하나님의 자녀답게 의롭고 거룩한 삶을 살아갈 수 있기를 소원합니다.

하지만 우리의 한 주간의 삶을 돌아보면, 하나님의 자녀라는 것이 믿기지 않을 정도로 죄의 수렁 속에 살았습니다. 우리 안에 아직도 악한 생각과 행동으로 가득 차 있고, 민망하고 부끄러운 우리의 모습들이 남아 있습니다. 이 시간을 통해서 우리의 모든 죄를 회개하오니, 반복적으로, 습관적으로 죄를 짓지 않도록 하옵소서. 내 멋대로, 내 마음대로, 우리의 욕망을 채우기 위한 죄악 된 삶을 살지 않도록 하옵소서. 사탄의 유혹을 거뜬히 이기게 하옵소서. 거룩한 삶을 살아갈 수 있도록 우리를 도와 주시옵소서. 주님을 찬양하고, 주님께 경배하는 삶을 살아가게 하옵소서.

오늘 이 자리에 예배에 참석한 성도들 가운데 여러 가지 힘들고 어려운 일에 봉착한 성도들이 있습니다. 우리가 그 형편들을 다 알지 못하오나, 하나님께서 그들의 형편을 살피시고 돌봐주시옵소서. 하나님의 크신 위로와 사랑이 그들 가운데 함께 하옵소서. 서로 기도하며, 기쁨과 슬픔을 나눌 수 있도록 하옵소서. 위로와 격려가 가득하게 하옵소서.

우리 교회 안에 서로를 향한 사랑이 가득하기를 원합니다. 모자란 부분은 채워주고, 밀어주며, 감싸주는 교회가 되게 하옵소서. 나 먼저 앞서가는 마음보다는 함께 한 걸음씩 나아가는 마음을 주시옵소서. 어린 아이부터 어르신들에 이르기까지 한 마음, 한 뜻으로 하나님을 믿고, 신앙생활을 할 수 있도록 하옵소서.

  이 시간, 주님의 말씀을 듣고자 합니다. 말씀으로 우리의 심령이 변화되길 원합니다. 주님의 말씀에 순종하는 삶을 살기 원합니다. 주님의 능력이 우리에게 임하여 늘 승리하는 삶을 살기 원합니다. 여러 모양으로 예배를 돕는 있는 손길들을 기억하시옵소서. 그들의 수고로 우리 모두가 하나님을 예배하고 경배합니다. 우리의 예배를 기쁘게 받아주시옵소서. 예수 그리스도의 이름으로 기도합니다. 아멘.

40 오후찬양예배 기도문

　창조주가 되신 하나님을 찬양합니다. 하나님의 전지전능하심을 찬양합니다. 온 인류를 구속하신 하나님의 은혜에 감사와 영광을 드립니다. 하나님의 아들, 예수 그리스도를 우리의 구원자로 보내주신 그 사랑에 감사를 드립니다. 예수 그리스도가 아니었다면 우리가 어찌 사망의 법에서 나올 수 있을까요? 모두가 주님의 은혜입니다. 예수 그리스도의 생명의 성령의 법이 우리 모두를 죄와 사망의 법에서 해방시켜 주셨습니다. 주님의 십자가를 통해 우리가 죄에서 자유로운 삶을 살아갈 수 있도록 하셨습니다. 이 은혜의 삶을 누리며 살아갈 수 있도록 우리의 모든 삶을 이끌어 주시옵소서.

　하오나, 주님. 하나님의 은혜와 사랑을 누리는 삶도 부족한데, 죄의 길에서 헤매는 삶을 살았습니다. 이제 더 이상 죄에 얽매일 필요가 없는데, 사망의 법에서 해방된 몸인데 죄인처럼 살았습니다. 하나님의 거룩한 백성인데, 거룩한 삶을 살지 못했습니다. 죄를 이길 힘을 주셨는데, 맥없이 사탄의 유혹에 넘어졌습니다. 우리의 나약한 믿음을 용서해 주시옵소서. 우리의 죄를 용서해 주시옵소서. 더 이상 죄에 눌리지 않도록 힘과 능력을 주시옵소서. 주님께서 죄와 사망을 이기신 말씀을 의지하고, 거룩한 백성으로 살아가게 하옵소서. 우리의 몸과 마음, 영혼을 주님의 보혈의 피로 깨끗하게 씻겨 주시옵소서.

　우리의 사회를 보면, 사건사고가 끊이지 않습니다. 묻지마 살인, 폭행은 물론 가까운 사람들과의 믿음이 깨지고 있습니다. 사랑이 가득해야 할 가정이 깨지고 있습니다. 노아 시대처럼 사람들의 생각과 행동이 악으로 가득한 세상이 되고 있습니다. 이럴 때일수록 노아처럼 하나님과 동행하는 삶을 살 수 있도록 하옵소서. 의로운 삶을 살아갈 수 있도록 하옵소서. 진리의 말씀을 깨달을 수 있는 영의 눈을 갖게 하셔서 하나님의 말씀에 순종하는 삶을 살게 하옵소서. 구원의 방주에 올라타는 삶을 살 수 있도록 하옵소서.

우리 교회를 이곳에 세우시고, 지금까지 돌보시는 은혜에 감사를 드립니다. 우리 교회가 구원의 방주가 되게 하시고, 하나님의 사랑이 가득 넘쳐 곳곳에 그 사랑이 흘려가게 하옵소서. 교회에 세우신 기관들이 있습니다. 각 기관들이 주님을 섬기는 데에 필요한 일꾼들을 보내주시고, 그 안에서 서로 연합하여 선을 이루게 하옵소서.

오늘도 주님의 귀한 말씀을 듣습니다. 전하는 목사님이나 듣는 우리 성도들이 마음을 열어 하나님의 말씀에 순종한 귀한 시간이 되게 하옵소서. 이 예배를 주님께 올려드립니다. 예수님의 이름으로 기도합니다. 아멘

41 오후찬양예배 기도문

우리의 빛과 구원이 되신 하나님 아버지! 우리의 몸과 마음과 정성을 담아 주님의 이름을 찬양합니다. 모든 피조물들이 머리를 숙여 주님께 경배합니다. 영광과 능력을 여호와 우리 하나님께 돌려 드립니다.

주님께서 보실 때 부족한 우리들이지만, 돌보시고 우리의 삶을 이끌어 주시니 감사합니다. 힘들고 어려울 때 우리를 일으키시고, 우리에게 힘을 주시니 감사합니다. 우리가 보지 못할 때에 빛으로 오시고, 우리가 무엇인가 정신을 놓고 있을 때 하나님께서 계시다는 것을 알게 하시니 감사합니다. 우리의 삶에 하나님의 손길이 항상 계셨기에 이 시간 주님 앞에 나왔습니다. 하나님의 손길에 감사를 드립니다.

자비로우신 하나님!

하나님께서 우리와 함께 하시지만, 우리의 삶은 참 고달플 때가 많습니다. 잔잔한 파도와 바람이 없는 날보다는 거센 바람과 강한 비바람이 부는 날들이 많습니다. 그럴 때마다 믿음을 가지고 우리와 함께 계시는 하나님을 의지해야 하는데, 그렇지 못합니다. 파도와 바람을 보고 두려움에 떱니다. 이것을 어떻게 헤쳐 나가야 하나 걱정과 근심을 합니다. 하나님, 이런 순간이 올 때마다 주님이 우리와 함께 하신다는 것을 기억하게 하옵소서. 파도와 바람을 꾸짖고 잔잔하게 하시는 주님이 우리 안에 계시다는 것을 잊지 않게 하옵소서. 그래서 걱정과 근심보다 평안한 마음으로 주님께서 움직이실 때까지 믿음으로 기다리게 하옵소서.

우리 교회 안에 찬양과 기도가 끊이지 않게 하옵소서. 하나님께 드리는 찬양과 기도의 소리는 하나님의 백성에게는 당연한 일입니다. 이 일에 소홀히 하지 않게 하옵소서. 교회는 하나님을 예배하는 곳입니다. 다른 어떤 행사보다도 하나님께 드리는 예배에 힘을 다하게 하옵소서.

각자 받은 은사대로 주님의 몸 된 교회를 위하여 헌신하고 봉사하는 성도들이 있습니다. 죽도록 충성하는 자에게는 생명의 면류관을 주신다고 하셨는데, 우리에게 생명의 면류관을 허락하옵소서. 우리의 나태함으로 주님을 위한 사역들에 방해가 되지 않도록 하옵소서.

또한 우리가 하나님의 말씀을 사모하게 하옵소서. 육의 양식뿐만 아니라 영의 양식도 풍성하게 먹음으로 영과 육이 강건해지게 하옵소서. 특별히 오늘 ○○ 목사님을 통해 하나님의 말씀을 듣습니다. 말씀을 들을 때에 귀를 기울이게 하시고, 하나님께서 각 성도들에게 하시는 말씀을 마음속에 깊이 새기게 하옵소서. 예수님의 이름으로 기도합니다. 아멘.

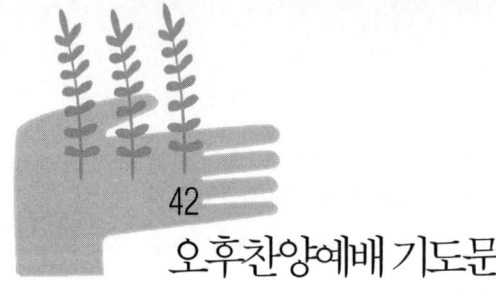

오후찬양예배 기도문

우리의 영혼이 주님을 바라봅니다. 우리의 마음을 다해 주님을 찬양합니다. 우리의 삶을 주님께 드리니 받아주시옵소서. 온 성도가 한 마음으로 진실함으로 주님께 예배합니다. 홀로 영광을 받아 주시옵소서.

우리를 구원하신 하나님, 감사합니다. 하나님을 멀리 떠난 삶을 사는 우리에게 계속 사랑을 베풀어주시니 감사합니다. 하나님의 지속적인 관심과 사랑이 없었다면 우리가 지금 이 자리에 있을 수 없었을 것입니다. 하나님께서 베푸신 은혜에 감사합니다.

우리의 구원자가 되시는 하나님. 세상 유혹, 시험이 우리를 감싸고 죄의 늪으로 끌어내리는 순간, 하나님을 생각하게 하옵소서. 하나님의 구원의 손길을 잡게 하소서. 세상의 화려함과 쾌락에 빠지지 않게 하옵소서.

능력이 많으신 하나님!

뜻하지 않은 질병으로 인해 힘들어 하는 성도들을 살펴주시옵소서. 치료의 하나님께서 찾아가셔서 아픈 곳을 어루만져주셔서 회복되어 이 자리에서 함께 예배하게 하옵소서.

다음세대를 기억하여 주시옵소서. 믿음의 선조들을 통해 이어온 복음의 씨앗이 우리나라에 심어졌습니다. 그 복음이 우리를 거쳐 다음세대까지 전해졌습니다. 하지만 지금 우리나라의 다음세대는 위기에 봉착해 있습니다. 세상의 많은 유혹에 교회를 등지고, 믿음을 버리는 다음세대들이 많습니다. 점점 하나님을 모르고, 자기 멋대로 살아가는 이들이 늘어납니다. 이렇게 시간이 흘러가면 유럽 교회와 같이 교회가 무너지게 됩니다. 하나님, 우리가 다음세대를 위해서 기도하고, 다음세대가 믿음을 이어받아 계속 복음이 전해지게 하옵소서. 우리가 모범이 되는 삶을 살게 하시옵소서. 우리의 예배가 다음세대의 예배가 되게 하시고, 우리의 찬양과 기도가 다음세대의 찬양과 기도가 되게 하옵소서. 우리의 삶이 다음세대의 삶이 되게 하옵소서.

하나님의 말씀을 듣습니다. 말씀을 전하시는 ○○○ 목사님과 함께 하시어, 오늘 우리에게 꼭 필요한 말씀을 하시옵소서. 듣는 우리도 말씀을 듣고, 아멘으로 순종하게 하옵소서. 우리의 주 예수 그리스도의 이름으로 기도합니다. 아멘.

43 오후찬양예배 기도문

새 노래로 여호와 하나님을 찬양합니다. 온 만물이 주님의 이름을 찬양합니다. 주님을 높이고, 주님의 영광을 찬양합니다. 우리를 푸른 초장으로 인도하시고, 우리의 모든 것들을 채워 주시니 감사를 드립니다. 우리의 바위와 피난처가 되시고, 안식처가 되어 주시니 감사합니다.

오늘 이 시간, 기쁨으로 여호와를 섬기고 노래하면서 하나님 앞에 나아갑니다. 우리의 예배를 받아 주시옵소서.

믿음을 지키며 복음을 전하는 것이 그리스도인의 사명인데, 죄 가운데 허덕이며 살았습니다. 하나님 앞에 부끄럽고 죄스러운 마음이 가득합니다. 악한 생각과 행동이 가득했습니다. 어찌 보면, 세상 사람들보다 더 악한 삶을 살았습니다. 하지만 주님, 이 시간 주님께 우리의 모든 죄를 고백하고 용서를 구하오니, 깨끗하게 씻겨 주옵소서.

우리의 의지와 노력으로는 사탄의 유혹을 이기기가 힘이 듭니다. 하나님께서 함께 하시고, 우리를 이끌어주셔야만 가능합니다. 하나님의 전신갑주를 입고, 그 능력의 힘으로 사탄을 대항할 수 있습니다. 우리의 삶이 변화되게 하옵소서. 매일 반복적으로 짓는 악한 것들에 대해서 믿음의 방패로 막게 하시고, 성령의 검으로 가르게 하옵소서.

이 시간, 우리의 형제자매들이 함께 참여하지 못하여 빈자리가 많습니다. 우리의 마음이 아픈데, 하나님의 마음은 얼마나 더 아프시겠습니까? 하나님의 예배하는 것이 얼마나 큰 기쁨이 되는지 깨닫게 하옵소서. 함께 예배하는 것이 얼마나 큰 축복인지 깨닫게 하옵소서. 이 예배의 자리가 차고 넘치게 하옵소서.

비록, 지금 많은 성도가 모여 예배하고 있지 않지만, 두세 사람이 내 이름으로 모인 곳에서 함께 하신다고 하셨으니 이 자리에도 함께 하셔서 영광을 받으옵소서.

하나님의 말씀을 전하시는 목사님이나 듣는 우리 성도들에게 함께 하셔서 말씀에 순종하는 삶을 살게 하옵소서. 언제나 우리를 지켜 주시는 예수님의 이름으로 기도합니다. 아멘.

44 오후찬양예배 기도문

　우리가 가진 모든 것들로 거룩하신 주님의 이름을 찬양합니다. 하나님의 영광이 우리 가운데 함께 하심을 감사드립니다. 우리가 예배하고 기도하고 찬송을 부를 때에 우리의 심령이 거룩하게 되길 원합니다. 이 자리에 몸만 참석하는 예배가 아니라 진심으로 하나님께 예배하는 자리가 되게 하옵소서.

　주님께서 나를 따라 오려거든 자기를 부인하고 자기 십자가를 지고 좇으라고 말씀하셨습니다. 하나님, 이 말씀을 우리가 얼마나 많이 들었습니까? 하지만, 우리의 삶에서 자기 십자가를 지고 주님을 따른 시간은 정말 터무니없이 적었습니다. 내 멋대로, 내가 하고 싶은 대로 살았습니다. 주님께서 희생하고 섬겼던 삶은 내 삶에 극히 적었습니다. 대접받고, 인정받으면서 살고 싶은 마음이 간절했습니다. 다른 사람을 시기하고 질투했습니다. 나보다 못하다고 생각한 사람들에게는 멸시했습니다. 우리의 잘못을 용서하여 주시옵소서.

　우리나라를 지켜 주시옵소서. 사회가 불안정하고, 신뢰보다는 분열과 다툼이 가득합니다. 믿는 우리부터 믿음과 사랑의 꽃을 피우게 하옵소서. 우리의 작은 행동들이 사회를 변화되게 하옵소서. 계속 되는 북한의 위협들도 잠잠하게 하시옵소서. 자신들의 잘못을 감추고, 욕심을 채우기 위한 그들의 행동이 얼마나 잘못된 것인지 깨닫게 하옵소서. 속히 남북이 하나 되게 하시고, 북녘 땅에서도 자유롭게 신앙생활을 할 수 있게 하옵소서.

　세계 각처에서 복음을 전하는 선교사님들과 함께 하시옵소서. 복음이 전하는 곳마다 하나님의 놀라운 역사가 일어나게 하시고, 복음을 접한 사람들에게 은혜와 축복이 임하게 하옵소서. 또한 그들을 통하여 복음이 더 전해지게 하옵소서. 선교사님들의 건강도 지켜 주시고, 가족들의 모든 안위도 살펴주시옵소서.

우리 교회가 하나님께서 보실 때 아름답고 귀한 교회가 되길 원합니다. 자리만 차지하고 있는 교회가 아니라 이곳을 통해 주님의 복음이 선포되고 이 지역에 사랑과 은혜가 흘러넘치게 하옵소서. 하나님께 영광을 돌리는 사람들이 늘 어나게 하옵소서.

말씀을 전하시는 목사님과 함께 하시고, 늘 영육이 피곤하지 않도록 하옵소서. 예수님의 이름으로 기도합니다. 아멘.

45 오후찬양예배 기도문

위대하신 여호와 하나님을 찬양합니다. 존귀하시고 거룩하신 주님을 찬양합니다. 주님이 거하시는 곳마다 영광이 임하게 하시니 감사합니다. 이 땅에 하나님의 사랑이 넘치게 하시니 감사합니다. 세상이 혼탁하지만, 이곳에서 구원의 역사를 이루게 하시니 감사합니다.

이 시간, 우리가 잘못한 것들을 내려놓고 고백합니다. 하나하나 열거할 수 없을 만큼, 잘못한 것들이 많습니다. 생각해보면 다 핑계고, 욕심이었습니다. 하나님보다는 내 자신을 위한 삶을 살았습니다. 순간의 기쁨과 쾌락을 위해 진리를 감추었습니다. 한 번만 눈 감으면 내 삶이 편안해지기에 모르는 척 넘어가기도 했습니다. 내 이익을 위해 속임수를 쓰기도 했습니다. 누군가가 보지 않는다고 생각하고 불법을 행하기도 했습니다. 하나님, 우리가 잘못했습니다. 내가 잘못했습니다. 용서해 주시옵소서. 우리의 악함을 용서해 주시옵소서.

우리나라의 정치과 경제를 위해 기도합니다. 혼탁한 정치로 인하여 국민이 힘들어 합니다. 하나님을 두려워하는 정치인이 되게 하시고, 특히 믿음을 지닌 정치인들이 더 기도하고 하나님의 법을 준행하는 자들이 되게 하옵소서. 갈수록 힘들어지는 우리나라 경제도 지켜 주시옵소서. 서로를 신뢰하고, 더불어 상생하는 사회가 되게 하옵소서. 상대가 무너져야 내가 잘 된다는 잘못된 생각을 버리고, 함께 원원하는 사회구조가 되게 하옵소서.

우리나라 교회 또한 빛을 잃어가고 있습니다. 세상을 향해 빛을 비추고, 세상의 부패를 막기 위해 소금이 되어야 할 교회가 그 임무를 감당하지 못하고 있습니다. 세상이 교회를 비난합니다. 하나님께서 교회를 세우신 목적이 있는데, 오히려 비난의 대상이 되고 있습니다. 이 모든 것들이 우리가 세상 사람들에게 올바른 모습을 보여주지 못했기 때문입니다. 교회가 교회되게 하옵소서. 교회가 세상의 빛과 소금의 역할을 잘 감당하게 하옵소서. 이 일에 우리 ○○○교회가 앞장서게 하옵소서.

귀한 하나님의 말씀을 듣게 하시니 감사합니다. 말씀을 전하시는 ○○○ 목사님을 통해 우리 모든 성도가 변화된 삶을 살게 하시고, 말씀에 순종하는 자가 되게 하옵소서. 영광을 받으시고, 예수 그리스도의 이름으로 기도합니다. 아멘.

46 오후찬양예배 기도문

　새 노래로 우리 주 하나님을 찬양합니다. 하나님께서 하신 놀라운 일들을 찬양합니다.
　주님의 신실하신 사랑으로 우리를 불쌍히 여겨 주시옵소서. 주의 크신 자비로 우리의 죄과를 모두 지워 주시옵소서. 우리의 모든 죄악을 씻어 주시옵소서. 우리를 깨끗하게 하옵소서. 우리의 잘못을 우리가 잘 압니다. 우리가 수없이 많은 노력들을 하지만, 사탄의 유혹에 빠지게 됩니다. 그 늪에서 혼자 나올 수가 없습니다. 하나님의 구원의 손길만이 우리를 구원할 수 있습니다. 하나님께서 우리의 피난처가 되어 주시옵소서. 우리의 산성과 방패가 되어 주셔서 그 유혹으로부터 구원하시옵소서.
　우리가 이 시간, 하나님을 예배합니다. 우리의 예배가 그저 자리만 채우는 시간이 되지 않게 하옵소서. 온 우주만물을 창조하신 하나님께 우리의 몸뿐만 아니라 심령을 다해 진심으로 예배하게 하옵소서. 하나님을 경배하고, 하나님의 말씀에 귀를 기울이게 하옵소서. 예배의 중심은 우리가 아니옵고, 하나님이십니다. 모든 것이 하나님께 영광이 되어야 합니다. 이 사실을 망각하지 않게 하시옵소서.
　여기에 모여 예배하는 온 성도가 길이요, 진리요, 생명이 되신다고 말씀하신 예수님을 따르는 삶을 원합니다. 겸손하고 섬기는 삶을 따르게 하옵소서. 긍휼한 마음과 사랑의 마음이 가득하게 하옵소서. 자신을 희생하고, 다른 사람을 높이는 삶을 살아가게 하옵소서. 하나님의 말씀을 만나는 사람마다 전하게 하시고, 그들을 위해 기도하는 삶을 살아가게 하옵소서.

우리 교회를 사랑하시는 하나님. 우리 교회가 하나님의 말씀으로 충만한 교회가 되게 하옵소서. 말씀으로 무장하여 세상을 향해 담대하게 복음을 선포하는 교회가 되게 하옵소서. 이 지역에 빛의 역할을 감당하게 하옵소서. 힘들고 어려운 자들을 섬기고, 사랑이 가득한 곳이 되도록 함께 하는 교회가 되게 하옵소서. 우리들만의 복된 잔치를 여는 것이 아니라 함께 기쁨을 나누는 교회가 되게 하옵소서. 시냇가에 심겨진 교회가 되게 하셔서 변함없이 풍성한 열매를 맺게 하옵소서.

병마와 싸우며 고통 받고 있는 성도들을 기억하시고, 속히 회복할 수 있도록 하옵소서. 여러 가지 문제로 힘들고 어려운 상황에 있는 성도들도 있습니다. 이겨낼 수 있는 힘과 용기를 주시옵소서.

우리의 예배를 받아주시고, 우리에게 은혜가 가득하게 하옵소서. 예수님의 이름으로 기도합니다. 아멘.

47 오후찬양예배 기도문

    화평케 하시는 하나님의 은혜에 감사와 영광을 드립니다. 거룩한 주일을 맞이하여 이른 시간부터 지금까지 예배의 자리로 부르시고, 이 자리에 함께 하심을 감사드립니다. 우리와 늘 함께 하셔서 우리의 삶을 이끌어 주시니 감사드립니다.

    구원자가 되시는 하나님 아버지께서 십자가의 은혜로 우리를 구원하셨는데, 불의와 타협하며 우리의 사리사욕을 채우는 삶을 살았습니다. 용서하여 주시옵소서. 거룩한 삶을 살 수 있도록 우리의 몸과 마음을 깨끗하게 하시고, 우리의 삶 속에서 흔들리지 않도록 도와 주시옵소서.

    병마와 싸우며 고통 받는 성도들이 있습니다. 치료의 하나님이시니, 의로운 오른손으로 어루만져 주시옵소서. 속히 회복하는 놀라운 역사가 일어나게 하옵소서. 물질로, 인간관계로, 가정의 문제로 힘들어 하는 성도들도 있습니다. 그들에게 새 힘과 용기를 주시고, 이겨낼 수 있도록 주님의 손으로 이끄시옵소서. 자칫 고통과 고난으로 하나님을 향하여 불평하지 않도록 하옵소서.

    우리나라를 지켜 주시옵소서. 정치적으로 혼란하고, 경제적으로 어렵습니다. 많은 국민들이 힘겨운 삶을 살아갑니다. 사회에서는 서로 믿고 신뢰하는 일보다는 서로를 의심하고, 불신하는 사건사고들이 많습니다. 하나님, 우리나라를 돌보시고, 평안을 주시옵소서. 우리가 이 나라와 이 민족을 위해 더 많은 기도를 하게 하옵소서.

    하나님께서 뜻하신 바가 있으셔서, 이곳에 우리 교회를 세우심에 감사를 드랍니다. 우리 교회가 해야 할 사명이 무엇인지 깨닫게 하옵소서. 세상을 향해 기쁜 소식을 전하고, 어두운 밤바다에 빛을 비추는 등대와 같은 역할을 감당하게 하옵소서. 가야할 길을 비추고, 생명의 빛을 비추는 교회가 되게 하옵소서.

말씀을 전하시는 ○○○ 목사님에게 성령의 기름을 부어주시고, 오늘 듣는 말씀이 우리의 삶을 변화시키게 하옵소서. 옛사람의 성품은 다 벗어버리고, 새 사람의 성품이 우리의 삶에 넘치게 하옵소서.

우리의 예배를 기쁘게 받으시고, 우리를 구원하신 예수 그리스도의 이름으로 기도합니다. 아멘.

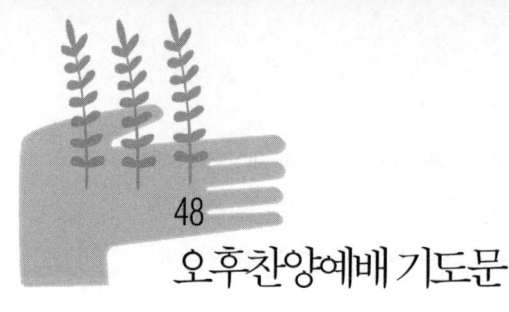

48 오후찬양예배 기도문

하나님 아버지 감사합니다.
 어느덧 차가운 바람이 부는 겨울이 찾아왔습니다. 급변하는 환경 속에서도 우리와 항상 함께 하시고 우리를 지키시는 하나님을 기억합니다. 하나님의 보호하심을 의지하며 살아가게 하시니 참으로 감사합니다. 이 시간 그 감사의 마음으로 하나님을 예배하오니 저희의 예배를 기쁘게 받아 주옵소서.
 매일의 삶 속에서 예수 그리스도의 은혜를 새삼 깨닫게 하시고, 그래서 삶의 처지와 형편에 상관없이 모든 것을 은혜로 고백하게 하옵소서. 날이 거듭되고 해가 거듭될수록 하나님을 의지하는 법을 배우게 하시고, 세상 속에서 하나님의 자녀로 살아가는 게 무엇인지 고민할 때에 바른 길을 보이시고 이끌어 주옵소서.
 이 땅의 청년들을 위해서 기도합니다. 청년들이 힘과 소망을 잃어가고 있습니다. 삼포세대, 오포세대 여러 가지 그들을 향하여 부르는 말들이 있습니다. 주님, 청년들이 소망을 품고 일어나도록 힘을 주옵소서. 청년들이 살아가는 이 세상이 살맛나는 세상이 되도록 우리가 기도하며 만들게 하여 주옵소서. 이 땅에 정의와 공의가 넘쳐나고 땀을 흘리며 수고한 열매를 먹고 살아가도록 사회가 바른 길로 가게 하여 주시옵소서. 청년들이 일하고 수고한 삶의 열매를 맺도록 바른 사회가 되게 하옵소서. 주님의 뜻이 온전히 이루어지는 이 땅이 되게 하옵소서. 또한 청년의 때에 주님을 알아가게 하시고, 주님을 기억하는 청년이 되게 하옵소서.

이 시간 말씀을 전하시는 목사님과 함께 하셔서 우리가 들어야 할 말씀을 선포하게 하시고, 영적 민감함을 허락하여 주셔서 하나님의 뜻을 바로 깨달아 선포하게 하시고, 그 말씀이 모든 성도의 삶 속에서 뿌리내리고 열매를 맺게 하옵소서. 추수하는 날의 얼음냉수처럼 하나님의 마음을 시원하게 하는 충성된 사자로 든든히 설 수 있도록 늘 붙들어 주옵소서.

  이 시간 하나님의 말씀을 기대하며 우리의 마음을 활짝 엽니다. 하나님의 말씀을 듣게 하시고, 그 말씀대로 살아가기로 결심하고 결단하게 하여 주옵소서. 예수님 이름으로 기도드립니다. 아멘.

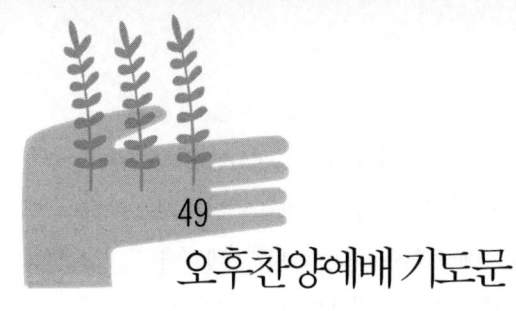

49 오후찬양예배 기도문

　자비와 은혜가 풍성하신 하나님을 찬양합니다. 언제나 우리를 지켜보시고, 우리가 필요할 때마다 채우시는 하나님의 은혜에 감사를 드립니다. 하나님의 은혜가 아니라면, 어찌 우리가 이렇게 모여 예배할 수 있을까요? 그 크신 하나님의 은혜에 진심으로 감사와 영광을 드립니다. 또한 우리가 창조주 하나님을 알고, 섬기며 예배할 수 있도록 하심에 감사를 드립니다.
　주님, 이 시간, 우리가 복된 주일에 다시 모여 예배할 수 있도록 하심에 감사를 드립니다. 우리의 예배가 형식에 얽매이지 않게 하시고, 우리의 마음과 정성과 뜻을 다하여 하나님을 예배하게 하옵소서. 사람들은 알지 못하지만, 하나님께서는 우리의 중심을 보신다는 것을 알고 있습니다. 우리의 중심이 온전히 하나님을 향하게 하시고, 우리의 중심이 하나님으로 가득 차게 하옵소서.
　우리의 잘못을 용서하시고, 죄로 인하여 고통을 받지 않도록 도와 주시옵소서. 사탄의 유혹에 빠져서 하나님을 잊거나 하나님을 배반하지 않도록 도와 주시옵소서.
　교회를 위해 기도합니다. 온 교회가 자복하는 심령으로 주님 앞에 나와 회개하게 하옵소서. 지금 우리에게 닥친 위기의식을 깨닫고, 하나님께 나와야 할 때입니다. 형식에 얽매인 예배에 온전한 섬김과 예배가 없어지고, 주님의 권세와 능력을 잃어버리는 교회들이 늘어가고 있습니다. 교회가 부패하고 병들어가면서 성도들의 삶도 세상에 묻혀버립니다. 그로 인해 교회가 비어가고, 믿음의 사람들이 줄어가고 있습니다. 이 모든 것이 그 누구 때문이 아니라 바로 나 자신 때문임을 깨닫게 하옵소서. 내가 가는 곳곳마다 빛과 소금이 되어야 하는데, 그렇게 하지 못했습니다. 사업장이나 직장뿐만 아니라 가정이나 교회에서도 모범이 되지 못했습니다. 이런 우리의 신앙생활이 교회를 위태롭게 한 것입니다. 우리의 죄를 용서하여 주시옵소서.

사랑의 주님!

우리 교회가 섬기는 교회가 되게 하옵소서. 사회에서 고통을 당하고, 소외된 사람들을 찾아가 위로하고 격려하게 하옵소서. 예수님께서 세리와 죄인들을 찾아가셔서 그들에게 사랑을 베푸셨던 것처럼 우리 교회가 우리만의 잔치에서 그치지 않고, 하나님께 받은 사랑을 주변에 힘들고 어려운 이웃들에게 베풀 수 있도록 하옵소서.

이 시간, 말씀을 전하시는 목사님을 붙들어 주시고, 말씀을 듣는 우리도 그 말씀에 귀를 열어 주시옵소서. 말씀이 삶에서 이루어지게 하옵소서. 우리를 십자가에서 구원하신 예수님의 이름으로 기도합니다. 아멘.

오후찬양예배 기도문

어두운 세상에 빛으로 오신 예수님!
세상 곳곳을 비춰주시고, 빛 가운데로 인도하시니 감사합니다. 또한 거룩한 주일, 하나님께 예배할 수 있도록 우리를 인도하시니 감사합니다. 우리의 감사가 늘 끊이지 않도록 하시고, 더 많은 감사가 우리의 삶에서 일어나게 하옵소서.

우리의 지난 허물과 잘못을 주님 앞에 내려 놓습니다. 우리를 용서하시고, 거룩한 주님의 자녀로서의 삶을 살아가게 하옵소서.

하나님.

우리의 믿음이 입술의 고백에서만 그치지 않게 하옵소서. 우리의 행실이 믿음대로 이루지게 하옵소서. 우리의 믿음의 행실이 교회에서만 이루어지지 않고, 가정이나 사회에서도 이루어지게 하옵소서. 겉과 속이 다른 사람이 아니라, 한결 같은 믿음의 사람이 되게 하옵소서.

우리 교회를 위해 기도합니다. 우리 교회가 기도의 불이 꺼지지 않게 하옵소서. 하나님의 음성에 민감하게 반응하게 하옵소서. 하나님의 사랑을 함께 나누고, 꽃을 피우게 하옵소서. 고통과 시련 속에 있는 성도들을 위로하고 격려하게 하옵소서.

초대교회의 선조들이 사회의 모범이 되고, 칭찬과 함께 하나님을 영화롭게 함을 잘 알고 있습니다. 기독교인의 비율이 1-2% 정도밖에 되지 않는 상황에서도 나라의 변화를 이끌었고, 사회의 중심을 이끌었습니다. 교회를 다닌다고 하면, 그 자체가 신뢰가 되기도 했습니다. 하지만, 지금 우리의 모습은 전혀 그렇지 못합니다. 사회의 본이 되지 못하는 것뿐만 아니라 여러 가지 사건으로 질타를 받고 있습니다. 우리가 바로 올바른 삶을 살지 못하고 있는 것들을 깨닫고, 회개하게 하시며, 믿음의 본이 되는 성도와 교회가 되게 하옵소서.

우리의 가정을 위해 기도합니다. 각 가정마다 하나님의 사랑이 가득하게 하옵소서. 서로를 격려하게 하시고, 말씀으로 충만한 가정이 되게 하옵소서. 가족들을 위해 기도하고, 배려하고 사랑을 베푸는 가정이 되게 하옵소서. 자라나는 자녀들에게도 함께 하시고, 자녀들을 통해 우리 교회가 더욱 성장하며 하나님 보시기에 아름다운 교회가 되게 하옵소서. 특별히 혼탁한 시대에 우리 자녀들이 믿음을 잃지 않게 하시옵소서.

주님의 말씀을 듣습니다. 이 시간을 통하여, 하나님께서 우리에게 하시는 말씀을 귀를 열어 듣게 하시옵소서. 온 성도가 주님의 뜻을 깨닫게 하옵소서.

우리의 예배를 홀로 영광 받으시고, 예수님의 이름으로 기도드립니다. 아멘.

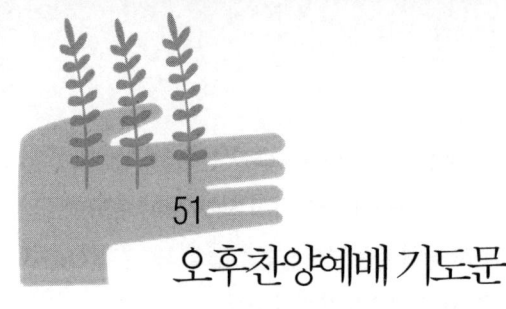

51 오후찬양예배 기도문

우리 온 성도가 주님 앞에 엎드려 경배합니다. 우리를 지으신 여호와 하나님 앞에 무릎을 꿇고 경배합니다. 우리의 예배를 받아주시옵소서.

우리는 하나님께서 기르시는 백성이며 양떼입니다. 하나님의 이끄심이 없으면 이 세상에서 방황할 수밖에 없습니다. 푸른 초장과 쉴만한 물가로 인도하시는 하나님께서 계시기 때문에 우리의 삶에 평안함이 있습니다.

거룩한 주일입니다. 이른 시간부터 하나님을 예배하고, 하나님의 말씀을 들으며 우리의 몸과 마음을 드렸습니다. 지금 이 시간에도 우리가 하나님을 예배합니다. 주일에만 예배에 힘쓰는 것이 아니라 매일 매일 우리의 삶에서 하나님을 예배하게 하옵소서. 늘 하나님을 경배하는 삶을 살 수 있도록 도와 주시옵소서.

하나님의 말씀에 순종하는 삶을 살기 원합니다. 하나님의 명령에 불순종한 요나가 되지 않게 하옵소서. 내 생각으로는 이것은 아니다 하는 생각으로 하나님의 말씀에 불순종하지 않게 하옵소서. 하나님의 지혜가 우리의 모든 생각보다 더 깊으심을 기억하게 하옵소서. 맞습니다. 하나님의 뜻과 섭리는 깊고 넓습니다. 순종하는 삶을 살게 하옵소서.

우리 교회를 위해 기도합니다. 우리 교회가 하나님의 말씀에 귀를 기울이게 하옵소서. 말씀에 순종하는 교회가 되게 하옵소서. 하나님께서 맡기신 사명을 감당하는 교회가 되게 하옵소서. 온 성도가 하나님께서 맡기신 사명을 감당하기 위해 협력하게 하옵소서. 하나가 되게 하옵소서. 서로를 사랑하고, 격려하며, 위로하게 하옵소서. 서로를 위해 기도하게 하옵소서. 지금 우리에게 필요한 것이 서로를 위한 마음입니다. 나만의 신앙, 나만의 축복, 나만의 은혜에서 우리의 신앙, 우리의 축복, 우리의 은혜가 필요할 때입니다. 우리가 한 마음, 한 뜻으로 우리 교회를 잘 섬기게 하옵소서.

세계 곳곳에서 주님의 복음을 전하는 선교사님들을 위해 기도합니다. 선교사님의 삶과 사역에 함께 하시옵소서. 복음이 전파되는 곳마다 주님의 역사가 일어나게 하시옵소서. 많은 영혼들이 주님 앞에 돌아오게 하옵소서.

주님의 말씀을 전하는 ○○○ 목사님과 함께 하시고 듣는 우리들도 귀를 열어 듣게 하옵소서. 하나님의 말씀에 순종하게 하옵소서. 우리의 예배를 받아주시고, 우리에게 은혜의 시간이 되게 하옵소서. 예수님의 이름으로 기도합니다. 아멘.

52 오후찬양예배 기도문

늘 우리 가운데 함께 하시는 하나님의 은혜에 감사와 영광을 드립니다. 참 고마우신 하나님! 올 한해도 하나님의 돌보심 가운데 잘 보내게 하시니 감사를 드립니다. 우리의 삶을 인도하시고, 힘과 능력을 주시니 감사를 드립니다.

올해를 생각해보면, 하나님의 사랑이 우리의 삶에 얼마나 많이 부어주셨는지 알 수 있습니다. 우리에게 힘들고 어려운 일들도 있었지만, 그 순간에도 우리와 함께 하셨습니다. 위로하시고 우리가 잘 헤쳐 나갈 수 있도록 도와주셨습니다. 죄의 순간, 우리를 구원하셨습니다. 그런데 우리가 이생의 안목과 정욕의 안목에 사로잡혀 주님께서 주시는 구원의 은혜와 사랑을 잊고 살았습니다. 부정한 것이 우리의 삶에 가득했습니다. 우리를 긍휼히 여기시고, 우리의 죄를 용서하여 주시옵소서. 주님의 은혜에 감사하는 생활을 하게 하옵소서. 성령으로 충만한 삶을 살게 하옵소서.

우리 교회가 한 해 동안 '○○○○○○○○'이라는 표어로 보냈습니다. 이 말씀대로 살 수 있도록 인도해주셔서 감사합니다. 내년에는 우리가 '○○○○○○○○'이라는 표어로 한 해를 보내려고 합니다. 이 말씀처럼 우리 교회가 한 해를 잘 보낼 수 있도록 하옵소서. 하나님께서 우리 교회를 이끌어 주시옵소서.

우리 온 성도가 서로를 위해 기도하며 사랑하게 하옵소서. 말씀에 충만하는 삶을 살게 하시고, 주님께서 명하신 복음전파에 힘을 다할 수 있도록 하옵소서. 성령이 충만하게 하옵소서. 제자들이 성령을 받음으로 담대하게 복음을 전했던 것처럼 우리에게 성령 충만함을 주시옵소서. 담대하게 주님의 복음을 전하는 성도들이 되게 하옵소서.

하나님, 매년 한 해를 마무리하면서 반성합니다. 하지만 우리가 반성에서만 그치지 않게 하옵소서. 우리가 반성한 것은 다음 해에 좋은 것으로 감사를 드리게 하옵소서. 감사한 것은 더 감사하게 하옵소서. 우리의 모습이, 우리의 신앙이 날이 갈수록 성장하고 성숙하게 하옵소서. 하나님을 향해 한 걸음씩 나아갈 수 있도록 도와 주시옵소서. 하나님께서 우리 온 성도의 삶에 함께 하여 주시옵소서.

○○○ 담임 목사님을 위해 기도합니다. 우리 교회의 머리가 되시는 예수님과 함께 교회를 이끌어가는 데 부족함이 없게 하옵소서. 건강으로 지켜 주시옵소서. 항상 하나님과 동행하는 삶이 되게 하옵소서. 날마다 하나님의 말씀이 충만한 삶을 살게 하옵소서.

우리가 드리는 이 예배에 함께 하시고, 홀로 영광 받으시옵소서. 예수님의 이름으로 기도합니다. 아멘.

기도는 하나님의 보고를 여는 열쇠이다
- R. A. 토레이

수요예배 기도문

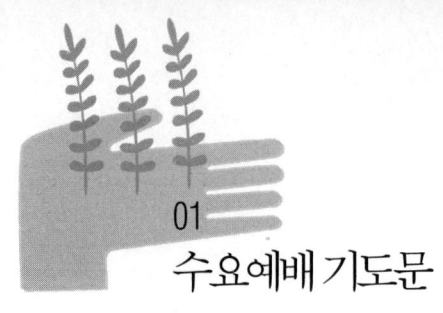

01
수요예배 기도문

사랑의 하나님.

삼 일 동안 하나님의 은혜 가운데 살아갈 수 있도록 붙들어 주심을 감사드립니다. 오늘 저녁에도 부족한 우리를 복 된 예배의 자리에 불러주심을 감사드립니다.

하지만 우리는 항상 연약하여 하나님의 품 안에서 벗어나 하나님의 뜻을 따르기보다는 나의 뜻을 따라 살아가는 모습들을 발견합니다. 이러한 우리의 모습을 용서하여 주시고, 남은 한 주간이라도 하나님의 은혜 가운데 하나님 품 안에서 하나님의 뜻을 따라 살아갈 수 있도록 붙들어 주시옵소서.

이 시간, 세상의 무거운 짐을 지고 살아가다가 이 모습 이대로 주님 앞에 나왔습니다. 우리의 지친 영혼을 받아주시고, 상한 심령을 어루만져 주시옵소서. 또한 이 시간을 통하여 우리의 참 된 모습을 발견하게 하여 주시고, 세상의 빛과 소금이라는 역할을 제대로 감당할 수 있는 영혼들이 되게 하여 주시옵소서. 우리의 찬양과 예배를 기뻐 받아 주시며, 하나님만 영광 받으시는 예배가 되게 하여 주시옵소서. 이 수요예배 시간이 오로지 주님만이 주관하여 주시는 예배가 되게 하여 주시고, 하나님의 말씀을 받아먹을 수 있도록 우리의 마음의 문을 열어 주시옵소서. 하나님의 말씀을 내 마음 밭에 심고, 우리의 마음 밭에서 그 말씀이 잘 자라날 수 있도록 붙들어 주시옵소서.

이 시간 말씀을 전해주시는 목사님을 붙들어 주시고, 영육간의 강건함으로 목사님을 붙들어 주셔서 말씀을 전하실 때 살아 숨 쉬는 말씀으로 우리를 교훈하게 하시며, 우리의 삶을 변화시키는 말씀이 되게 하여 주시옵소서.
　우리가 드리는 이 예배가 은혜의 예배가 될 줄 믿으며, 은혜가 가득하신 예수님의 이름으로 기도합니다. 아멘

02 수요예배 기도문

온 세상을 지으시고, 만물의 통치자이시며 지금도 살아 계신 하나님께 감사와 영광을 드립니다. 하나님께서 우리의 삶 안에서 역사하셔서 우리의 삶을 주관하여 주셔서 감사합니다. 지난 삼일 간의 삶을 돌아보면 오로지 주님의 은혜로만 살아왔던 것을 우리는 고백하며 감사드립니다.

하지만 우리는 이기적인 모습으로 살아 온 것을 고백하며 회개합니다. 이웃을 사랑하라는 하나님의 말씀에 순종하지 못하고, 나 자신만을 사랑하며 살아왔습니다. 이러한 우리의 모습을 주님 앞에 내려놓사오니 우리의 허물을 용서하여 주시고, 이 시간 하나님의 말씀을 한 번 더 우리의 마음에 새기며 우리의 이기적인 모습은 내려놓고 하나님의 말씀에 순종하며 이웃을 한 번 더 돌아보는 자들이 될 수 있도록 하여 주시옵소서.

이 시간, 우리 모두가 함께 모여 하나님께 예배를 드릴 때에 형식적으로 하나님께 예배드리는 것이 아니라 영과 진리로 예배를 드리는 자리가 되게 하여 주시고, 하나님을 기쁘시게 하는 예배로 나아갈 수 있도록 붙들어 주시옵소서.

또 우리의 기도 제목들과 우리의 허물들과 우리의 모든 걱정 근심들을 주님 앞에 가지고 나왔습니다. 이 시간 우리의 모든 것들 주님께 이 모든 것들을 맡겨 버리고 돌아갈 수 있도록 하시며, 우리의 상한 영혼들을 주님의 손길로 만져 주셔서 우리의 영혼이 회복할 수 있도록 하여 주시옵소서.

이 시간 말씀을 전해주시는 목사님을 붙들어 주셔서 영육간의 강건함으로 붙들어 주시고, 전해주시는 한 말씀 한 말씀이 우리의 삶을 변화시키고, 우리에게 희망이 되고, 소망이 되는 말씀이 될 수 있도록 붙들어 주시옵소서.

우리의 예배 가운데 하나님 한 분만 주인 되시고, 하나님 한 분만 기뻐하며 영광을 받아주실 줄 믿으며, 예수님의 이름으로 기도합니다. 아멘.

03 수요예배 기도문

　우리의 반석이시고, 우리의 사랑이시며 우리의 요새와 산성이 되시는 하나님을 찬양합니다. 오늘 하루도 우리의 삶을 붙들어 주시고, 이 시간 하나님을 예배하는 자리에 나올 수 있도록 인도하여 주심을 감사드립니다.
　하나님, 우리의 지난 시간들을 돌아보면 부끄러운 것들이 많습니다. 우리는 연약하여 넘어지기 쉬워 넘어질 때마다 하나님을 붙들어야 함에도 불구하고, 사람을 의지하거나 다른 것에 의지하던 때가 많았습니다. 이러한 우리의 연약함을 용서하여 주시고, 이 시간 다른 것을 의지하는 것이 아니라 오직 하나님만 의지하며 살아갈 수 있는 우리의 모습들이 될 수 있도록 도와 주시옵소서.
　교회의 머리가 되신 예수 그리스도와 연합하는 우리 교회가 되길 원합니다. 우리만을 위한 교회가 되지 않도록 하옵소서. 우리만 기쁨을 누리고, 우리만 교제하는 교회가 되지 않도록 하옵소서. 예수 그리스도의 지상명령을 따르는 교회가 되길 원합니다. 믿지 않는 자들을 향해 열린 교회가 되게 하옵소서. 그들에게 기쁜 소식을 전하는 교회가 되게 하옵소서. 세상을 향해 예수님이 참 신이시며, 우리의 구원자가 되심을 선포하는 교회가 되게 하옵소서. 이 일에 우리 온 성도가 앞장서게 하옵소서.
　혼탁한 세상에서 살아가는 우리를 항상 지켜 주시고, 특별히 신앙을 이어받는 다음세대들이 세상에 흔들리지 않도록 하옵소서. 조금만 고개를 돌려도 세상의 유혹거리들이 많습니다. 자칫 하나님의 품을 떠나 사탄의 조종에 죄를 범할 거리들을 너무 많습니다. 오직 믿음으로 이 세상을 살아갈 수 있도록 붙잡아 주시옵소서. 하나님께서 동행하여 주시옵소서.

하나님께서 세워주셔서 이 시간 말씀을 전해주시는 목사님을 붙들어 주셔서 선포하시는 말씀마다 은혜가 넘치는 말씀, 하나님의 마음을 깨닫는 말씀이 되게 하여 주시옵소서. 우리의 지친 영혼들이 힘을 얻고, 위로를 얻을 수 있도록 하여 주시옵소서. 하나님을 떠나서는 살 수 없다는 것을 한 번 더 깨달아 알게 하여 주시고, 이제는 하나님만 의지하며 살아가는 우리의 삶이 될 수 있도록 하여 주시옵소서.

우리의 예배가 하나님께 드려지는 신령한 예배가 되게 하여 주시고, 오직 하나님 한 분만 영광 받아주시는 예배가 되게 하여 주실 줄 믿으며 예수님의 이름으로 기도합니다. 아멘.

04 수요예배 기도문

    선하시며 그 인자하심이 영원하신 하나님께 감사의 고백을 올려드립니다. 오늘 이 시간도 우리의 발걸음을 주님의 전으로 인도하여 주심을 감사드립니다. 하루하루를 살아가며 삶의 자리에서 우리를 붙들어 주시고, 인도하여 주심을 감사드립니다.

    하지만 매일 우리는 하나님의 인도하심을 잊어버리며 살아갈 때가 많습니다. 넘어지거나 힘들 때면 하나님께 간절함으로 하나님께 기도하기보다는 하나님을 원망하기 바빴습니다. 이러한 우리의 모습을 용서하여 주시고, 이제는 하나님의 인도하심에 감사하며 살아가는 우리의 삶이 될 수 있도록 도와 주시옵소서.

    우리 교회의 모든 성도들이 세상 가운데서도 하나님을 향한 믿음을 잘 지켜 나갈 수 있도록 도와 주시고, 주님의 사랑을 덧입어서 서로 나누며 교제함이 있게 하여 주셔서 초대교회의 아름다운 모습들이 우리 교회에도 나타날 수 있도록 하여 주시옵소서. 믿음 안에서 한 형제자매임을 나누게 하옵소서. 배려하게 하시고, 포용하게 하옵소서. 주님의 섬김으로 서로 섬기게 하옵소서. 자신을 자랑하지 않고, 다른 사람을 높이고 항상 겸손함으로 대하게 하옵소서.

    오늘 이 예배의 자리에 나오지 못한 성도들이 있습니다. 여러 가지 사정으로 나오지 못했지만, 그들이 예배를 사모하게 하옵소서. 또한 그들의 영혼을 기억하시고, 오늘 이 시간 부어지는 은혜를 함께 누릴 수 있도록 하여 주시옵소서. 다음 시간에는 함께 나와 예배에 참여할 수 있도록 하옵소서. 우리의 마음과 정성을 다하는 삶의 예배가 되게 하여 주시옵소서.

　우리 교회를 섬기시는 담임 목사님과 부교역자들을 지켜 주시옵소서. 성령의 충만함으로 목회에 전념할 수 있도록 하옵소서. 건강으로 지켜 주시고, 언제 어디서나 주님과 동행하는 삶을 살 수 있도록 하옵소서. 하나님의 귀한 사역들을 감당할 수 있도록 힘과 능력을 주시옵소서.

　오늘도 말씀을 전해주시는 목사님을 성령의 충만하심으로 붙들어 주서서 전해주시는 말씀마다 능력의 말씀이 되게 하여 주시고, 은혜의 말씀이 되게 하여 주시옵소서. 듣는 우리에게도 함께 하여 주시옵소서. 말씀을 아멘으로 순종하게 하시고, 항상 말씀을 우리의 삶에 적용하여 실천할 수 있는 믿음과 용기를 주시옵소서. 교회에서만 아멘 하는 삶이 아니라 세상에서도 말씀에 순종하는 삶을 살 수 있도록 도와 주시옵소서.

　이 시간 주님의 임재하심과 은혜와 선포되어지는 하나님의 말씀을 사모합니다. 충만한 은혜를 내려주실 줄 믿사오며 예수님의 이름으로 기도합니다. 아멘.

05 수요예배 기도문

여호와 하나님께서는 우리에게 은혜와 영화를 주십니다. 정직하게 행하는 자에게 좋은 것을 아끼지 아니하십니다. 하나님을 주로 고백하고 살아가는 우리의 삶에 하나님의 축복을 더 해주십니다. 부족한 인간이지만, 넘치도록 채워주십니다. 하나님, 이 모든 것들을 우리에게 베풀어 주시니 감사합니다. 날마다 하나님을 찬양하며 감사하는 생활을 하길 원합니다.

지금까지 하루하루를 살아가면서 하나님을 멀리하며 살아왔던 우리의 모습을 회개합니다. 항상 우리는 입술로만 하나님의 은혜를 구하지만, 세상을 살아가는 동안에는 하나님의 은혜를 구하지 않는 모습을 때때로 발견합니다. 우리의 삶은 하나님의 은혜가 없이는 아무 것도 아님을 고백합니다. 항상 하나님의 은혜를 갈급해 하는 우리의 심령의 목소리에 귀를 기울이고, 하나님의 은혜만을 갈구하며 살아갈 수 있도록 우리를 붙들어 주시옵소서.

우리의 인생은 평탄하지 않고 굴곡이 많지만, 그 굴곡 가운데서도 오직 하나님만을 의지하게 하옵소서. 힘든 시간 속에서도 이겨낼 수 있도록 우리의 삶을 인도하여 주시고, 주관하여 주시옵소서. 하나님께서 우리의 피난처가 되시고, 힘과 능력을 주심을 믿고 의지하는 삶을 살게 하옵소서. 세상에서 항상 승리의 삶을 살아갈 수 있도록 하나님의 전신갑주를 입고 세상을 향해 나아가게 하옵소서. 아무리 큰 파도가 몰려와도 두려워하지 않는 담대한 믿음을 주시옵소서. 우리와 함께 하시는 하나님을 믿는 그 믿음으로 버티고, 끝내는 이기게 하옵소서.

육체적 아픔으로 인하여 고통 가운데 있는 성도들에게도 힘을 주시옵소서. 빨리 회복할 수 있도록 하나님께서 치료하여 주시옵소서. 혹여 질병으로 인하여 하나님을 향하여 불평하지 않도록 하시고, 아픔의 시간을 통하여 하나님의 임재하심을 경험하는 시간을 갖도록 하옵소서. 함께 하나님을 예배하도록 이끌어 주시옵소서.

타지에 나가 있는 우리 교회의 성도들도 지켜 주시고, 특별히 청년들을 기억하여 주시옵소서. 군대나 유학으로 홀로 외롭게 이 세상을 살아가는 그들에게 힘을 주시옵소서. 잘 견디고 이겨내서 기쁨으로 돌아오는 날에 함께 웃을 수 있도록 하옵소서.

말씀을 선포해 주시는 목사님을 붙들어 주셔서 하나님의 말씀을 전하실 때에 생명의 말씀으로 우리에게 생기를 불어넣어 주시는 역사가 일어나게 하여 주시고, 다시금 하나님을 향한 소망으로 하루하루를 살아갈 수 있도록 붙들어 주시옵소서.

이 시간 우리의 모든 것들을 내려놓고 하나님만 예배하기를 원합니다. 우리의 예배를 기쁘게 받아주시고, 은혜의 단비를 내려주셔서 우리의 갈급한 영혼들을 은혜로 적셔주시고, 그 은혜를 누리지 못하는 영혼들이 없도록 붙들어 주시옵소서. 모든 것들의 주관자 되시며, 죽음을 이기시고 부활하신 예수님의 이름으로 기도합니다. 아멘.

06 수요예배 기도문

평강의 주님.

지난 삼 일도 우리를 지켜 주시고 은혜 주셔서 주님의 부르심에 응답하여 이 자리에 나왔습니다. 지난주일 예배를 통하여 은혜를 받고, 말씀대로 살겠다고 다짐했건만 지난 삼 일간 우리 삶을 돌아볼 때, 주님 앞에서 부끄러움뿐입니다. 주님, 그럼에도 불구하고, 우리를 불러주시고, 우리 자신을 돌아볼 수 있도록 은혜 주심에 감사를 드립니다.

우리의 중심을 보시는 하나님!

우리가 예배의 자리로 나올 때, 습관으로 나오지 않게 하시고, 사모함과 감사함을 가지고 나아오게 하여 주옵소서. 기도의 자리에 나올 때, 중언부언 하는 모습이 아닌, 주님께 구체적인 기도와 간구를 하도록 우리를 인도하여 주옵소서. 진실한 마음으로 하나님께 기도하게 하옵소서.

우리 교회가 아름다운 교회가 되길 원합니다. 외적으로 아름다운 교회보다는 내적으로 아름다운 교회가 되길 원합니다. 사랑이 넘치고, 기쁨이 넘치는 교회가 되길 원합니다. 교회에 위로가 있고, 포용이 있기를 원합니다. 어떤 사람이라도 우리 교회에 들어오면 마음의 평안을 찾고, 마음의 기쁨을 누릴 수 있기를 원합니다. 하나님께서 함께 하셔서 아름다운 교회가 될 수 있도록 우리 교회를 이끌어 주시옵소서.

이 시간 아픈 환우들을 위하여 주님께 간구합니다. 침상위에서 고통 속에 있을 때, 주님 그들을 홀로두지 마시고, 주님 함께 하여 주옵소서. 두려움이 몰려

올 때, 주님께서 오른손으로 꼭 붙잡아 주시고, 마음이 힘들 때에, 주님께서 마음이 무너지지 않도록 힘을 주시옵소서. 간호하는 가족들에게도 힘 주셔서, 지치지 않게 하시고, 소망을 갖게 하옵소서. 우리가 함께 기도할 때, 병마로부터 회복시켜 주시고, 함께 나와 주님께 예배하는 시간을 속히 허락하여 주옵소서. 주님께서 치유하여 주시면, 앞으로 남은 삶을 하나님을 위하여, 이웃을 위하여 살게 하여 주옵소서. 하오나 주님, 우리의 원대로 되지 않는다하여 믿음의 흔들리지 않게 하시고, 하나님의 섭리를 깨닫도록 환우와 우리를 인도하여 주옵소서.

　이 시간 말씀을 전하시는 목사님과 함께 해 주시고, 말씀을 통해 은혜를 받고 결단하는 시간되게 하여 주옵소서. 또한 삶이 변화되어 세상의 빛과 소금의 역할을 감당하는 우리 모두가 되게 하옵소서. 기쁨으로 드리는 이 예배를 받아주시고, 이 모든 말씀 예수님의 이름으로 기도합니다. 아멘.

07 수요예배 기도문

오늘도 있는 모습 그대로 받아주시는 사랑의 하나님을 찬양합니다. 참 부족하고, 연약한 자의 모습을 가지고 있음에도 우리를 자녀 삼아 주시고 보호하여 주심을 감사드립니다.

주님은 우리를 있는 모습 그대로 받아주시는데, 우리는 늘 주님을 잊고 살아갑니다. 주님은 우리를 한결 같이 인도하시는데, 우리는 늘 각자 제 길로 가느라 분주합니다. 주님은 우리에게 한없는 사랑을 주시는데, 우리는 사랑을 받는 것조차 모르고 살아갑니다. 우리가 이렇게 무지하고, 깨닫지 못하는 못난 죄인이었음을 고백합니다. 주님 이런 우리를 변화시켜 주옵소서.

실수가 없으신 하나님께서 우리 각자의 삶을 예비하시고, 인도하심을 믿습니다. 우리가 가야할 길을 가게 하시고, 어떤 상황에서도 하나님을 잊지 않는 성도들이 되길 원합니다. 우리의 생각대로, 우리의 욕심대로 삶을 살아가지 않도록 하옵소서. 하나님의 음성을 들을 수 있도록 마음의 귀를 열어 주시고, 하나님께서 우리를 통해 이루실 비전이 무엇인지 분별할 수 있는 능력을 주시옵소서. 하나님의 뜻을 이루는 데 우리가 동참할 수 있도록 도와 주시옵소서.

이 시간 교회를 위해서 기도합니다. 늘 담임목사님과 함께 하셔서 모세와 여호수아가 이스라엘 백성을 하나님께서 원하시는 길로 인도한 것처럼 우리 교회가 하나님께서 원하시는 방향으로 갈 수 있도록 지도력을 주시고, 늘 말씀과 하나님의 뜻에 민감하게 하여 주옵소서. 함께 동역하는 목사님들과 전도사님께도 함께 하셔서 각 부서에서 주님의 일을 잘 감당하게 하시고, 합력하여 선을 이루도록 하여 주옵소서. 하나님의 부르심이 각 부서에서 온전하게 이루어지도록 함께 하여 주옵소서. 장로님들과도 함께 하셔서, 삶을 믿음으로 살아가는 본이 되게 하시고, 목사님과 함께 교회가 든든히 세워지도록 적재적소에서 맡은 사역을 잘 감당하게 하여 주옵소서.

우리 교회가 하나님 보시기에 아름다운 교회가 되게 하시고, 지역 사회에 꼭 필요한 교회가 되도록 은혜를 내려주시고, 주님께서 주신 사명을 온전히 감당하는 교회가 되게 하여 주옵소서. 이 일을 위해서 우리 온 성도가 함께 하게 하옵소서. 한 마음으로 하나가 되게 하옵소서. 교회를 위하여 기도하고, 섬기게 하여 주시옵소서.

이 시간 말씀을 전하시는 목사님과 함께 하셔서 우리가 말씀으로 어떻게 살아가야 하는지 깨닫게 하시고, 결단하게 하여 주옵소서. 그 결단으로 삶에서 말씀이 이루어지게 하옵소서. 우리의 마음과 정성과 뜻을 다하여 드리는 예배를 받아주시고, 예수님의 이름으로 기도합니다. 아멘.

08 수요예배 기도문

에벤에셀의 하나님.

지난 삼일도 우리의 삶을 인도하여 주시고, 예비하여 주심을 감사드립니다. 각자 삶 속에서 주님과 동행하며 살다가 이렇게 한 자리에 모여 예배합니다. 홀로 영광을 받아주시옵소서. 이 시간 각자의 간구뿐만 아니라, 함께 중보할 기도의 제목도 가지고 왔습니다. 주여 우리의 기도를 들어 주옵소서.

주님 먼저 간구하기는 우리가 늘 주님과 동행하는 삶을 살게 하여 주옵소서. 마귀가 우는 사자와 같이 두루 다니며 삼킬 자를 찾을 때, 우리가 늘 영적으로 깨어 있어서 주님과 동행하게 하시고, 주님의 날개 그늘 아래 거하게 하여 주옵소서. 또한 우리가 말씀 안에 거하게 하여 주옵소서. 예수님께서 너희가 내 안에 거하고, 내 말이 너희 안에 거하면 무엇이든지 원하는 대로 구하라고 말씀하신 것처럼 우리가 늘 주님 안에, 말씀 안에 거하게 하여 주옵소서. 그리하여 우리의 삶이 내 뜻이 아닌 주님의 뜻과 말씀 안에서 살아가게 하여 주옵소서.

간구하기는 우리가 속한 공동체를 위해서 기도합니다. 먼저 구역을 위해서 기도합니다. 주님의 몸 된 교회 안에 세포와 같은 구역이 살아 움직이게 하여 주옵소서. 세포가 숨을 쉬듯이, 구역이 살아 움직이며, 영적 호흡을 구역 식구들과 함께 하게 하시옵소서. 또한 말씀으로, 관계로, 서로 유기체가 되어 서로를 돌아보게 하여 주옵소서. 혹여 실족하거나, 아프거나, 홀로 외로이 있는 지체가 있다면, 우리가 먼저 찾아가 위로하며 격려하게 하시고, 서로 돌아보는 구역되게 하여 주옵소서. 구역의 건강함을 통해 교회가 건강한 교회가 되게 하여 주옵소서.

우리가 속한 직장과 사회를 위해서 기도합니다. 모두가 돈의 노예가 된 듯한 사회와 직장 안에서 살아갑니다. 돈 때문에 사람을 잃고, 돈 때문에 관계가 깨지고 범죄가 발생하는 것을 봅니다. 주님, 우리가 돈의 노예가 아니라, 물질을 관리하고 살아가는 지혜를 주옵소서. 직장 안에서 사회 안에서 그리스도인으로 바르게 살아가는 지혜를 주시고, 우리의 삶이 길과 진리와 생명이 되신 주님과 동행하는 것을 보여 줄 수 있도록 우리의 삶을 인도하여 주옵소서.

오늘도 말씀을 전하시는 목사님과 함께 하시고, 이 말씀을 통해 무장하고, 세상을 담대히 나가 승리할 수 있도록 힘을 주옵소서. 예수님의 이름으로 기도합니다. 아멘.

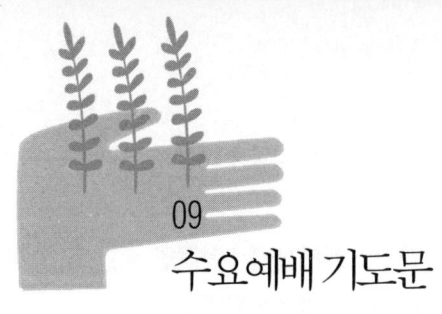

09
수요예배 기도문

사랑의 하나님.
　상한 갈대를 꺾지 않고, 꺼져가는 등불을 끄지 않으시는 주님께서 우리에게도 동일한 사랑을 부어주시는 은혜에 감사드립니다. 스스로 못났구나 생각할 때, 부끄러운 모습이라 생각할 때, 믿음에 대하여 흔들릴 때에도 여전히 우리를 믿어주시고, 지켜봐주시는 주님의 은혜를 생각하면, 참 부끄럽기도 하면서, 감사한 마음뿐임을 고백합니다. 이 시간 일주일의 삶 속에서 잠시 우리의 삶을 멈추고, 지난 삼일을 돌아보고, 앞으로의 삼일을 계획하고, 준비하는 시간이 되게 하여 주옵소서.
　이 땅의 지도자들을 위해서 기도합니다. 주님, 정치가 모든 것을 막고 있는 블랙홀처럼 되었습니다. 주님 얽혀버린 실타래를 풀듯이, 정치가 올바른 다스림이 되도록 인도하여 주옵소서. 대통령을 비롯하여, 국회의원들, 정치 지도자들이 하나님을 두려워하고, 국민을 존중히 여기는 지도자가 되어, 바르게 이 땅을 지도하게 하여 주옵소서. 사울처럼 잘못된 길을 가지 않게 하시고, 혹 잘못된 길을 갔다 하더라도, 다윗처럼 자신을 돌아보고, 돌이킬 줄 아는 지도자가 되게 하여 주옵소서. 그리하여, 우리나라가 지도자로 고통 받는 나라가 아니라, 지도자로 인하여 축복받는 나라, 우리나라가 바른 길을 가는 나라가 되게 하여 주옵소서.
　또한 교회의 지도자들을 위해서 기도합니다. 이 땅의 목회자들이 영적으로 바른 지도자가 되게 하여 주옵소서. 여러 가지 스캔들의 소식이 들리고, 많은 교회들이 재정적으로, 영적으로, 분쟁으로 어렵다는 이야기들이 들려옵니다. 우리가 먼저 스스로 겸비하게 하시고, 이 땅의 영적 지도자들이 하나님 앞에 정직하게 바로 서게 하시고, 주님의 손에 붙들려 목회에 매진하게 하여 주옵소서. 또한, 성도들도 베뢰아 성도들처럼 이 말씀이 바른 말씀인지 분별하는 성도가 되어, 주님의 몸 된 교회를 함께 아름답게 섬기도록 은혜를 내려 주옵소서. 교회 안에 분열 대신 하나 됨이, 다툼이 아닌 사랑이, 각자의 소리가 아닌 아름다운 하모니가 울려 퍼지도록 하나님께서 교회를 하나 되게 하옵소서.

이 시간 말씀을 전하시는 목사님과 함께 해 주시고, 영적으로 늘 민감하여 우리 모두가 들어야 할 하나님의 말씀을 선포하도록 영육 간에 강건함을 주옵소서. 모든 말씀 예수님의 이름으로 기도합니다. 아멘.

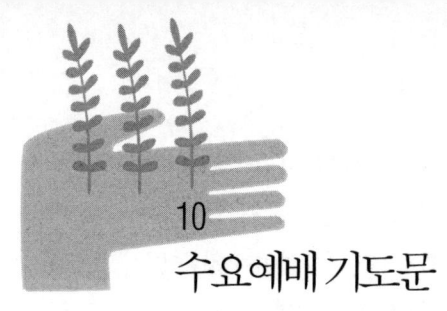

수요예배 기도문

평강의 하나님.

지난 삼일도 주님 안에 거하며 살다가 다시 한 번 주님의 말씀으로 다짐하고자 주님 앞에 나왔습니다. 몸부림 치고 있는 우리를 기쁘게 맞아 주시고, 말씀의 은혜를 받게 하여 주옵소서.

주님, 우리 안에 정결한 마음을 주옵소서. 우리가 죄를 지을 때도 있고, 실수할 때도 있으며, 내적인 갈등을 일으킬 때도 있습니다. 때로는 하나님이 계시지 않는 것 같이 살아갈 때도 있습니다. 이 모든 것이 우리의 연약함과 죄성임을 고백합니다. 우리를 정결하게 하시고, 우리를 주님 곁에서 멀리하지 마옵소서. 주님의 영으로 우리를 고쳐주시고, 회복시켜 주옵소서.

주님과 동행하는 삶을 깨닫게 하여 주옵소서. 모두가 바쁘게 달려갑니다. 무엇인가를 향하여 달려가고, 누군가 여기에 성공이 있다하면 신기루를 향하여 목마른 이들이 달려가는 것처럼, 우리 모두가 허겁지겁 달려가는 시대에 살아가고 있습니다. 주님, 이러한 시대에 살아갈 때, 잠시 멈춰서 고요하게 주님의 말씀을 듣고자, 이 자리에 나왔습니다. 무엇이 바른 삶인지, 무엇이 주님께서 원하시는 삶인지, 분주함 속에서, 요란함 속에서, 고요한 주님의 음성을 들려 주옵소서. 엘리야에게 말씀하신 세미한 음성을 듣길 원합니다. 들을 귀를 주시고, 그 음성을 듣고 실천할 수 있는 용기를 허락하여 주옵소서.

이 시간에도 주님의 말씀을 듣습니다. 말씀을 전하시는 목사님의 말씀을 듣고, 우리 자신을 돌아보게 하시고, 말씀에 의지하여 주님께 간구하게 하옵소서. 또한 주님께 간구하고자 기도의 제목을 가지고 나왔습니다. 내 뜻을 관철하는 기도가 아니라, 주님의 뜻을 구하는 기도가 되게 하시고, 내 안의 생각과 주님의 뜻이 다를 때, 우리를 주님의 말씀으로 순종하는 은혜를 허락하여 주셔서, 주님의 뜻을 따르는 기쁨을 알게 하시고, 감사의 고백을 하게 하옵소서.

우리의 예배를 홀로 영광 받으시고, 이 모든 말씀 예수님의 이름으로 기도합니다. 아멘.

11 수요예배 기도문

하나님 아버지!

지난 삼일 동안 하나님의 자녀들을 세상의 많은 풍파 가운데 지켜 주시고, 하나님을 더 깊이 만나기 위해 주의 전으로 불러주시니 감사합니다.

이 세상은 여전히 죄가 범람하여, 서로 사랑하며 희생하기보다는 시기와 미움 속에서 서로 갈등하고 반목하며 살고 있습니다. 자신의 끝없는 욕심과 욕망을 채우기 위해 이웃을 살피지 않고, 오직 앞만 바라보며 달려가고 있습니다. 우리 역시 예수 그리스도를 따른다고 고백하면서도, 여전히 내 삶의 울타리에 갇혀 좁은 시야로 우리 주변을 바라보았습니다. 때로는 헛된 욕심을 버리지 못하고, 이 세상에서의 성공에 집착하며 살았습니다.

주님! 우리의 연약함을 용서하여 주옵소서. 우리에게 하나님의 크신 은혜와 긍휼함을 더하여 주셔서, 이 세상 풍파에 휩쓸리지 않게 하시고, 하나님의 말씀을 통해 주신 하나님의 마음과 뜻을 헤아리며, 하나님과 사람들 앞에 부끄럽지 않는 삶을 살아갈 수 있도록 은혜를 베풀어 주옵소서.

우리 성도들의 삶을 지켜 주시기를 간절히 원합니다. 우리 성도들의 건강과 안전을 지켜 주시며, 특별히 우리의 가정과 땀 흘려 일하는 일터를 주님의 은혜의 손길로 보호하여 주옵소서. 우리의 자녀들이 이 세상 속에서 하나님이 주시는 비전을 따라 살게 하시고, 삶의 어려움을 만나더라도 낙심하지 않게 하시며, 날마다 승리하며 살아갈 수 있도록 도와주옵소서.

주님의 몸 된 우리 ○○교회를 주님의 말씀 위에 든든히 세워 주시니 감사합니다. 우리 교회가 성령 안에서 하나 되게 하시며, 모든 교인이 날마다 영적으로 새로워지게 하옵소서. 우리 성도들을 푸른 초장과 쉴만한 물가로 인도하시는 ○○○ 담임목사님을 강건하게 하시고 성령 충만하여 맡겨진 목양과 귀한 사역을 잘 감당케 하옵소서. 이 시간 하나님의 말씀을 듣고 강단에 서실 때 그 입술을 주장하여 주셔서, 선포되는 말씀을 통해 우리를 향한 하나님의 귀한 음성을 듣게 하여 주옵소서. 모든 성도들이 받은 말씀에 온전히 순종하게 하옵소서. 순종을 통해 우리의 믿음이 자라나게 하시며, 우리 입술의 고백과 믿음의 행함이 하나 되는 균형 잡힌 신앙생활을 할 수 있게 도와주옵소서. 오늘 드려지는 수요예배의 모든 시간들을 주님께 맡기오며, 예수 그리스도의 이름으로 기도합니다. 아멘.

12 수요예배 기도문

    하나님 아버지, 날마다 우리의 건강을 지켜 주시고, 이 시간 주님 앞에 나와 신령과 진정으로 예배드리게 하시니 감사를 드립니다. 이 시간 드리는 우리의 예배를 기쁘게 받아주옵소서.

    하나님, 지난 3일 동안 주님의 말씀대로 살지 못하고, 주님의 은혜 가운데 살지 못했던 삶을 돌아봅니다. 나의 이익과 편안함을 위해 살아온 우리를 불쌍히 여겨주옵소서. 고난을 만날 때마다 엎드려 기도하기보다는 하나님을 원망하며, 나의 힘으로 해결하려 했던 우리의 믿음 없음과 어리석음을 용서해 주옵소서. 하나님만을 바라보고 온전히 의지하며 살아가는 진실한 하나님의 백성들이 되게 하여 주옵소서.

    하나님 아버지, 우리 ○○교회를 이 땅 가운데 세우시고 하나님 나라를 위해서 헌신하며, 주님께서 맡겨주신 사명을 감당하게 하심에 감사를 드립니다. 우리 ○○교회가 하나님의 말씀과 기도로 더욱 든든히 서가게 하여 주옵소서. 하나님께 영광 돌리며, 세상의 빛이 되는 교회가 되게 하옵소서.

    이 나라가 정치적으로 혼란하고, 경제적으로 어려움 가운데 있으며, 사회적으로 온갖 범죄와 죄악이 가득 차 있습니다. 이 나라에 긍휼을 베풀어 주옵소서. 하나님의 정의와 공의가 바로 서고, 하나님의 말씀 위에 서는 나라가 되게 하옵소서. 하나님께서 친히 통치하시고 다스리시는 나라가 되게 하옵소서. 이 나라의 대통령과 위정자들에게 지혜와 명철을 더하여 주셔서, 하나님의 뜻에 따라 이 나라가 올바른 길로 가게 하여 주옵소서.

하나님 아버지, 육신의 질병으로 고통 받는 자녀들과, 직장 때문에 걱정하는 성도들, 그리고 경제적으로, 가정 문제로, 입시와 취업의 어려움으로 힘겨워 하는 주의 백성들이 있습니다. 하나님께서 그들에게 믿음의 용기를 주시고, 모든 아픔과 어려움들이 하나님의 은혜 가운데 해결되게 하여 주옵소서.

우리 ○○교회를 이끌어 가시는 ○○○ 담임 목사님의 영육간의 강건함과 성령의 충만함을 더하여 주셔서, 목회 사역을 감당하시기에 부족함이 없도록 주님께서 함께 하여 주옵소서. 이 시간 하나님의 말씀을 대언하실 때에, 주님의 권능의 오른팔로 붙잡아 주옵소서. 하나님의 말씀을 통해 우리의 마음과 생각이 변화되게 하시며, 새 힘을 공급받아 세상 가운데서 믿음의 삶을 살게 하여 주옵소서.

오늘 드려지는 수요예배의 모든 시간들을 주님께 맡기오며, 예수 그리스도의 이름으로 기도합니다. 아멘

13 수요예배 기도문

사랑과 은혜가 풍성하신 하나님 아버지,

지난 3일도 하나님의 날개 아래 우리를 보호하시며 지켜주셨다가, 이 시간 은혜를 사모하는 마음으로 주님의 전으로 불러주시고, 예배와 말씀으로 은혜 받을 수 있도록 건강과 시간과 모든 여건을 허락해 주시니 감사를 드립니다.

어머니의 태에 있을 때부터 우리를 택정하고 하나님의 자녀 삼아주신 은혜가 말로 다할 수 없을 만큼 크건만, 우리는 늘 그 사랑과 은혜에 감사하는 마음으로 살지 못하고, 이 세상 걱정과 근심과 무거운 짐에 얽매어 불평하며 살 때가 더 많았음을 고백합니다. 우리의 죄와 허물을 용서하여 주시옵소서. 이 자리에 임재하시는 성령님께서 우리 안에 충만하게 역사해 주셔서, 우리의 심령 속에 새로운 평안과 기쁨이 넘치게 하여 주시옵소서.

주님, 이 시간 우리나라와 민족을 위해서 기도합니다. 130여 년 전 많은 선교사님들과 신앙의 선배님들의 순교의 피를 통해 이 땅에 복음이 심겨지게 하시고, 많은 교회들을 통해 하나님 나라가 확장되어 가게 하시니 감사합니다. 그러나 혹시 이 복음의 열정이 식어지고 하나님의 마음을 아프게 하고 있지는 않은지 자신을 돌아보게 하옵소서. 우리 교회들이 더욱 깨어 기도함으로 세상의 빛 된 사명을 잘 감당하게 하셔서, 칠흑 같이 어두운 시대를 살아가고 있는 이 땅의 모든 사람들에게 진정한 소망의 빛을 비추게 하옵소서.

특별히 북한의 공산체제 속에서 고통당하며 신음하고 있는 북녘 땅의 동포들을 불쌍히 여겨주셔서 하루빨리 평화로운 통일이 이루어져 자유를 되찾게 하시며, 하나님의 교회가 북한 땅 곳곳에 세워지는 역사가 일어나게 하옵소서.

　이 나라 대통령과 위정자들이 하나님을 두려워하며 국민을 두려워하는 마음으로 나라를 잘 이끌어가게 하시며, 자신들에게 맡겨진 일들을 정의롭게 잘 감당하게 하옵소서. 우리나라의 전 분야에 하나님의 뜻과 정의가 이루어지게 하시고, 온 국민이 하나님의 뜻 안에서 평화롭게 안정된 삶을 살아가게 하옵소서.

　우리 교회가 먼저 바로 서서 나라와 민족을 위해 더욱 기도하게 하시고, 모든 선한 일에 앞장서며, 갈 바 몰라 방황하는 이들을 하나님께로 인도하는 일에 전심전력하게 하옵소서. 담임목사님과 모든 교역자들에게 성령 충만 허락하여 주셔서, 모든 사역들을 잘 감당하게 하시며, 우리 성도들이 하나님 나라의 일꾼들로 더욱 든든히 서 가게 하옵소서.

　이 시간에 ○○○목사님께서 말씀 선포하실 때, 성령의 두루마리를 입혀주셔서 능력 있는 말씀을 선포하게 하시고, 말씀을 받는 모든 성도들의 심령이 활짝 열려져 큰 은혜 받게 하시고, 이 세상의 가치관이 아닌 하나님 나라의 가치관과 말씀으로 당당하게 이 세상 속에서 살아갈 수 있게 도와 주시옵소서. 우리 구주 예수 그리스도의 이름으로 기도합니다. 아멘.

14 수요예배 기도문

 언제나 변함없이 우리를 사랑하여 주시는 하나님, 감사합니다. 지난 3일간도 하나님의 은혜로 우리를 지켜 주시고 돌보아 주셨다가, 오늘 이 시간 수요예배로 모이게 하시고, 하나님께 예배드리게 하시니 감사를 드립니다.
 우리는 늘 하나님의 크신 사랑과 은혜 가운데 살면서도, 세상을 곁눈질하며 하나님의 뜻에서 벗어나 살 때가 많았음을 이 시간 고백합니다. 이 자리에 임재하시는 성령님께서 우리 안에 충만하게 역사하여 주셔서, 우리의 심령 속에 샘솟는 기쁨과 은혜가 넘쳐흐르는 시간이 되게 하여 주시옵소서.
 주님, 이 시간 나라와 민족을 위해서 기도합니다. 이 나라가 하나님의 은혜 가운데 여기까지 이렇게 많은 복을 받으며 살아왔음을 감사합니다. 하나님, 이제는 북한 땅이 회복되도록 역사하여 주시옵소서. 북한의 공산체제가 하루 빨리 무너지게 하셔서, 굶주리며 억압받고 있는 북녘 동포들도 자유를 되찾게 하시며, 하나님의 교회가 북한 땅 곳곳에 세워지는 역사가 일어나게 하옵소서.
 이 나라 대통령과 위정자들에게 함께 하여 주시고, 하나님을 두려워하며 국민을 두려워하는 마음으로 전심으로 자신들에게 맡겨진 사명을 잘 감당하게 하옵소서. 그래서 우리나라의 정치와 경제와 사회, 교육, 윤리, 문화 등 전 분야에 하나님의 정의가 이루어지며, 국민들이 따뜻한 심성을 가진 나라가 되게 하여 주시옵소서.
 요즘 많은 사람들이 경제적인 어려움으로, 갖가지 질병으로, 인간관계의 단절로, 우울증으로 고통당하고 있습니다. 하나님, 고통당하고 있는 모든 분들을 불쌍히 여겨 주셔서 어려움들을 잘 극복해 나가도록 도와 주시옵소서. 우리 교회들이 먼저 바로 서서 나라와 민족을 위해 기도하게 하시고, 모든 선한 일에 앞장서며, 갈 바 몰라 방황하는 이들을 하나님께로 인도하는 일에 힘쓰게 하옵소서.

이렇게 좋은 교회에서, 좋은 목사님, 성도님들과 함께 신앙생활 하게 하시니 감사합니다. 우리 교회의 성도들이 각자 서 있는 자리에서 하나님께 영광 돌리며, 하나님의 뜻에 따라 살게 하시고, 하나님의 사랑으로 이웃을 온전히 섬기게 하옵소서.

이 시간에 ○○○ 목사님께서 말씀을 선포하실 때, 성령의 두루마리를 입혀 주셔서 능력 있는 말씀 선포하게 하시고, 말씀을 받는 모든 성도들의 심령이 활짝 열려져 아멘으로 받게 하시며, 이 세상을 말씀으로 능히 이기며 살아갈 수 있는 충만한 은혜를 내려 주시옵소서.

이 모든 말씀, 우리 구주 예수 그리스도의 이름으로 기도합니다. 아멘.

15 수요예배 기도문

　사랑과 은혜의 하나님 아버지, 지난 3일 동안 하나님의 은혜로 돌보아주시고, 오늘도 수요예배로 주의 전에 올라오게 하심을 감사드립니다. 주의 전에서 함께 드리는 예배와 기도를 사모하여 주님 앞에 나아왔사오니 우리의 예배와 기도를 받아주옵소서.
　우리를 사랑하시되 그 아들 예수 그리스도를 십자가에 내어주시기까지 사랑하신 하나님의 사랑과 은혜를 너무나도 쉽게 잊어버리고, 하나님을 의지하기보다는 우리 자신의 이기적인 욕심만을 채우려고 세상과 타협한 모습들을 이 시간 회개하오니 용서하여 주옵소서. 오늘 이 수요예배를 통하여 응답하시는 하나님의 역사를 경험함으로, 하나님만을 바라보며 의지하기로 다시 한 번 강하게 결단하고, 실제로 그렇게 살아가는 하나님의 백성들이 되게 하여 주옵소서.
　역사를 주관하시는 하나님, 세상 곳곳에서 들려오는 전쟁과 재난의 소문을 들으시고, 그곳에 하나님의 평화가 속히 임하게 하여 주옵소서. 경제적 위기로 어려움을 겪고 있는 우리 민족에게 하늘의 풍성한 이슬로 충만하게 하옵소서. 여러 가지 이유로 깊은 상처를 안고 살아가는 많은 가정들의 아픔을 어루만져 주사사 회복의 은혜를 경험하게 하여 주옵소서. 육체적 질병으로 고통당하는 이들에게 하나님의 치료의 광선을 발하여 주셔서 예수 그리스도를 믿는 믿음으로 승리하게 하여 주옵소서.
　북한 땅에 있는 주의 백성들을 긍휼히 여겨 주시고, 자유를 향한 그들의 처절한 기다림에 희망을 불어넣어 주시고, 어서 속히 이 땅에 통일을 이루어 주옵소서. 한국교회가 다 같이 일어나 이 땅의 통일을 위해 기도하게 하셔서, 이 땅이 하나 되는 놀라운 역사를 경험하게 하여 주옵소서.

우리 ○○교회를 사랑하셔서 지금까지 하나님의 은혜로 붙들어 주시며 주님의 귀한 사역에 사용하여 주시니 감사합니다. 앞으로도 주님 오시는 날까지 우리 교회를 믿음 위에 든든히 세워주시고, 민족 복음화와 세계 선교 사역에 더 많이 힘쓰게 도와주옵소서. 이 일을 감당하도록 세워주신 ○○○ 담임목사님께 영육 간에 강건함을 주시고, 말씀의 능력과 기도의 응답을 날마다 허락하여 주옵소서.

이 시간 담임목사님께서 단 위에 서서 말씀을 선포하실 때, 성령께서 함께 하여 주셔서, 선포되는 말씀을 통해 하나님의 음성을 듣는 놀라운 역사가 일어나게 하시고, 우리 모두가 그 말씀에 아멘으로 응답하게 하여 주옵소서.

감사드리며, 우리 믿음의 주가 되신 예수 그리스도의 이름으로 기도합니다. 아멘.

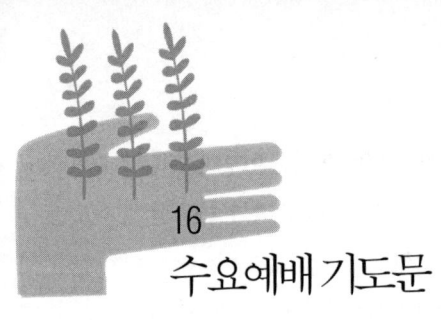

16 수요예배 기도문

　우리를 늘 변함없는 사랑으로 인도해 주시는 아버지 하나님, 감사합니다. 오늘도 수요예배로 인도하시며, 주의 전에서 하나님께 영광을 돌리며, 예배드리게 하신 은혜에 감사를 드립니다.

　우리가 주님의 은혜가 없이는 한순간도 살 수 없는 존재라고 고백하면서도, 세상살이에 지쳐 하나님의 말씀과 뜻대로 살지 못하고, 세상에 마음을 빼앗기고 상황에 따라 흔들릴 때가 많았습니다. 우리의 부끄러운 모습을 용서하여 주시옵소서. 이 시간 예수 그리스도의 보혈의 피로 우리의 죄를 다시금 정결하게 씻어 주시옵소서.

　주님, 이 시간 나라와 민족을 위해서 기도합니다. 북한은 지금 연일 위협을 쏟아내고 있습니다. 북한의 이런 어리석은 도발을 그치게 하시고, 한반도 이 땅 위에 평화 통일이 하루 빨리 이루어지게 하여 주시옵소서. 그래서 지하교회에서 목숨 걸고 숨죽여가며 예배드리는 북녘 땅의 성도들에게 마음껏 예배드릴 수 있는 날을 어서 속히 이루어 주시옵소서.

　요즘 경제적인 어려움으로 고통당하는 사람들이 참 많습니다. 이로 인해 극단적인 선택을 하는 사람들도 늘어가고 있습니다. 안정되지 못한 사업이나 직장생활로, 대물림되는 빈곤한 생활로, 또 일자리조차 구하지 못해 마음고생하고 있는 이 나라 백성들과 젊은이들을 불쌍히 여겨주셔서, 누구든지 열심히 일한 만큼 잘 살 수 있는 나라가 되게 하여 주시옵소서.

　우리 ○○교회를 위해서 기도합니다. 우리 ○○교회를 사랑하셔서 지금까지 많은 하나님의 역사를 감당케 하신 은혜 참으로 감사를 드립니다. 우리 교회에 다음 세대를 책임질 젊은이들이 많이 세워질 수 있도록 은혜를 내려 주시옵소서. 그래서 어두워져 가는 이 세상에 빛을 발할 수 있는 새벽이슬 같은 주의 청년들이 우리 교회를 통하여 많이 배출되게 하옵소서.

특별히 담임목사님께 크신 권능과 능력을 더하여 주셔서, 이 모든 사역과 맡겨주신 성도들을 넉넉히 이끌어가게 하여 주시옵소서. 이 시간에 말씀을 선포하실 때, 성령 충만함으로 능력 있는 말씀 선포하게 하시고, 말씀을 받는 모든 성도들의 심령에 은혜의 단비가 내리는 복된 시간이 되게 하여 주시옵소서. 말씀으로 새롭게 결단하며 세상을 향해 담대히 나아가 승리하며 살게 도와 주시옵소서. 우리의 구원자 되신 예수 그리스도의 이름으로 기도합니다. 아멘.

17 수요예배 기도문

우리의 기도와 간구에 응답하시는 하나님 아버지!

오늘 우리에게 귀한 날을 허락해 주셔서 주의 전에 불러 주심을 감사드립니다. 우리의 모든 것을 아시는 하나님을 의지하여 나왔사오니, 우리의 심령을 회복시켜 주시고, 주님이 주시는 은혜와 평안을 누리게 하여 주옵소서.

죄로 죽었던 우리를 구원해 주신 하나님, 이 시간 죄인 된 우리의 모습을 내려놓습니다. 하나님의 백성답게 살기를 소망했지만, 또 넘어지고 또 쓰러지는 우리의 연약한 모습을 발견하게 됩니다. 우리를 불쌍히 여겨 주시고 죄사함의 은총을 내려주옵소서.

하나님께서 허락해주신 삶을 감당하며 살아갈 때 저희가 품어야 할 나라와 민족이 있으며, 이 땅을 위한 기도의 제목이 있음을 고백합니다. 하나님, 이 나라, 이 민족을 불쌍히 여겨주옵소서. 이 나라가 하나님의 나라, 하나님의 백성이 되게 하시고 하나님의 뜻을 온전히 따르게 하여 주옵소서. 이 땅 가운데 하나님의 정의와 질서가 세워지게 하옵소서. 당리 당략과 개인의 이익이 아니라 역사 앞에서 정직하게 하시고 진심으로 나라와 민족을 사랑하는 위정자들 되게 하여 주옵소서.

하나님 아버지, 우리 ○○교회가 주님의 뜻 안에서 믿음의 가정이 온전히 서가는 교회 되게 하옵소서. 믿음의 대를 잇게 하시고, 부모님들의 신앙 유산과 삶의 본을 배우며 따르게 하여 주옵소서. 세상 가운데서 빛과 소금의 역할을 잘 감당하는 교회가 되게 하옵소서.

세우신 ○○○ 담임목사님께 성령의 능력을 덧입혀 주셔서 교회 안과 밖으로 감당해야할 많은 사역들을 잘 감당하게 하시고, 부족함이 없도록 붙들어 주시며, 늘 영육간에 강건케 하여 주옵소서.

하나님, 여러 가지 삶의 문제로 고통 가운데 있는 성도들이 있습니다. 건강의 문제, 경제적 문제, 가족의 문제 등, 하나님께서 돕지 않으시면, 하나님께서 함께 하지 않으시면 풀리지 않는 삶의 문제들을 주님 앞에 내려놓습니다. 하나님께서 친히 임재하여 주셔서 하늘의 위로와 응답을 누리게 하여 주옵소서. 낙심하거나 포기하지 않게 하시고, 하나님의 뜻을 바라보는 믿음으로 다시금 일어서게 하여 주옵소서.

하나님, 말씀을 전하실 담임목사님께 은혜를 더하시고 성령으로 충만케 하셔서 하나님의 말씀을 온전히 대언하게 하옵소서. 말씀을 받는 우리에게도 은혜를 더하여 주셔서 선포되는 말씀에 순종하며 결단하게 하시고, 하나님을 깊이 만남으로 우리의 심령이 변화되는 시간이 되게 하여 주옵소서.

오직 주님만이 이 예배의 주인이 되어 주시고, 우리의 몸과 마음이 오직 주님께만 집중하는 시간이 되게 하여 주옵소서. 이 모든 말씀, 우리를 죄에서 구원하신 예수님의 이름으로 기도합니다. 아멘.

18 수요예배 기도문

사랑의 하나님 아버지, 감사합니다. 무더운 날씨가 연일 이어지고 있는 이때에, 우리에게 주의 전을 사모하는 마음 주시고, 은혜의 보좌 앞에 불러주셔서, 하나님께서 우리에게 베풀어주신 은혜를 돌아보며, 감사의 예배를 드립니다.

지금까지 지나온 날들을 돌아보면 하나님의 은혜가 아닌 것이 하나도 없었음에도 불구하고, 우리는 어리석게도 늘 하나님의 은혜를 잊어버리고 하나님의 말씀대로 살지 못하고, 하나님의 길에서 벗어나 세상과 짝하며 하나님의 마음을 아프시게 할 때가 많았음을 고백합니다. 주여, 우리의 허물을 용서하여 주시옵소서. 이 시간 주님의 은혜에 다시금 깊이 잠기며 새 힘을 얻는 복된 시간이 되게 하여 주옵소서.

이 시간, 나라와 민족을 위해서 기도합니다. 전 세계 나라 중에 유일한 분단 국가로 아직도 서로를 향해 총부리를 겨누고 있는 이 나라를 불쌍히 여겨 주시옵소서. 북한의 무력도발이 그치게 하시며 하루 빨리 평화통일이 이루어지게 하여 주시옵소서. 특별히 지하교회 성도들을 지켜 주시며, 고통과 핍박 속에서도 더욱 굳건히 믿음을 지켜나감으로 통일의 그 날에 북한 땅에 세우질 교회들의 귀한 일꾼들이 되게 하여 주옵소서.

지금 우리 사회는 이념과 연령, 지역의 갈등으로 큰 혼란을 겪고 있습니다. 대통령과 정치인들을 주님의 권능의 손으로 붙잡아 주셔서 하나님의 공의를 온전히 세워가는 복된 나라가 되게 하옵소서. 요즘 경제적인 어려움을 겪고 있는 이들이 참으로 많습니다. 또 젊은이들의 앞날이 암울하기만 합니다. 이러한 때에 우리 교회들이 이 나라의 앞날과 젊은이들을 위해 깨어 기도함으로 하나님이 기뻐하시는 나라로 온전히 세워가게 도와주옵소서.

우리 ○○교회를 위해서 기도합니다. ○○여 년 전에 우리 교회를 세워주셔서 많은 사명들을 감당하게 하신 은혜에 감사를 드립니다. 이제 우리 교회를 이끌어갈 다음 세대들이 잘 세워지게 하옵소서. 점점 어두워져 가는 이 세상을 환히 비추어갈 주님의 청년들이 우리 교회에 많이 세워지게 하여 주옵소서.

이 시간 ○○○목사님이 말씀을 선포하실 때, 성령 충만하게 하셔서 능력있는 말씀 선포하게 하시고, 말씀을 받는 모든 성도들이 하나님의 뜻을 깊이 깨닫고 세상 속에서 그 뜻을 온전히 실천하며 살아가게 하옵소서. 말씀으로 새롭게 결단하며 세상을 향해 담대히 나아가 승리하며 살게 도와 주시옵소서. 예수 그리스도의 이름으로 기도합니다. 아멘.

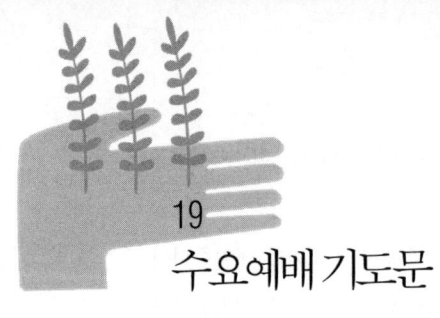

19 수요예배 기도문

　사랑의 하나님, 지난 삼 일간도 은혜 중에 지키시고 동행하여 주심을 감사합니다. 또한 주님을 향한 우리의 마음을 변함없이 지켜 주시니 감사합니다. 복잡하고 고단한 일상 중에서도, 매일의 삶이 주님을 향하여 늘 새로워지며, 날마다 온전히 마음을 다하여 주님을 섬길 수 있도록 도와주옵소서.
　주님, 우리에게 간절한 소원이 있습니다. 예수 그리스도를 주님으로 모시고 살아가며, 세상이 소중히 여기는 어떤 가치라도 기꺼이 포기하며 살 수 있는 믿음을 주옵소서. 오직 주님만을 의지하게 하시고, 우리에게 주시는 하늘 영광을 누리며 살아가는 우리 모든 성도들이 되게 하여 주옵소서. 내가 주인이 되려고 하는 헛된 욕심과 우상을 다 내려놓게 하시고, 날마다 주님 앞에 나아가며, 예수 그리스도를 닮아가고, 그리스도인으로서 이 세상 속에서 담대한 믿음으로 승리하며 살아가게 하여 주옵소서.
　주님, 이 나라와 민족에게 큰 은혜 주시기를 원합니다. 대통령과 위정자들이 하나님을 두려워하는 마음으로 나라를 이끌어가게 하시고, 이 땅 가운데 하나님의 의가 온전히 세워지게 하여 주옵소서. 우리 사회 곳곳에 하나님의 공의가 강같이 흐르는 나라가 되게 하여 주옵소서.
　이 시간에도 고통과 고난, 궁핍 속에 살고 있는 우리의 북한 동포들을 위해서 기도드립니다. 이 민족이 복음으로 하나가 되게 해주시고, 진정한 평화와 회복을 누리는 한민족이 되게 하여 주옵소서. 핍박 중에도 믿음을 지키고 있는 북한의 성도들의 믿음을 붙들어주셔서, 끝까지 믿음의 주요 온전케 하시는 우리 주 예수 그리스도를 바라보며 살아가게 하여 주옵소서. 당장 눈앞에 보이는 이 땅이 아니라 영원한 하나님의 나라를 선택한 그들의 순결한 신앙을 끝까지 보존하도록 도와 주시고, 여기 이 자리에서 예배드리는 우리도 순결한 믿음을 지켜 나가게 하여 주옵소서.

교회를 이끌어 가시는 ○○○ 담임목사님에게 강건함을 허락하여 주시옵소서. 맡겨주신 모든 하나님의 일들을 잘 감당하시도록 능력과 지혜를 허락하여 주옵소서. 함께 교회를 섬기는 모든 교역자들과 직분자들에게도 우리 주님과 교회를 함께 사랑하는 마음 허락하여 주셔서 늘 주님께 칭찬받는 주의 백성들이 되게 하여 주옵소서.

이 시간 담임목사님을 통하여 들려주시는 하나님의 말씀을 받고자 합니다. 말씀을 듣는 모든 성도들이 두렵고 떨리는 마음, 그리고 감사와 감격으로 받게 하여 주옵소서. 은혜의 시간이 되게 하여 주옵소서. 말씀을 통해 우리들과 함께 하시는 하나님의 음성을 깨닫고 그 말씀대로 살아갈 수 있도록 은혜를 허락하여 주옵소서.

이 예배를 돕고 섬기는 모든 주의 백성들에게 은혜 내려주옵소서. 우리의 예배를 하나님께서 기쁘게 받아주실 것을 믿고 감사드리며, 예수 그리스도의 이름으로 기도합니다. 아멘.

20 수요예배 기도문

　자비로우신 하나님, 우리를 주님의 자녀 삼아 주셔서, 날마다 주님의 은혜 가운데 살게 하시고, 이 시간 주님의 몸 된 교회에 나아와 예배드릴 수 있게 하시니 감사를 드립니다.
　늘 하나님의 크신 사랑과 은혜로 살 수밖에 없는 우리이면서도, 하나님의 말씀과 뜻대로 살겠다는 결단을 잊어버리고, 순간순간 하나님의 뜻에서 벗어나 살 때가 많았음을 이 시간 고백하오니 우리의 죄를 용서하여 주옵소서. 반복되는 죄로 인해 부끄럽고 염치없는 우리지만, 이 시간 다시 한 번 주님의 긍휼하심과 은혜를 구하며 이 자리에 나아왔사오니, 주여 우리에게 주님의 은혜와 성령으로 충만하게 하옵소서. 오늘 이 예배를 통해 하나님께서 내려주시는 평안과 안식이 우리 심령에 넘치게 하여 주옵소서.
　이 시간 나라와 민족을 위해서 기도합니다. 이 나라에 하나님의 사랑과 은혜와 샬롬이 온전히 이루어지게 하여 주시옵소서. 인간성이 상실되고, 서로의 따뜻한 사랑이 식어져가는 이때에, 이 땅에 교회들이 일어나 세상을 향해 사랑과 평화의 도구가 되게 하여 주옵소서. 또한 대통령과 위정자들을 붙잡아 주셔서, 하나님을 두려워하는 마음으로 국민들을 잘 섬기게 하시고, 각자에게 맡겨진 일들을 공정하고 깨끗하게 잘 감당하게 하옵소서.
　요즘 많은 사람들이 인생의 문제로 어려움을 당하고 있습니다. 경제적 어려움과 갖가지 질병으로, 또 가정이 나누어짐으로, 우울증이나 인간 소외 등으로 고통당하고 있는 사람들에게 그 모든 어려움들을 잘 극복해 나갈 수 있게 힘과 용기를 주옵소서. 특별히 독거노인이나 소년소녀 가정들 등 돌봄이 필요한 이들에게 많은 사랑의 손길이 전해지게 하셔서 이 추운 겨울을 따뜻하게 잘 지낼 수 있게 하옵소서. 우리 교회들이 먼저 이런 사람들을 사랑하고 돌보는 일에 앞장서게 하셔서 하나님의 사랑으로 따뜻해지는 이 나라가 되게 하옵소서.

이렇게 좋은 교회에서, 행복한 신앙생활을 하게 하시니 감사합니다. 우리 모든 ○○교회의 성도들이 각자 서 있는 자리에서 하나님께 영광 돌리며, 하나님의 뜻에 따라 살게 하시고, 하나님의 사랑으로 이웃을 온전히 섬기며 살게 하옵소서.

○○○ 담임목사님과 모든 교역자들에게 성령 충만 허락하여 주셔서, 모든 사역들을 잘 감당하게 하시며, 우리 성도들이 생명의 말씀과 은혜로 신앙이 잘 성장하고 성숙해가게 하옵소서. 이 시간에 ○○○ 목사님께서 말씀 선포하실 때, 성령의 두루마리를 입혀주셔서 능력있는 말씀 선포하게 하시고, 말씀을 받는 모든 성도들이 말씀 위에 견고히 서서, 남은 3일을 승리하게 살아가게 도와주시옵소서. 우리를 사랑하시는 예수 그리스도의 이름으로 기도합니다. 아멘

21 수요예배 기도문

자비와 은혜가 풍성하신 하나님 아버지를 찬양합니다. 우리에게 하나님을 찬양할 수 있는 힘과 능력을 주시니 감사를 드립니다. 사탄의 유혹과 혼란한 세상 속에서도 하나님을 바라보게 하시고, 우리의 삶을 이끌어 주시니 감사를 드립니다. 지난 삼 일 동안도 주님의 살피심 속에 생활하다가 이렇게 주님 앞에 나와 예배를 드리게 하시니 더욱 감사를 드립니다.

우리의 삶을 돌아보며 주님 앞에 범한 죄를 고백합니다. 우리가 알고 지은 죄도 있지만, 무심중에 범한 죄도 있습니다. 우리의 모든 죄를 하나님께서 다 아시오니, 다 용서하여 주시옵소서. 십자가에서 보혈의 피를 흘림으로 우리의 모든 죄과를 사하셨습니다. 우리의 입술의 고백을 들으시고, 깨끗하게 씻겨 주시옵소서. 십자가의 은혜로 우리를 용서하여 주시옵소서.

우리 ○○○ 교회를 위해서 기도합니다. 하나님께서 뜻하신 바가 있기에 이곳에 우리 교회를 세우신 줄 압니다. 우리 교회를 통해 하나님의 나라가 확장되며, 하나님께서 하시는 일에 힘을 다하는 교회가 되게 하옵소서. 우리 교회가 주님의 사랑과 은혜가 가득 차게 하시옵소서. 기도와 찬양이 끊이지 않는 교회가 되게 하옵소서. 모든 사람들이 볼 때 아름답고, 칭찬받는 교회가 되게 하옵소서.

끊이지 않은 북한의 위협 속에서 우리나라와 민족을 지켜 주시옵소서. 하나님께서 속히 통일을 이루게 하시고, 북녘 땅에서도 자유롭게 하나님을 믿고, 신앙생활을 할 수 있도록 도와 주시옵소서. 우리나라를 지켜 주시고, 위정자들이 하나님을 두려워하게 하옵소서. 자신의 이익을 위한 정치가 아니라 온 백성과 나라를 위한 정치를 할 수 있도록 하옵소서. 하나님을 믿는 온 성도가 나라와 민족을 위해 기도하게 하옵소서.

하나님의 놀라운 기적들을 체험하는 삶을 살게 하옵소서. 과거에만 일어나는 기적이 아니라, 지금 우리의 삶에서도 하나님께서 함께 하심을 경험하게 하옵소서. 질병이 낫게 하시고, 얽히고설킨 것들이 풀리게 하옵소서. 하나님의 뜻이 이 땅에 이루어지게 하옵소서. 하나님의 나라가 확장되게 하옵소서. 믿음의 사람들이 담대하게 복음을 선포하게 하시며, 세계 곳곳에 복음이 전해지게 하옵소서.

하나님의 귀한 말씀을 듣습니다. 말씀을 전하시는 목사님이나 듣는 성도들의 마음을 붙잡아 주시옵소서. 하나님의 말씀을 듣고, 그 말씀에 순종하는 자들이 되게 하옵소서. 말씀이 우리의 삶에서 살아 숨 쉬게 하옵소서. 우리의 삶이 하나님의 말씀대로 변화되게 하옵소서. 우리의 삶을 통해 하나님의 말씀이 실현되게 하옵소서.

우리의 마음과 정성을 드리는 예배를 받으시고, 예수님의 이름으로 기도 드립니다. 아멘

22 수요예배 기도문

하늘과 땅을 지으시고, 온 우주만물의 생명에 생기를 불어넣으신 하나님의 전지전능하심을 찬양합니다. 특별히 우리를 지으시고, 생명과 호흡할 수 있도록 하나님의 생기를 직접 불어 넣어주신 은혜에 감사를 드립니다.

하나님을 향한 은혜와 감사를 생각하며, 거룩한 삶을 살아야 함에도 우리의 연약함으로 인해 거룩하지 못한 삶을 살았습니다. 하나님 앞에 교만과 악행을 일삼았습니다. 참 부족한 사람들입니다. 하지만, 주님께서 우리를 긍휼히 여기시고 우리의 죄과를 용서하여 주시옵소서. 독생자이신 예수 그리스도를 이 땅에 보내실 만큼 우리를 사랑하셨고, 십자가에서 우리의 죄를 대신해서 속죄하심을 잘 알고 있습니다. 보혈의 피로 우리를 깨끗하게 씻겨 주시옵소서.

하나님, 우리가 계속 죄를 범함으로 죄책감에 빠지지 않도록 하시옵소서. 결단과 용기를 주셔서, 반복되는 죄를 범하지 않도록 하옵소서. 우리를 유혹하는 사탄을 향해 하나님의 말씀을 선포하며 이겨내게 하옵소서. 어제보다 오늘이, 오늘보다 내일이 더 거룩하고 복된 삶을 누리게 하옵소서.

우리의 마음이 항상 하나님을 향하게 하옵소서. 세상에 많은 것들에 눈을 돌리지 않도록 하옵소서. 세상의 유혹에 쉽게 넘어지지 않게 하옵소서. 하나님께서 예비하신 길에서 벗어나는 삶을 살지 않도록 도와 주시옵소서. 우리가 마땅히 가야할 길만 걸어갈 수 있도록 인도하여 주시옵소서.

우리가 세상을 향해서 등대와 같은 자들이 되길 원합니다. 어두운 세상에서 인도하는 빛이 되게 하시옵소서. 거친 바다에서 생명을 향한 빛이 되게 하옵소서. 그러하기 위해 우리가 먼저 밝은 빛을 비출 수 있는 모범된 삶을 살아가게 하옵소서. 우리의 삶이 거룩하게 하옵소서. 우리의 삶이 헌신과 섬김의 모습이 되게 하옵소서. 사랑과 배려가 흘러나게 하옵소서.

　우리 교회를 사랑하시는 하나님. 교회를 이끌어가는 분들을 돌보시고, 교회가 든든히 성숙하고 성장하게 하옵소서. 온 성도가 교회를 사랑하고, 교회를 섬기게 하옵소서.

　말씀을 전하시는 목사님과 함께 하시옵소서. 하나님께서 우리에게 말씀하시는 메시지를 잘 전달하게 하시고, 듣는 우리도 그 말씀을 잘 듣고 깨닫게 하옵소서. 깨달음에서 그치지 않고, 그 말씀을 삶에 적용하게 하옵소서. 말씀에 삶에서 일어나게 하옵소서.

　우리의 모든 것들을 다해 하나님께 예배를 드립니다. 홀로 영광 받으시옵소서. 예수님의 이름으로 기도합니다. 아멘.

23 수요예배 기도문

자비의 원천이 되시는 하나님께 찬양과 영광을 드립니다. 우리의 마음을 다하여 하나님을 찬양합니다. 하나님의 높고 넓으신 자비와 은혜에 감사를 드립니다.

우리가 육체적 즐거움을 추구할수록 하나님으로부터 멀어진 삶을 살았습니다. 그런 모습을 보실 때마다 하나님께서 얼마나 마음이 아프셨을까요? 우리가 하나님의 품을 떠날 때마다 얼마나 힘겨워 하셨을까요? 하나님의 마음은 헤아리지 못하고, 우리의 기쁨과 행복만 생각했습니다. 우리의 욕심과 교만한 삶을 용서하여 주시옵소서.

언제나 선하신 하나님께서는 실수가 없으십니다. 우리의 모든 삶을 예비하시고, 우리가 마땅히 가야할 길을 열어주십니다. 우리가 그 길을 묵묵히 걸어갈 수 있도록 도와 주시옵소서. 우리 개인뿐만 아니라 온 성도가 함께 우리 교회가 갈아야 할 길을 걷게 하옵소서. 각자의 생각대로 움직이는 교회가 아니라, 하나님의 비전을 품고 같은 마음으로 한 길을 걷게 하옵소서. 비전을 선포하고, 함께 기도하며, 서로를 섬기는 교회가 되게 하옵소서. 교회가 한 걸음 한 걸음 걸어갈 때마다 그리스도의 향기가 곳곳에 날리며, 지역 사회에서 열매를 맺게 하옵소서. 교회의 머리가 되시는 예수 그리스도를 중심으로, 온 성도가 함께 하게 하옵소서. 특별히 담임목사님과 교역자들, 그리고 당회원를 비롯한 온 기관들을 축복하시옵소서. 하나님의 축복된 삶을 누리며 살아가게 하옵소서.

교회의 기둥이 되는 젊은 세대와 다음세대를 기억하시옵소서. 믿음의 선조들로부터 이어온 신앙이 계속 이들을 통해 이어지게 하옵소서. 점점 믿음을 지키는 세대들이 줄어들고 있습니다. 유럽의 교회들처럼 우리나라의 교회들도 젊은 이들이 점점 줄어들고 있습니다. 교회가 없어지고, 복음이 힘을 잃어가고 있습니다. 위기의 때에, 더욱 기도하게 하시옵소서. 우리가 다음세대를 위해서 눈물을 흘리게 하시옵소서. 더 이들을 위해 섬기게 하옵소서. 우리의 신앙을 그들에게 온전히 전하게 하옵소서. 하나님을 경외하는 것이 지식의 근본이 되는 것을 가르치게 하옵소서.

하나님, 병 때문에 힘들어 하는 성도들을 기억하시옵소서. 원치 않은 병 때문에 함께 예배하지 못하는 성도들도 있고, 수술을 하는 성도, 가볍지만 생활에 불편한 병을 지닌 성도도 있습니다. 하나님께서는 치료의 하나님이시오니, 모든 성도들의 질병을 고쳐주시옵소서. 회복시켜 주시옵소서.

하나님의 놀라우신 능력이 우리의 삶에서 체험되는 하루가 되게 하시옵소서. 우리의 몸과 마음이 주님을 향한 삶이 되게 하옵소서. 예수님의 이름으로 기도합니다. 아멘.

24 수요예배 기도문

세상의 모든 피조물은 주님의 것입니다. 이 세상 어느 것도 홀로 된 것은 없습니다. 하나님의 손길이 미치지 않은 것이 없습니다. 하나님께서 만드시고, 주관하시는 이 세상 만물이 하나님의 이름을 높이며 찬양합니다. 영광을 받으시옵소서.

하나님의 자비와 은혜 가운데 살아가는 우리이지만, 하나님의 마음을 상하게 하며 죄를 범했습니다. 거룩한 주일에 하나님의 말씀을 듣고, 그 말씀대로 살아가려고 했지만, 삼 일 동안 그렇게 살지 못했습니다. 우리의 욕심이 방해했습니다. 사탄의 작은 유혹에도 시선을 돌렸습니다. 하나님, 우리를 용서하여 주시옵소서.

우리의 연약한 믿음을 두루 살펴주시옵소서. 어린아이와 같은 믿음으로 능동적인 신앙인의 모습보다는 무엇인가 바라고, 보살핌을 바라는 모습이 많습니다. 믿음이 자라게 하시고, 받는 것보다는 베푸는 것에 기쁨이 되게 하옵소서. 자신만의 행복과 기쁨을 누리기보다는 함께 기뻐하고 하나님의 은혜를 경험하게 하옵소서.

거룩하신 하나님. 내가 거룩하니, 너희도 거룩하라고 하나님께서 말씀하신 것처럼 우리의 삶이 거룩하길 원합니다. 하나님께서 우리의 모든 모습을 보고 계시다는 것을 기억하게 하옵소서. 다른 사람들 앞에서만 거룩한 척 하는 것이 아니라 홀로 있을 때에도 거룩한 삶을 살게 하옵소서. 보이지 않는 곳에서 하나님을 찾고, 하나님께 찬양하고, 하나님 앞으로 나아가는 삶을 살게 하옵소서, 한결같은 성도들이 되게 하옵소서.

  우리 교회가 복된 교회가 되게 하시고, 복의 통로의 역할을 할 수 있도록 하옵소서. 하나님께서 아브라함에게 '내가 지시하는 땅으로 가라'고 말씀하신 것처럼, 우리 교회가 하나님께서 가라고 하시는 땅을 향해 갈 수 있도록 하옵소서. 그 길이 험난하고, 어려운 길이라도 말씀에 순종하여 함께 걸어갈 수 있도록 하옵소서. 우리에게 맡기는 그 사명을 잘 감당하게 하옵소서. 큰 민족을 이루고, 복의 근원이 되는 교회로 성장하게 하옵소서. 어린 아이부터 연로하신 어르신들에 이르기까지 온 성도가 하나님을 찬양하고 은혜로 충만한 삶을 살 수 있도록 하옵소서.

  교회에 속한 기관들과 함께 하여 주시옵소서. 함께 공동체를 이루고, 주님을 섬김에 있어서 협력하게 하옵소서. 자신을 드러내는 것보다는 다른 사람을 높여주고 배려하는 기관들이 되게 하옵소서. 특별히 각 기관의 회장과 임원들을 기억하여 주시옵소서. 주님의 몸 된 교회를 섬김에 열심을 다하고 있습니다. 그들의 섬김에 한없는 축복으로 더하여 주시옵소서.

  말씀을 전하시는 ○○○ 목사님에게 성령의 기름을 부어주시고, 하나님의 말씀에 능력을 더하여 주시옵소서. 듣는 우리 성도들의 마음을 열어 주시고, 그 말씀에 순종하게 하옵소서. 예수님의 이름으로 기도합니다. 아멘.

25 수요예배 기도문

　우리를 보호하시고 구원하시는 하나님을 찬양합니다. 우리에게 힘과 능력을 주셔서 하나님의 백성으로서의 삶을 살아가게 하시니 감사를 드립니다. 특별히 우리의 죄과를 용서하시고, 생명의 길로 인도하시기 위해 독생자를 보내주신 그 은혜에 더욱 감사를 드립니다. 우리가 예수 그리스도를 구세주로 고백함으로 거룩한 모습으로 변화되어 새로운 생명의 삶을 살게 하시니 감사와 영광을 드립니다.
　그럼에도 불구하고, 지금 우리의 모습을 돌아보면 하나님께 죄스러운 마음뿐입니다. 하나님께서 베푸신 사랑과 은혜에 보답하는 삶을 살지 못했습니다. 하나님의 자녀임에도 하나님을 부끄럽게 했습니다. 세상을 향해 당당하게 하나님의 자녀임을 선포하고, 빛과 소금을 역할을 감당하지 못했습니다. 우리의 부끄러운 모습을 주님께서 다 아시오니, 이 시간 다 용서하여 주시고 힘과 능력을 주셔서 하나님의 자녀다운 모습을 생활하게 인도하여 주시옵소서. 지난 삼 일 동안도 주님께서 지켜주신 것처럼, 남은 한 주간도 주님께서 돌봐주시옵소서.
　우리 교회에 속한 온 성도들이 하나님을 예배하고, 섬김에 있어서 열심을 다하게 하옵소서. 하나님께서 살아계심을 생활 속에서 체험하고 하나님께 영광을 돌려드리는 성도들이 되게 하옵소서. 하나님께서 성경에만 존재하는 분이 아니라 과거에도, 지금 우리의 삶에도, 그리고 미래에도 영원히 존재하는 분임을 기억하게 하옵소서.

세계에 흩어져 하나님의 말씀을 전하는 선교사들과 함께 하시고, 복음이 온 누리에 가득하길 간절히 소망합니다. 복음을 듣는 곳마다 하나님의 기적이 일어나며, 하나님의 이름이 높여지며, 하나님을 찬양하길 원합니다.

말씀을 전하시는 ○○○ 목사님에게 성령의 기름을 부어주시고, 우리에게 꼭 하시고자 하시는 말씀을 전하게 하옵소서. 듣는 성도들도 하나님의 말씀에 마음을 열고, 순종하는 삶을 살게 하옵소서.

우리의 예배를 받아주시고, 예수님의 이름으로 기도드립니다. 아멘

기도란 그리스도의 능력을 붙잡는 손이다
- 죠지 뮬러

절기예배 기도문

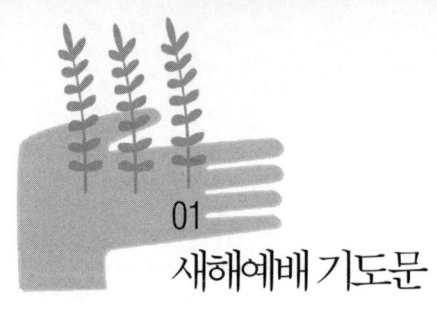

01 새해예배 기도문

　역사의 주관자가 되시고, 모든 인생의 주인이 되신 하나님께 찬양과 영광을 드립니다. 지난 한 해 동안 우리를 지켜 주시고, 올 한해를 시작할 수 있도록 허락해 주심에 감사를 드립니다. 지난 한 해를 되돌아볼 때, 내 생각대로, 내 뜻대로 살면서 하나님의 마음을 아프게 할 때가 너무나 많았습니다. 수많은 어려움과 사건과 사고 가운데, 우리는 내 힘과 내 능력으로 문제를 해결하려고 했었습니다. 그러다 빈번히 실패하고 낙망하며 눈물지었습니다. 우리의 이런 어리석음을 용서해 주옵소서. 새해에는 오직 하늘에 계신 주님만 바라보게 하시고, 하나님의 인도하심에 따라 순종하여 살아가게 하여 주옵소서. 그리하여 주님과 함께 하는 형통함이 우리에게 임하게 하여 주옵소서.
　특별히 새해 첫날부터 주님 앞에 함께 모여 하나님을 찬양하며, 예수님께 영광을 돌립니다. 성령님으로 충만하게 하시옵소서. 새해에는 새해의 첫날이라서가 아니라, 특별히 예배하는 날이 아니라, 항상 하나님을 예배하게 하옵소서. 주님을 가까이 하며, 하나님께 영광을 돌리는 우리 모두가 되게 하여 주시옵소서. 더욱 하나님을 사랑하고, 내 이웃을 내 몸과 같이 사랑하는 우리가 되게 하여 주옵소서.
　하나님께서 우리에게 세상의 빛과 소금의 역할을 감당하라고 하셨습니다. 올 한해는 세상의 빛과 소금이 되게 하여 주시옵소서. 힘과 능력을 주시옵소서. 성령의 충만함으로 하나님의 음성에 민감하게 반응하며, 세상 사람들을 빛으로 인도하게 하시옵소서. 온전한 모습으로 하나님을 예배하고, 이웃에게 선을 베풀게 하옵소서. 하나님을 사랑하고 이웃을 내 몸과 같이 사랑하라 하신 하나님의 말씀을 실천하게 하옵소서.

올해 교회 표어가 ○○○입니다. 1년 동안 이 표어에 맞게 생활하는 온 성도가 되게 하여 주시옵소서. 우리 교회가 더 성숙하고, 성장하는 한 해가 되게 하옵소서. 또한 새롭게 구성된 각 기관들을 축복하시고, 협력하여 선을 이루는 한 해가 되게 하옵소서. 늘 하나님과 동행하는 삶을 살아가도록 하옵소서. 하나님께서 인도하는 길을 잘 보고, 그 길을 걸어가게 하옵소서. 하나님의 손길이 함께 하시기 간절히 원합니다.

오늘 드려지는 예배 가운데 함께 하시고, 말씀을 선포하는 목사님을 통하여 하나님의 은혜가 충만케 하여 주옵소서. 하나님의 말씀을 한 귀로 듣고 한 귀로 흘리는 것이 아니라, 모든 말씀을 다 내게 주신 말씀으로 알고 감사함을 받게 하여 주옵소서. 그리하여 2○○○년 한 해는 감사만 넘치는 우리 모두가 되게 하여 주옵소서.

예수님의 이름으로 기도하옵나이다. 아멘.

02 종려주일 기도문

군중들의 환영을 받으며 나귀를 타고 왕으로 오신 예수님!

그 날의 함성과 찬송이 우리의 것이 되게 하옵소서. 그들의 환영이 오늘 우리의 환영이 되게 하옵소서. 그들의 기쁨이 우리의 기쁨이 되게 하옵소서. 우리의 모든 존재를 맡기고 순종할 왕으로 모시게 하옵소서. 무엇을 따르며, 누구의 말을 들어야 하는지 혼란하며, 스스로가 자기의 왕이 되어 살아가는 이 시대에 예수님의 말씀이 진리가 되어 우리의 삶을 인도하여 주옵소서.

로마로부터의 해방을 바라며, 기적을 보며, 떡 한 조각을 얻기 위해서 저마다 바라는 바가 있어 사람들이 예수님을 환영했습니다. 그 속에서 십자가의 길을 생각하신 예수님은 얼마나 마음이 아팠을까요? 하나님과 화해시키며, 창조의 모습으로 회복시키려는 예수님의 마음을 모르는 사람들의 환영 속에서 주님은 얼마나 힘드셨을까요?

그럴지라도 예수님은 목자 없는 양과 같이 따르는 무리를 용납하시고, 그 마음의 간절한 소원으로 외치는 '호산나' 소리에 응답하시고, 가까이 그들의 환영을 기뻐하셨습니다. 그 무지함마저 받아들이신 예수님의 사랑을 배우게 하옵소서. 다시 오실 우리의 왕 예수님을 고대합니다. 어서 오시옵소서. '호산나' 외치며 자기의 소원이 이루어질 것을 바라던 그들이 아니라, 진정한 하나님의 나라가 임하고, 예수님이 왕이 되는 그 날을 바라는 우리가 되게 하여 주옵소서. 우리의 삶이 왕을 맞아들이기에 부족함이 없게 하옵소서. 겉옷을 깔며, 종려나무 가지를 흔들기보다는 예수님을 닮은 삶의 흔적을 펼치게 하옵소서.

이 시간에도 주님의 임재를 기다리며 하루하루를 살아가는 우리가 되게 하옵소서. 언제 오시더라도 기뻐 환영할 수 있는 우리의 삶이 되게 하옵소서. 영원히 살 것처럼 이 땅에 매여 살지 않게 하시고, 하나님께 소망을 두며, 예수님의 재림을 기쁨으로 기다리게 하옵소서.

나의 왕, 나의 주님이시여, '내가 진실로 속히 오리라' 말씀하실 때에 '아멘 주 예수여 오시옵소서' 담대히 고백할 수 있는 우리가 되게 하옵소서. 속히 오셔서 이 나라를 회복시키시며, 이 땅을 하나님의 나라로 바꾸어 주시고, 하나님의 영광을, 왕 되신 예수님을 보게 하옵소서. 예수님의 이름으로 기도드립니다. 아멘.

03 부활주일 기도문

　나는 부활이요, 생명이니 나를 믿는 자는 영원히 살 것이라고 말씀하신 하나님의 사랑과 은혜에 감사와 영광을 드립니다. 죄악 된 우리가 죽어야 함에도 불구하고 우리를 너무나 사랑하셔서 우리를 위해 아들을 보내주시고 우리를 대신해 십자가에 죽어주셨습니다. 그로 말미암아 우리의 죄를 사하여 주시고, 예수 그리스도의 이름을 믿는 누구에게나 구원을 얻게 하신 하나님의 사랑을 기억합니다. 또한 3일 만에 부활하셔서 우리에게 부활의 소망을 함께 주셨습니다. 하나님께서 우리를 향하신 그 사랑이 얼마나 큰지 모릅니다.
　하지만 우리는 매일매일 한 순간 한 순간을 살아가면서 그 사랑을 잊고 살아가는 연약한 모습일 때가 많습니다. 이러한 우리의 연약한 모습임에도 불구하고 끝까지 사랑하여 주시는 하나님의 사랑에 감사드립니다. 이제는 이러한 모습을 벗어 버리고 오로지 하나님만 바라보며 주님의 십자가의 그 사랑을 잊지 않고 살아갈 수 있도록 붙들어 주시옵소서.
　삶을 살아가는데 있어서 내 뜻보다는 주님의 뜻대로 살아갈 수 있도록 하여 주시고, 언제나 주님의 뜻이 무엇인지 마음을 온전히 주님께만 드리며 살아갈 수 있도록 우리의 마음을 붙들어 주시옵소서. 주님의 그 헌신된 사랑을 기억하며 나만을 생각하기보다는 남을 먼저 배려하고 남을 사랑할 수 있는 자가 되게 하여 주시고, 온전히 주님의 사랑으로 남을 사랑할 수 있도록 붙들어 주시옵소서.
　부활주일을 맞아 주님의 부활을 기뻐하며 오로지 이 예배시간에 주님의 보혈의 피로써 우리의 죄악 된 모습과 허물을 씻겨 주셔서 온전히 하나님께 올려드리는 기쁨의 예배가 되게 하여 주시옵소서. 오늘 우리를 이 예배의 자리에 불러주시고 우리의 예배를 기쁘게 받아주실 하나님께 감사드리며, 이 예배의 자리를 항상 사모하는 마음으로 살아가며 예배를 소홀히 하지 않는 믿음의 성도가 될 수 있도록 우리를 붙들어 주실 줄 믿습니다.

우리를 향하신 한없는 사랑에 감사하며 우리에게 주시는 말씀을 받아 한 주간도 그 말씀 가운데 그 말씀의 은혜를 누리며 살아갈 수 있는 우리 모두가 되게 하여 주실 줄 믿으며 예수님 이름으로 기도드립니다. 아멘

04 가정의 달 기도문

　온 산과 들판을 아름다운 꽃으로 수놓은 5월, 우리에게 가정의 달을 허락하시니 감사합니다. 이번 가정의 달을 맞이하여 하나님이 만드신 가정의 의미를 다시 한 번 마음에 새겨봅니다. 하나님께서는 남자와 여자가 만나 한 몸을 이루어 하나의 가정을 이루게 하시고, 그 안에서 자녀가 태어나 부모로부터 하나님의 사랑을 배우게 하셨습니다. 하나님은 가정의 모든 구성원 하나하나가 소중하고 그 안에서 서로 사랑하며, 화목하게 살도록 하셨습니다.

　그러나 오늘날 우리의 가정은 서로 사랑하지 못하고, 화목하지 못했습니다. 가족간의 대화가 사라지고, 각자의 할 일에 바빠서 서로에게 무관심한 채 살아가고 있습니다. 하나님의 사랑을 체험해야 할 가정에서, 부모의 사랑을 받지 못한 수많은 아이들이 생겨나고 있습니다. 태어나면서부터 사랑이 아닌 경쟁을, 미움과 시기와 다툼을 배워나가는 우리의 모습을 발견하게 됩니다. 사랑의 주님, 우리의 가정을 돌보지 못한 죄를 용서하시고 다시 한 번 우리의 가정을 회복시켜 주옵소서.

　우리의 가정에 사랑이 넘치게 하옵소서. 부모의 사랑을 통해 하나님의 사랑을 깨닫게 하여 주옵소서. 우리의 가정이 화목하며 사랑이 넘치는, 그리하여 행복하고 번성하는 가정이 되게 하여 주소서. 특별히 주님께서 우리 가정의 주인이 되어 주시기를 원합니다. 우리 가정이 내 소유물이 아님을, 내 뜻대로, 내 마음대로 할 수 있는 것이 아님을 깨닫게 하여 주옵소서. 그리하여 하나님의 뜻대로 살아가며, 하나님의 사랑을 실천하는 가장 작은 공동체가 되게 하여 주옵소서. 믿음의 가정으로서 올바르게 살아가며, 사람들에게 믿음의 본을 보이는 가정이 되게 하여 주옵소서. 각자 맡은 바 위치에서 최선을 다하게 하시고, 서로가 잘못을 감싸주고, 함께 아파하고 함께 슬퍼하며, 함께 기뻐하고, 함께 감사하는 우리 가정이 되게 하여 주옵소서. 그리하여 다시 한 번 우리의 가정이 하나님이 만드신 태초의 가정의 모습으로 하나님이 원하시는 가정의 모습으로 변화되게 하여 주옵소서. 예수님의 이름으로 기도하옵나이다. 아멘

05 어버이주일 기도문

살아계시고 우리의 주인 되시는 하나님 아버지, 우리에게 베풀어주신 은혜를 감사드립니다. 우리를 한 주 동안 세상 가운데 살아가게 하시고, 주님의 전에 모여 주님께 예배로 나아갈 수 있게 해주시니 정말 감사드립니다. 이 시간 우리에게 임하여 주시고, 우리가 하나님께 드리는 경배와 영광을 받으시옵소서.

특별히 오늘 어버이주일로 예배하게 하시니 감사드립니다. 또한 우리에게 육신의 부모님을 허락하여 주시니 감사합니다. 하나님께서 각자에게 꼭 필요한, 소중한 부모님을 통해 우리를 이 세상에 보내주셔서 감사합니다. 우리의 부모님을 생각하며, 하나님의 은혜와 사랑을 기억하는 시간이 되게 하여 주시옵소서.

하나님 아버지, 하나님께서 우리에게 주신 계명 중 사람 사이에서 첫 번째 되는 계명인 부모를 공경하라고 말씀을 기억합니다. 하지만 우리는 부모님의 은혜를 망각하기도 하였고, 그 뜻을 거스르는 불효를 저질렀습니다. 이런 우리를 용서하여 주시고 우리가 주님을 바라보는 만큼 우리 부모님들께 효를 다하는 자들이 되게 하옵소서. 또한 부모님의 믿음을 본받아 너욱 주님을 예배하게 하시고, 먼저 기도하는 자로 우리를 세워 주시옵소서.

지금 이 시간에도 많은 부모님들이 평생 자식을 위해서 살다가 나이가 들었다는 이유로 방치되는 일들이 세상 가운데 만연해지고 있습니다. 뉴스에서는 심심치 않게 독거노인의 죽음에 대한 기사가 나오고 있는 것이 지금 대한민국의 현실입니다. 우리나라의 이런 모습들을 고쳐주시고, 부모세대들이 공경 받고, 위안 받는 사회가 되게 하옵소서. 또한 그 일에 우리를 사용하시고, 우리가 오직 주님의 생각으로 주님의 뜻으로 부모세대를 섬기게 하시옵소서.

또한 우리 교회에 계시는 많은 어르신들을 위해 기도합니다. 우리 교회가 어른들을 섬기는 교회가 되길 원합니다. 많은 어르신들을 마치 나의 부모같이 섬기게 하시고, 또한 어르신께서는 교회를 위하여 지혜를 모아 함께 교회를 세워 나갈 수 있도록 도와 주시옵소서.

우리가 예배를 드리기 위해 이곳에 모였습니다. 주님께서 우리의 예배를 기쁘게 받아주시고, 우리의 예배가 아벨의 예배처럼 하나님께서 기뻐 받으시는 예배가 되게 하옵소서. 특별히 말씀을 전하시는 목사님 가운데 함께 하여 주시고, 선포되는 말씀에 우리가 아멘으로 화답할 수 있게 하옵소서.

주님께서 이 예배를 기억하여 주시고, 기쁘게 받으실 것을 믿습니다. 주님께서 우리의 모든 삶을 주관하시고, 이 땅의 모든 부모님에게 하나님의 은혜와 사랑이 가득하길 간절히 원합니다. 예수 그리스도의 이름으로 기도드립니다. 아멘

06 어린이주일 기도문

사랑이 많으시고, 우리의 아버지가 되시는 하나님 아버지!

우리를 주님의 전으로 불러주시고, 주님 앞에 예배함으로 나아가게 해주시니 정말 감사합니다. 우리가 어린아이와 같은 마음으로 주님을 바라보게 하시옵소서.

어린 아이를 사랑으로 축복하시는 하나님 아버지!

예수님께서 친히 어린 아이들이 주님께 나오는 것을 막지 말라고 하시고, 천국은 마치 어린아이와 같은 자들의 것이라고 말씀하셨습니다. 어린아이가 아무런 의심 없이 하나님의 말씀을 믿고 의지하는 것처럼 우리가 어린아이와 같이 하나님의 말씀을 잘 받아 먹을 수 있는 자가 되게 하시옵소서.

우리 교회에 속한 많은 어린 영혼들을 위해 기도합니다.

주님께서 그들을 지켜 보호하여 주시고, 저들이 어린시절부터 영적 영양이 풍부한 양식을 먹으며 그 키가 자라는 것만큼 영이 성장하게 하시옵소서. 어렸을 때부터 하나님의 말씀을 의지하며 날마다 사랑스러워지는 우리 아이들이 되게 하여 주시옵소서.

언제나 우리의 삶을 살피시고, 돌보시는 하나님 아버지!

저들이 자라는 환경까지 주님께서 지켜 보호하여 주시고, 함께 동행하여 주시옵소서. 좋은 친구를 만나고, 좋은 선생님을 만나서 바른 삶을 배울 수 있게 인도하여 주시옵소서. 세상은 날이 갈수록 악해져갑니다. 이런 악한 세상 가운데 이길 수 있는 믿음을 더하여 주시고, 세상을 살아감에 있어서 생기는 모든 풍파 속에서도 오직 하나님 한 분만을 의지하게 하옵소서. 그 삶이 오직 하나님만을 향하는 영혼들이 되게 하옵소서.

또한 어린아이들을 가르치는 교사들에게 주님께서 함께 동행 하시고, 그 교사의 직분이 어린 영혼을 담당하는 큰 일이라는 것을 기억하게 하시옵소서. 그리하여 어린 영혼들을 위하여 항상 기도하고 애쓰며, 눈물 흘리는 교사들이 되게 하옵소서. 주님께서 어린이들을 사랑한 것 같이 우리 온 성도가 함께 어린이들을 사랑하게 하고, 한 영혼을 위하여 기도할 수 있게 하옵소서.

전지전능하신 하나님 아버지!

전 세계에 많은 어린이들이 굶주림에, 착취에, 무관심에 죽어가고 있습니다. 그 어린 영혼들을 주님께서 살펴보시고, 우리 교회가 그 어린 영혼들을 위하여 기도하고, 선교하며, 봉사하는 교회가 되게 하여 주시옵소서.

오늘 우리의 예배 가운데 함께 하여 주시고, 우리에게 귀한 말씀을 해주실 목사님 가운데 함께 동행 하옵소서. 우리의 잃어버린 신앙을 회복하는 역사가 오늘 예배를 통해 이루어지게 하시옵소서. 우리의 기도가, 우리의 찬송이, 우리의 헌신이 오직 하나님 한분만을 향하게 하옵소서.

예배의 주인이 되시는 예수 그리스도의 이름으로 기도드립니다. 아멘.

07 성령강림주일 기도문

　주님의 날을 우리에게 주시고, 우리가 함께 모여 하나님을 찬양하게 하시니 정말 감사합니다. 우리 모임 가운데 임하신 성령님을 찬양합니다. 오늘 우리의 예배 가운데 충만함으로 임재 하셔서 이 예배에 참여하는 온 성도들이 성령으로 감동되는 예배가 되게 하옵소서. 또한 우리가 신령과 진정으로 드리는 예배가 되게 하옵소서.

　하나님 아버지, 오늘은 교회력에 따라 성령강림주일로 지킵니다. 주님께서 승천하시면서 제자들에게 말씀하신 성령님을 오순절 마가의 다락방에 임하게 하여 주시고, 오늘 지금 이 순간 또 우리와도 함께 하여 주심을 믿고 나아갑니다. 우리가 날마다 성령님과 동행하게 하옵소서. 성령님의 인도함을 받아 매일매일이 성령님과 함께 행하는 삶이 되게 하옵소서.

　성령이 임하시면 땅 끝까지 이르러 내 증인이 되라고 말씀하신 명령을 따라 우리가 증인된 삶을 살기 원합니다. 우리가 때로는 직접 선교로 증인된 삶을 살게 하시고, 그렇지 못한 상황에 있는 성도들 가운데는 선교사님을 도움으로 땅 끝까지 증인이 되는 삶을 살게 하옵소서. 우리 교회에 속해 있는 모든 선교사님과 함께 동행 하시고, 모든 선교사님의 사역 가운데 주님의 역사가 이뤄지게 하옵소서.

　성령 하나님, 우리가 주의 성령으로 충만하길 원합니다. 가뭄이 가득한 땅에 단비가 내려 그 땅이 살아나듯 메마른 우리의 영혼 가운데 성령의 단비를 허락하여 주시옵소서. 성령님께서 우리의 죄를 모두 성령의 단비로 깨끗이 씻어주시고, 우리의 영이 거듭나 오직 주님의 군사 되어 나아갈 수 있게 하여 주시옵소서.

　우리가 성령을 받음으로 교회의 자녀들이 예언하게 하시고, 젊은이들은 환상을 보게 하시며, 늙은이는 꿈을 꿀 수 있게 하여 주시옵소서. 성령의 큰 감동으로 살아가는 교회가 되게 하여 주시고, 우리 교회가 마른 뼈가 살아나는 것과 같은 성령의 임재를 체험하는 교회가 되게 하여 주시옵소서.

　날마다 기도함으로 성령 충만하게 하시고, 뜨겁게 신앙생활을 하며 교회를 세우고, 성도들 간에 은혜를 나눌 수 있는 우리 교회가 되게 하옵소서. 우리가 바른 믿음을 소유하도록 인도하여 주시고, 교회와 모든 성도들의 가정에도 충만하게 임재 하여 주시옵소서.

　주님의 말씀을 선포하는 목사님 가운데 성령으로 충만하게 채우시고, 교회의 모든 일을 할 때도 성령의 충만함으로 주님이 원하시는 그 뜻을 알아 그 뜻대로 실천하는 삶을 살아가게 하여 주시옵소서. 말씀과 함께 성령님을 경험하게 하시고, 온 맘을 다해 드리는 찬양을 기쁘게 받아 주시옵소서. 주님께서 이 시간 함께 동행해 주실 것을 믿으며, 이 모든 말씀 예수 그리스도의 이름으로 기도드립니다. 아멘.

08 추수감사주일 기도문

　우리가 필요할 때마다 채워 주시고, 우리의 삶을 주관하시는 사랑의 하나님께 감사와 영광을 드립니다. 한 해의 결실을 맺는 때까지 우리의 삶 가운데 역사하여 주시고, 은혜의 삶이 될 수 있도록 붙들어 주심을 감사드립니다.
　하지만 우리가 살아왔던 매일의 모습은 하나님의 은혜에 감사하기보다 불평불만을 이야기할 때가 많았습니다. 힘들고 어려울 때마다 우리를 붙들어 주셨음에도 불구하고 우리는 하나님의 그 따뜻한 손길을 느끼지 못한 때가 많았습니다. 그리고 나의 것을 남에게 나누어 주기보다 내가 더 가지기를 원했고, 나보다 못한 사람들을 돌보지 못했습니다. 이러한 우리의 부끄러운 모습을 용서하여 주시옵소서. 이러한 우리의 연약한 모습을 용서하여 주시고, 이제는 우리의 삶이 감사의 삶이 될 수 있도록 붙들어 주시며, 더 가지기보다는 남에게 나누어 주는 삶으로 살아갈 수 있도록 우리의 삶을 주관하여 주시옵소서.
　또 우리의 삶을 돌아보면 교만한 삶이었음을 고백합니다. 하나님께서 하셨음에도 불구하고 내가 했다는 교만함으로 나를 과시하며 살아왔습니다. 추수할 때가 되었을 때 벼가 고개를 숙이듯 우리의 교만함이 아니라 겸손함으로 하나님을 높여드릴 수 있는 삶이 될 수 있도록 하옵소서. 항상 하나님의 도우심을 기억하면서 살아갈 수 있도록 하여 주시옵소서. 오늘 예배 가운데 우리와 함께 하여 주시고, 하나님의 은혜를 기억하며 그 은혜를 누리는 예배가 될 수 있도록 붙들어 주시옵소서.
　오늘은 추수감사주일로 지킵니다. 이 예배 가운데 감사만 넘쳐나게 하시고,

오로지 하나님만 높이며 하나님께만 영광을 올려드리는 예배가 되게 하여 주시옵소서. 오늘뿐만이 아니라 매주 하나님께 올려드리는 예배가 되게 하여 주시옵소서.

우리의 예배를 기쁘게 받아주시고, 전해지는 말씀 가운데에도 은혜를 더하여 주셔서 말씀의 은혜를 사모하며 그 말씀의 은혜를 받아 누릴 수 있는 우리 모두가 되게 하여 주시옵소서. 한없는 은혜와 사랑으로 우리를 돌보시는 하나님께 감사드리며, 예수님의 이름으로 기도드립니다. 아멘.

09 성탄주일 기도문

'지극히 높은 곳에서는 하나님께 영광이요 땅에서는 하나님의 기뻐하신 사람들 중에 평화로다.' 천사의 찬송을 받으며 낮고 낮은 이 땅에 오신 예수님!

예수님의 탄생을 기념하며 우리가 한 자리에 모여 기뻐 즐거워하며, 하나님께 영광을 돌립니다. 하나님은 아브라함과 이삭, 야곱에게 하신 그 옛 언약을 잊어버리지 않으시고 다윗의 가문에서 온 인류를 구원하실 예수님을 보내셨습니다. 인류를 위한 하나님의 사랑이 예수님에게 고스란히 담겨 예수님의 오심은 대접을 받으려 함이 아니라, 모든 사람들을 구원하시기 위해 자신을 대속물로 주려 하심이었습니다.

그 오심이 오랜 비밀이었고, 감추었던 것인데 이제 모든 인류가 그것을 알게 되었습니다. 그러나 예수님이 오실 때 자기 백성들이 알지 못했습니다. 구세주이신 예수님을 영접하지 않았습니다. 그때에 그들처럼, 오늘날에도 우리의 관심은 예수님에게 있지 않고, 성탄절의 여러 행사에, 그 분위기에, 그 화려함에 있지는 않은지 우리의 삶을 돌아봅니다. 자신이 역사의 주인공이 되려했던 헤롯과 같이 우리는 여전히 마음의 문을 닫고, 내가 나의 주인이 되어 살아가고 있습니다. 겉으로는 성탄을 기뻐하지만, 속으로는 예수님의 오심에 아무런 의미를 두지 않고 있습니다. 예수님은 이미 이 땅에 오셨건만, 영접하지 않는 사람들이 너무나 많습니다. 사람들의 무관심으로 인해 구유에 태어나셨다는 것을 알면서도, 우리는 구유가 마치 예수님이 당연히 있어야 할 곳으로 여깁니다. 예수님이 계셔야 할 곳은 구유도 왕궁도 아닌 우리의 마음이라는 것을 기억하게 하옵소서.

  하늘의 기쁨이 진정 땅의 기쁨이 되게 하시고, 우리의 기쁨이 되게 하옵소서. 함께 축하고 기뻐하게 하옵소서. 이 기쁨은 화려한 인간의 축제로 인한 기쁨이 아니라, 하나님의 사랑을 깨달아 얻는 기쁨이 되게 하옵소서. 마굿간처럼 깨끗한 곳 하나 없지만, 우리의 마음속에 예수님을 모시고자 합니다. 우리의 마음속에 오셔서 우리의 평화가 되어 주옵소서. 우리의 안식이 되어 주옵소서. 우리의 구원자가 되어 주옵소서. 예수님의 이름으로 기도드립니다. 아멘.

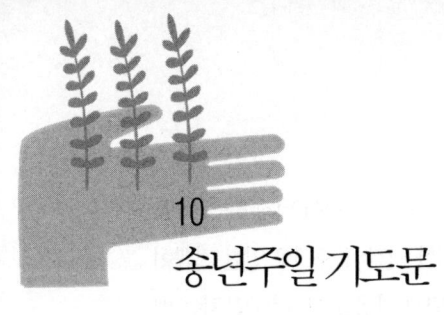

10 송년주일 기도문

　우리 안에 착한 일을 시작하신 이가 세상 끝 날까지 함께 하신다는 약속까지 허락하신 하나님, 감사합니다. 올 한해도 되돌아보건대 쉰 두 번의 주일을 통해 주님께서 흔들렸던 우리를 매주일 반석이 되시는 교회 가운데 흔들리지 않도록 세워 주셨음을 깊이 깨닫게 됩니다. 부족한 인생들을 포기하지 않으시고, 끝까지 지키시는 하나님의 미쁘신 성품으로 인해 한 해를 되돌아보는 이 시간, 넘치는 은혜와 기쁨이 우리의 마음에 자리 잡게 하시니 감사합니다.

　거룩해야 하는 교회가 때때로 거룩함을 잃어버렸습니다. 주님께 의지하지 않고 홀로 끙끙대며 힘들어했던 일들도 있었습니다. 공평하지 못하고 때로는 정의롭지 못하여 교회와 하나님 앞에 부끄러운 지난날들도 많았습니다. 보배와 같은 복음을 마음에 쌓아두기만 하고 깊이 묵상할 시간을 갖지 못한 순간도 있었습니다. 이웃에게 나누기는커녕 나의 것으로 쌓아두기에 급급했습니다. 이런 모습을 한해를 마무리하는 자리에 섰습니다.

　하나님이시여.

　변함없이 날마다 흐르는 풍성한 은혜에도 이렇게도 채워지지 못한 채 앉아 있는 우리 모두를 용서하옵소서. 그리고 새해에도 변함없이 함께 하실 하나님의 약속을 기대하는 우리에게 자비를 허락하소서. 한해를 돌아볼 때에 우리의 생각과 다르고, 소원하는 바대로 흘러가지 않았지만, 우리보다 우리를 더 잘 아시는 하나님의 크신 은혜가 우리의 출입을 지켰음을 고백합니다.

　이 시간 여전히 계산적이고 회의적인 우리의 생각이 주님의 임재 앞에 멈춰 서게 하옵소서. 오직 주님만이 움직이시고, 높아지는 시간이 되기를 소원합니다. 바깥의 혹독한 추위와도 같을지 모르는 우리의 앞날을 향한 우리의 시선이 이 시간 온전히 주님께 향하길 원합니다. 내 발의 등이신 주님의 빛이 우리와 함께 함으로 우리의 고백과 믿음으로 결단하여 일어서는 시간이 되게 하옵소서.

오늘 ○○○목사님을 통해 선포되는 말씀이 하나님의 이름과 나라와 뜻을 이루게 하시고, 특별히 우리 가슴 속에서 되살아나게 하시옵소서. 새해에 펼쳐질 교회의 사역 위에도 기름 부으심이 있게 하옵소서.

자기 백성을 저희의 죄에서 구원하실 영원한 이름으로 오신 주님께 감사드리며, 모든 교회의 고백과 행동과 의지를 주님께 구속합니다. 온전히 받으시고 영화롭게 하소서. 이 자리에 참석지 못한 주의 백성들과 이 땅의 모든 사람들 위에도 동일한 주님의 은혜가 그들과 그들의 가정에 가득하기를 간구합니다. 이 시간 온 땅에 하나님께서 하나님 되심이 선포되길 간절히 기대하며, 성실한 마음으로 주님의 말씀을 기다립니다. 예수님의 이름으로 기도합니다. 아멘.

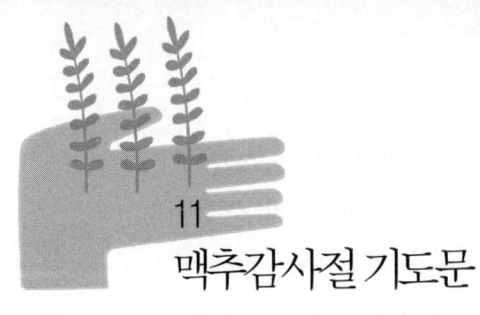

11 맥추감사절 기도문

전능하시고 한없는 사랑으로 우리를 덮어주시는 하나님께 감사를 드립니다. 지난 6개월을 뒤돌아보면, 하나님의 은혜 가운데 살아왔음을 고백합니다. 때로는 지치고 힘들 때도 많았고, 또 쓰러질 때도 있었지만, 하나님의 은혜가 아니었다면 우리의 삶은 다시 일어날 수 없었음을 고백합니다. 이러한 하나님의 은혜를 기억하며 감사드립니다.

한 해를 시작하며 주님 앞에 온전한 믿음으로 살겠다고 다짐을 했지만, 한 해의 반을 돌아보면 그러지 못한 우리의 이기적인 모습만 남아 있습니다. 이러한 우리의 이기적인 모습을 용서하여 주시옵소서.

이제는 우리의 이기적인 모습을 내려놓고 온전한 믿음으로 하나님을 기쁘시게 하는 삶으로 나아갈 수 있도록 붙들어 주시며, 어떠한 일에도 하나님의 은혜를 기억하며 살아갈 수 있도록 우리의 삶을 붙들어 주시옵소서.

또한 우리의 입술로 하나님을 찬양한다고 했지만 우리의 삶 안에서의 입술은 늘 불평불만이 가득한 모습이었습니다. 이러한 우리의 모습을 하나님의 자비하심으로 용서하여 주시고, 우리의 입술이 언제나 하나님을 찬양하며 축복을 내뱉는 입술로 거듭날 수 있도록 우리를 붙들어 주시옵소서.

오늘은 언제나 우리의 필요를 아시고 채워 주시는 하나님의 사랑을 생각하며 여기까지 인도해주신 하나님의 은혜에 감사하며 맥추감사주일을 지킵니다. 이 기쁘고 즐거운 날 하나님을 마음껏 찬양하며 예배할 수 있도록 하여 주시고, 하나님의 은혜를 마음껏 부어주시옵소서.

오늘 전해지는 말씀 가운데 은혜의 단비가 내려 우리의 심령들을 적셔주시고, 이 말씀을 통하여 우리가 더욱 힘을 얻고, 더욱 하나님을 사랑할 수 있는 우리 모두가 되게 하여 주시옵소서.

하나님을 예배함으로 인해 기쁨이 넘치게 하여 주시고, 은혜 가운데 예배를 드릴 수 있도록 이 시간을 붙들어 주시옵소서. 모든 것들을 주님께 맡겨 드립니다. 예수님의 이름으로 기도드립니다. 아멘.

12 삼일절 기도문

온 땅의 생명을 창조하시고 지키시는 하나님!

오늘도 우리 모든 성도들이 그 은혜의 빛 안에서 살아가게 하심에 감사합니다. 선하신 하나님을 닮은 성품으로 지어진 우리이지만, 하나님 앞에 온전히 엎드리지 못했습니다. 그로 인해 하나님을 떠난 죄인의 모습이 우리에게 있음을 용서하시옵소서.

오늘은 이 땅에서 일제에게 억눌린 시기에 나라의 앞날을 걱정하며, 두렵고 떨리는 마음으로 만세운동에 참여한 민족의 선열들을 기념하는 날입니다. 하나님께서 허락하신 생명이 존중받지 못하고 있음에 안타까운 마음으로 일어선 믿음의 선열들의 헌신이 있었기에 오늘 대한민국이 있는 것입니다. 대한민국이라는 나라 안에서 우리가 보호받고 있음에 늘 감사하는 마음을 갖게 하옵소서. 또한 선열들의 정신을 이어받아 이 나라를 두루 살펴 참으로 건강한 나라를 이루는데 힘을 다하게 하옵소서.

스스로를 돌아보아 나라 안의 살림살이에 대해 방관적, 관조적 시선이 아닌 따뜻한 마음으로 참여하는 나라사랑의 얼이 되살아나게 하소서. 하나님께서 주신 소중한 땅을 힘써 경작하는 마음으로 이웃들을 살피고, 소외된 이들의 신음소리를 들으려 경청하며, 밝고 건강한 사회를 다음세대에 유산으로 물려주는 믿음의 세대가 되게 하소서. 지역 교회를 넘어 온 나라에 확장시키는 시대의 길잡이가 된 선배들의 교회됨을 물려받아 지금 이 땅에서 무너진 교회의 권위를 회복하고 불안한 다음세대와 사회에 믿음직한 선생과 같은 교회가 되게 하옵소서.

주님, 우리의 꿈은 언제나 주님을 향하지만, 일상생활은 늘 그렇지 못하여 실수하며 좌충우돌 넘어지기에 바쁩니다. 교회를 어여삐 여기시고, 믿음의 지체들을 불쌍히 여기셔서 날마다 시대를 밝히는 교회로 일어설 수 있도록 지혜와 믿음의 배짱을 허락하소서.

국가의 지도부에 있는 믿음의 형제들이 구설수에 걸려 넘어지지 않도록 그들의 삶의 자리에서의 윤리를 지켜 주시고, 맡은 바 자리에서 선한 일을 행할 수 있는 힘과 지혜를 허락하소서.

교회의 걸음과 교회 안에서의 교제가 내적인 감정의 치유에만 머무르지 않도록 돌보시며, 시대가 짊어지고 있는 커다란 담론적인 의제를 놓고 함께 고민하며 주님 앞에 엎드리는 교회가 되게 하소서. 개인의 삶과 나라의 역사를 이끄시는 하나님의 주인 되심을 날마다 고백하며 많은 이들을 하나님 앞으로 이끌어 주님 안에서 참된 평화를 누리도록 인도하는 교회가 되게 하소서.

나라의 큰 사건들 속에서 아파하는 유가족들에게 삶을 지탱할 수 있는 은혜를 허락하시며, 나라와 하나님을 향한 그들의 시선이 왜곡되지 않도록 선한 마음을 창조하소서. 지금에나 앞으로도 영원히 승리하실 하나님의 이름을 찬양하며 예수님의 이름으로 기도합니다. 아멘.

13 고난주일 기도문

사랑의 하나님, 오늘부터 우리는 고난주간을 맞이하게 됩니다.

하나님의 크신 사랑, 독생자 아들 예수 그리스도를 이 땅 가운데 보내시고, 십자가에 못 박히시기까지 하신 그 사랑의 절정이 이번 주간 저희들 앞에 펼쳐집니다. 예수님께서 십자가에 못 박히시기까지의 많은 사건들을 다시 한 번 되돌아보고 십자가에서의 고난을 생각하며, 나를 위하여 십자가에서 죽으신 주님의 은혜에 다시 한 번 감사와 찬양과 영광을 올려드립니다.

하나님께서는 우리를 위해서 독생자 아들 예수 그리스도를 이 땅에 보내주셨건만, 우리는 이 놀라운 사랑의 사건 앞에서 매번 다가오는 고난주일이라 여겨 하나님의 사랑에 무감각해져 있습니다. 다시 한 번 우리의 삶을 되돌아보며, 하나님을 멀리하고, 내 뜻과 내 생각대로, 또는 세상 유혹에 따라 살아가던 우리의 모습을 회개합니다. 사랑의 주님, 우리의 죄를 용서하여 주옵소서.

주님이 지신 십자가의 길, 그 고난의 길을 다시 한 번 떠올려 봅니다. 나를 따르려면 자기를 부인하고 자기 십자가를 지고 나를 따르라고 말씀하신 주님의 음성이 오늘 우리의 귀에 들려지게 하옵소서. 그리스도인이라 하면서 그리스도를 증거 하지 못하고, 세상의 즐거움에 빠져 살았던 우리의 모습이 바뀌어 하나님을 사랑하고, 하나님의 사랑을 증거 하는 삶으로 바뀌기를 원합니다. 하나님이 주신 사명을 잘 감당하여 오직 주님이 가신 발자취를 따라 순종으로 나아가게 하여 주옵소서. 그리하여 우리에게 세상의 즐거움보다 예수 그리스도를 따르는 즐거움이 더 큼을 깨닫게 하여 주옵소서.

오늘 고난주일을 맞이하여 주님의 고난에 동참하기를 원하는 우리에게 하나님의 은혜를 더하게 하시고, 한 주간 금식하며, 금욕하며, 주님의 고난을 묵상하며 지내는 우리에게 하나님의 크신 위로가 있게 하여 주옵소서. 나를 구원하시기까지 얼마나 큰 희생이 따라야 했는지, 하나님의 크신 사랑을 다시 한 번 깨닫게 되는 한 주간이 되게 하여 주옵소서. 예수님의 이름으로 기도합니다. 아멘.

14 성서주일 기도문

말씀으로 이 세상을 창조하시고, 말씀으로 이 땅을 다스리시는 하나님!
우리에게 하나님의 말씀을 주시니 감사합니다. 하나님의 말씀이 문자로 기록되어 책으로 오기까지 역사하신 하나님을 찬양합니다.

말씀이 육신이 되어 우리 가운데 거하시매 우리가 그의 영광을 보니 아버지의 독생자의 영광이요 은혜와 진리가 충만하다고 말씀하셨습니다. 이 말씀이 사람들을 살리는 생명의 말씀이기에 하나님은 이 말씀을 우리에게 주어 읽게 하시고 깨닫게 하시고, 우리의 영이 살아나게 하셨습니다. 말씀으로 살기 위해 모세는 손목에 매고, 미간에 붙이고, 문설주와 바깥문에 기록하라 하였습니다. 그리고 자녀들에게 부지런히 이 말씀을 가르치라 명하였습니다. 그들의 실천을 통하여, 또한 하나님 말씀의 능력을 믿은 자들의 노력으로 인해, 온 세계에 전파되고 기록되어 지금에 이르게 되었습니다.

그러나 하나님! 하나님의 말씀은 기록됨과 함께 우리의 마음과 기억 속에서 점점 멀어져, 성경을 펼치지 않으면 한 구절도 기억하지 못하는 어리석은 자들이 되고 있습니다. 하나님! 불쌍히 여기시고 우리의 손에서, 우리의 눈에서, 우리의 머리에서 주님의 말씀이 떠나지 않게 하옵소서.

'믿음은 들음에서 나고, 들음은 그리스도의 말씀으로 말미암는다' 하였습니다. 하나님의 말씀은 펴지 않은 채, 우리는 날마다 주님의 음성을 듣기 원하며, 그 뜻을 알기 원한다고 합니다. 우리의 잘못된 신앙생활을 돌이키게 하시고, 하나님의 말씀이 중심이 되는 삶을 살게 하옵소서. 베뢰아 사람들처럼, 말씀을 받고 이것이 그러한가 하여 날마다 성경을 상고하는 자가 되게 하옵소서. '하나님의 말씀은 살아 있다' 하였습니다.

  이 천년 전에, 성경 속에서만 살아 있는 것이 아니라, 오늘날에도 살아 있음을 경험케 하옵소서. 우리가 성경을 읽고 묵상하는 데만 그치는 것이 아니라, 살아 계신 하나님의 말씀을 삶 속에서 실천하며 경험케 하옵소서. 아직도 하나님의 복음이 전해지지 않은 나라들이 있습니다. 하나님의 말씀을 곁에 두고 눈으로 확인하고 싶은 사람들이 있으나, 아직 언어가 없고, 번역이 되지 않은 나라들이 있습니다. 그들에게도 하나님의 말씀이 전해져서 그들이 빛으로, 생명으로 나오게 하옵소서. 예수님의 이름으로 기도드립니다. 아멘.

15 순교자기념주일 기도문

온 인류를 구원하시기 위해 이 세상에 오신 예수님의 사랑에 감사를 드립니다. 하나님의 계획하심과 예수님의 피 흘림 없이는 우리에게 구원의 기쁜 소식은 없었을 것입니다. 우리에게 자비와 은혜를 베풀어 주신 하나님을 찬양합니다. 사랑이 가득하신 하나님, 순교자의 피는 교회의 씨앗이 되어 교회가 세워지고 든든히 성장하게 됨을 잘 압니다. 세계 곳곳에 세워진 교회가 모두 순교자의 피로 세워진 것임을 잘 알고 있습니다. 우리나라도 선조들의 피흘림이 없었다면, 지금까지 믿음이 이어지지 않았을 것입니다.

사랑의 주님.

오늘 주님 앞에 나와 믿음의 선조들이 갔던 길을 생각하며, 주님 앞에 나아와 예배합니다. 예수님 한 분만으로 만족하고, 믿음의 길을 옳곧게 걸어갔던 믿음의 선배들을 기억하게 하옵소서. 혹독한 시련 속에서도 믿음을 잃지 않고, 오히려 주님을 자랑하고, 주님을 기뻐했던 수많은 순교자들. 그들의 순교의 피가 오늘 우리를 일으켜 세웠음을 기억하게 하옵소서.

많은 믿음의 선현(先賢)들이 믿음을 지키며 순교의 길을 걸어갔지만, 지금 우리의 모습은 어떤지 주님 앞에서 부끄러울 뿐입니다. 믿음의 공동체를 생각하기보다는 내 삶을 추스르는 것에 힘들어 했습니다. 주님 한분만으로 만족하기보다는 많은 것을 가지고 있음에도 불평했습니다. 믿음을 지키며 말씀을 따르는 삶보다는 내 생각과 내 의지를 가지고 살았습니다. 흔들리지 않는 믿음의 반석위에 서기보다는 쉽고, 타협하는 길로 살았습니다. 우리의 연약함을 불쌍히 여기시고, 우리의 믿음을 회복시켜 주옵소서.

우리를 인도하시는 주님.

순교의 피가 떨어진 이 땅에 수많은 열매가 맺고 있습니다. 이제 이 시대를 살아가는 우리가 열매 맺고 있음에 만족하는 것이 아니라, 다시금 한 알의 밀알이 되어, 이 세대뿐만 아니라, 다음세대에도 믿음의 꽃이 활짝 피도록 준비하게 하시고, 순교적 삶을 살아가게 하여 주옵소서. 순교자의 영성과 믿음을 따라 우리가 믿음을 지키며 살아갈 때, 주님께서 믿음의 선조들에게 약속하신 약속을 기억하시고, 우리와 함께 하시는 복을 내려 주옵소서. 우리의 삶이 순교자의 삶을 살아갈 수 있도록 인도하여 주시옵소서.

이 시간 말씀을 전하시는 목사님과 함께 하시고, 우리 예배 하나님이 기뻐하시는 예배가 되게 하옵소서. 예배를 돕는 손길마다 함께 하시고, 항상 주님을 섬김에 있어서 즐겨하는 마음으로 섬기게 하옵소서. 우리를 위해 십자가에서 보혈의 피를 흘리신 예수 그리스도의 이름으로 기도합니다. 아멘.

16
6.25예배 기도문

평화의 주님.
　오늘도 주님의 평강이 이 땅 위에 충만하게 차고 넘치기를 기도합니다. 주님 만나기를 사모하여 나온 모든 성도 위에 주님께서 말씀하시고, 은혜를 내려주옵소서.
　하나님 아버지, 나라와 민족을 위하여 기도합니다.
　이 땅에 6.25전쟁과 분단이 시작된 지 70년을 향하여 달려가고 있습니다. 북한의 기습 남침으로 이 땅에 씻을 수 없는 전쟁의 상처들이 남게 되었고, 지금까지 오랜 시간동안 아픔을 간직한 채 살아가는 이들이 많이 있습니다. 가족을 잃은 이들, 친지와 친구를 잃은 이들, 수많은 상처를 안고 살아가는 이들의 마음을 어루만져 주옵소서. 그 슬픔, 분노, 절망을 넘어 희망과 평화를 노래하도록 마음을 변화시켜 주옵소서.
　6.25전쟁 이후 수십 년이 지난 오늘. 남한은 경제적 풍요로움을 넘어 물질만능주의가 팽배하고, 북녘 땅에는 오랜 독재국가 아래서 경제적 빈곤과 통제 속에서 살아가고 있습니다. 최근에는 북한의 핵무장 위협과 남한의 사드 배치로 인하여 더욱 전쟁의 위험이 높아지고 있습니다. 지난 6.25 한국전쟁을 통해 남과 북이 황폐해진 과거의 역사가 반복되지 않게 하시고, 다시는 이 땅위에 전쟁이 발발하지 않도록 주님 이 땅에 평화를 허락하여 주옵소서.
　칼을 쳐서 보습으로 만들기를 원하시는 주님.
　남과 북의 위정자들이 이 땅 위에 평화를 정착시키게 하시고, 통일을 이루어가도록 변화시켜 주옵소서. 남과 북의 어떤 정치도, 경제도, 교육도 이 땅을 치유할 수 없고, 통일을 이뤄낼 수 없고, 오직 주님의 복음, 사랑의 복음으로 이 땅을 보듬고 치유하고, 하나가 될 수 있음을 믿습니다. 주님 우리 안에 치유를 허락하시고, 하나가 되도록 은혜 내려 주옵소서.

6.25 전쟁으로 나뉜 남과 북이 분열을 넘어, 하나의 공동체가 되게 하시옵소서. 통일이라는 하나님의 섭리를 통하여 이 나라가 하나님께서 사용하시는 나라가 되어, 복음과 선교에 쓰이게 하여 주옵소서. 특별히 북녘 땅에서 하나님을 섬기며 예배하는 성도들을 지켜 주시옵소서. 믿음의 선조들을 통하여 신앙을 이어받고, 숨을 죽이며 하나님을 예배합니다. 많은 선교사들을 통하여 복음을 접한 이들도 있습니다. 그들의 간절한 간구를 들어 주시옵소서. 마음껏 소리를 높여 하나님을 찬양하고 기도하며 예배하는 기쁨을 누리게 하옵소서.

이 시간, 말씀을 전하시는 목사님과 함께 하시옵소서. 말씀에 힘과 능력을 더하시고, 우리에게는 은혜의 시간이 되며, 말씀을 실천하며 살아가게 하옵소서. 예수님의 이름으로 기도합니다. 아멘.

17 광복절예배 기도문

　이집트에서 노예생활을 하던 유대 사람들을 이끄시어, 약속의 땅으로 인도하신 하나님을 찬양합니다. 자비와 은혜를 베푸시고, 이스라엘 사람들이 하나님을 섬기며 예배할 수 있도록 자유를 허락하신 하나님의 사랑을 기억합니다. 은혜가 풍성하신 하나님께서 우리나라에 자유를 허락하심으로 우리가 언제 어디서든지 마음을 다하여 예배를 드릴 수 있도록 하셨습니다.
　지난 세기, 일제 강점기로 인하여 이 땅은 황폐해졌습니다. 우리 민족에게 자유가 허락되지 않았습니다. 나라를 잃어버리고, 일제는 민족을 말살하려는 정책을 펼쳤습니다. 하지만, 이스라엘 백성을 이집트에서 구원하셨던 것처럼 우리나라, 이 민족을 하나님께서 인도하셔서 해방의 기쁨을 맞이하게 하셨습니다. 하나님의 구원하심에 우리의 마음을 모아 감사를 드립니다.
　나라에 힘이 없어서 수많은 백성들이 수탈을 당했고, 어린 소녀들이 아무런 설명 없이 끌려가 수난을 당하며 살았던 아픈 과거가 아직도 온전히 해결되지 못한 채, 이 시대가 흘러가고 있습니다. 하나님을 믿는 우리 믿음의 선조 가운데는 일본의 신사에 절하자 외쳤던 부끄러운 과거도 있었습니다. 이로 인하여 우리 믿음의 가족들이 분열되었고, 아직도 그 역사의 결과를 가지고 우리 믿음의 사람들이 살아가고 있습니다.
　주님, 이 과거의 문제를 정리하고, 이제는 과거를 덮는 것이 아니라, 뛰어넘을 수 있는 지혜를 허락하여 주옵소서.
　우리를 사랑하시는 주님!

이 나라를 위하여 목숨을 걸고 독립 운동을 했던 이들도 있었고, 믿음의 눈으로 이 백성들이 주님을 믿어야 미래와 소망이 있음을 깨닫고 개화 운동과 독립 운동을 했던 이들도 있었습니다. 이 모든 것이 하나님의 섭리 가운데 우리를 독립과 해방으로 인도하시는 손길이었음을 고백하며 감사를 드립니다.

일제강점기 너무나 아픈 생채기였습니다. 그러나 나라를 잃은 민족의 서러움을 깨닫게 하셨고, 포로된 자에게 자유케 하심이, 갇힌 자에게 놓임과 해방 하심이 무엇인지 깨닫게 하셨고, 우리의 살아있는 역사를 통해 느끼고 경험하면서, 주님께서 말씀하신 죄로부터 자유케 하심의 의미를 보다 깊게 깨닫게 하신 것도 주님의 은혜임을 고백합니다.

이제 우리가 과거의 죄로, 과거의 역사로 돌아가지 않게 하시고, 죄의 고리를 끊고, 역사의 악순환을 끊고 앞으로 인도하시는 주님의 손길을 통하여 나아가게 하여 주옵소서.

광복절을 통하여 역사만 돌아보는 것이 아니라, 우리에게 영적으로 도전하시는 하나님의 섭리를 깊게 깨닫게 하여 주옵소서.

말씀을 전하시는 목사님과 함께 해 주시고, 주님의 평강과 자유함을 누리며 살아가게 하옵소서. 예수님의 이름으로 기도합니다. 아멘.

18 대림절 기도문

마라나타, 다시 오실 주님을 찬양합니다.
대림절이 시작되는 오늘, 주님의 오심을 기뻐하며, 다시 오실 주님을 기대하며 주님께 감사를 드립니다. 이 세상이 어두움으로 덮였을 때, 주님께서는 빛으로 오셔서 어두움을 몰아내셨습니다. 하지만 정작 어두움 가운데 있던 사람들은 빛으로 오신 주님을 알아보지 못했습니다. 하나님께서 보내실 구세주를 기다리고 있었지만, 구세주로 오신 주님을 맞이하지 못했습니다. 빛으로 오신 주님, 지금 우리가 살고 있는 시대에도 주님의 빛이 필요합니다. 어두움 속에서 헤매고 있는 사람들이 많습니다. 예수님을 믿고 있다고 고백한 사람들 중에도 이전에 예수님을 맞이하지 못했던 사람들처럼, 어둠 속에서 메시아만을 기다리고 있는 사람들도 있습니다. 주님의 빛을 필요로 하는 이 시대를 향하여 주님의 빛을 비추어 주시옵소서. 우리가 그 빛에 먼저 반응하게 하옵소서. 그리고 우리가 빛 되신 주님을 따라 빛 된 삶으로 세상을 향해 빛으로 오신 주님을 알리게 하옵소서. 주님께서 다시 오실 때, 더 큰 빛으로 우리 모두가 하나가 되게 하여 주옵소서.
주님께서 오셨을 때, 일용할 양식을 구하게 하시고, 주님께서 친히 양식이 되어주시고, 우리의 삶을 사랑으로 살아가도록 인도하신 주님, 우리도 이웃과 삶을 나누고, 사랑을 나누며 주님을 닮아 살아가게 하옵소서.
말씀이 육신이 되어 오신 주님.
주님께서 직접 살아계신 하나님으로, 말씀으로 우리 가운데 계시고, 말씀을 우리 안에 넣어 주시옵소서. 우리의 삶에 말과 행동이 일치가 되는 삶을 살게 하시고, 우리가 늘 주님의 말씀 안에 살아내어, 이웃에게 주님의 말씀이 살아 역사하심을 증거 하게 하옵소서.

이 땅에 오실 때, 낮고 낮은 구유로 오신 주님, 주님의 겸손을 따라, 교만과 자만, 허식과 거짓을 벗게 하시고, 우리도 낮은 자의 모습으로 섬기는 삶을 살게 하여 주옵소서.

우리가 주님께서 사셨던 삶을 살아가다, 주님께서 다시 오시는 그날에 우리를 보시고, 주님 닮은 모습으로 살아냈음을 기뻐하시도록 우리의 삶을 살아가도록 은혜 내려 주옵소서.

다시 오실 주님을 기대합니다.

이제 말씀을 전하시는 목사님과 함께 하시고, 그 말씀으로 세상의 소망을 가지게 하시고, 종말의 때를 기다리며, 다시 오실 주님을 고대하며 소망으로 세상을 살아가게 하옵소서. 예수님의 이름으로 기도합니다. 아멘.

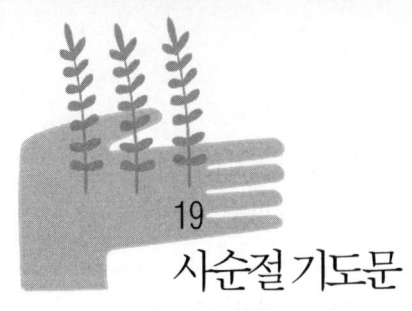

19 사순절 기도문

온 인류의 구원자가 되신 우리 주 예수 그리스도의 이름을 높여드립니다. 우리가 드리는 예배를 받아주시고, 영광을 받으시옵소서.

사랑하는 주님, 예수님께서 십자가에 돌아가신 것을 생각하며, 40여 일 동안 예수님을 생각하는 사순절을 맞이하였습니다. 항상 예수님을 생각하며 사는 것이 우리 신앙인의 모습이지만, 특별히 사순절을 맞이하여 예수님의 고난과 십자가, 그리고 부활을 깊이 묵상하는 시간을 가지게 하여 주시옵소서.

사순절을 맞아 우리의 모습을 돌아봅니다. 우리는 오직 십자가의 은혜로 거듭나서 하나님의 자녀가 되었지만, 여전히 하나님의 자녀답게 살지 못합니다. 마음의 생각은 허망하고, 입술의 말은 거짓으로 가득합니다. 저희를 불쌍히 여겨 용서하여 주시고, 이제는 하나님의 자녀로서 세상의 빛과 소금으로, 예수 그리스도의 향기로 살아갈 수 있는 새로운 힘과 지혜를 주옵소서.

이 시간 예수님께서 이 땅에서 공생애를 보내시면서 마지막 시간을 보내셨던 고난의 순간들을 기억하며 주님께 기도합니다. 주님의 고난을 길 묵상하면서도 우리는 여전히 각자의 길을 가고 있는 우리의 모습을 발견합니다. 고난의 길을 가신 예수님을 따르고 싶지만, 꿈을 추구하고, 특권과 성공, 존경과 쾌락, 권력과 힘 등 마음 속 깊은 곳에서 속삭이는 소리에 마음이 쏠리곤 합니다. 주님, 우리가 이 속삭임에 귀를 닫고, 오직 주님의 음성에 귀를 기울이는 우리가 되게 하여 주옵소서. 주님께서 가셨던 생명의 길, 좁은 길을 우리에게 보여주신 것처럼 우리도 생명으로 가는 길을 가도록 주님의 음성을 듣게 하여 주옵소서.

40일을 보내면서 우리가 경건의 모습을 회복하게 하시고, 경건의 능력 또한 회복하게 하옵소서. 다른 어느 때보다 절제의 삶을 살게 하시고, 주님의 고난에 함께 참여하며, 인생의 고난과 시련, 인내를 말씀 안에서 새롭게 의미를 발견하는 시간이 되게 하옵소서. 우리가 주님을 따르는 결단과 우리를 자유케 하시는 주님의 은혜를 충만히 누리는 시간이 되게 하옵소서.

이제 말씀을 전하시는 목사님과 함께 하시옵소서. 선포된 말씀에 은혜를 받게 하시고, 우리를 새롭게 돌아보는 시간이 되게 하옵소서. 특별히 사순절의 의미를 깨닫고, 경건의 능력을 회복하는 시간이 되게 하옵소서. 예수님의 이름으로 기도합니다. 아멘.

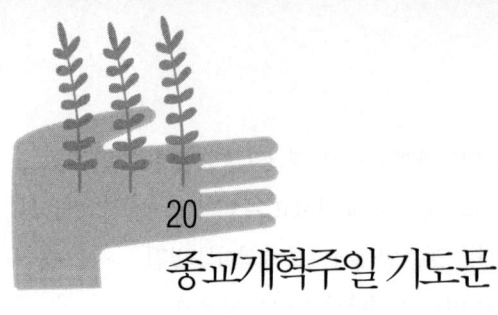

20 종교개혁주일 기도문

선하신 하나님, 종교개혁주일을 맞이하여 하나님께 예배할 수 있도록 우리를 이곳까지 인도하심을 감사드립니다. 500여 년 전 우리를 바른 믿음, 바른 신앙의 길을 오도록 인도하신 주님을 찬양합니다.

오랜 시간 동안 전통이라는 이름으로 틀에 박혀, 신앙생활이 오히려 신앙인의 삶에 올무가 되어 스스로 개혁하자는 마음을 주심을 감사합니다. 전통을 권력으로 생각하며, 하나님을 섬기는 것을 자신의 이익을 챙기는 기득권의 세력에 대항하여 믿음을 지키고자 했던 이들의 개혁 정신을 지금까지 이어가게 하심을 감사합니다.

지난 날을 돌아볼 때, 우리가 주님을 믿는다 하면서, 믿음이 없는 이처럼 살아왔습니다. 말씀대로 산다고 하면서, 먼저 내 생각대로 살아왔습니다. 주님과 동행하며 산다하면서, 주님 없는 것처럼 행동한 우리들을 고백합니다. 이 시간 주님께 간절히 간구하기는 우리의 모든 연약함을 뒤로하고, 주님 앞에 단독자로 바르게 서는 우리가 되게 하여 주옵소서.

오랫동안 잘못된 믿음의 길을 걸어오던 믿음의 선조들을 바른 믿음을 가지게 하신지 이제 500년이 되었습니다. 오직 은혜로, 오직 말씀으로, 오직 믿음으로 살겠다고 다짐하며, 바른 믿음을 갖고자 했던 믿음의 선조들의 결단을 이 시간 돌아보며, 우리에게도 동일한 결단을 하게 하여 주옵소서.

우리가 오랫동안 지속했다는 것 하나만으로 버려야 할 것을 버리지 못하는 우를 범하지 않게 하시고, 우리에게 잘못된 전통이 있으면 과감히 버리고, 바른 믿음의 반석위에 서게 하여 주옵소서. 더 나아가 우리 교회가 시대의 흐름에 떠밀려가는 교회가 아니라, 날마다 주님께서 원하시는 교회가 되도록 늘 개혁하는 교회가 되게 하시고, 오히려 세상의 흐름을 만들어내는 교회가 되게 하여 주옵소서.

종교개혁주일이 단지 교회의 개혁으로만 끝나는 것이 아니라, 하나님을 향한 우리 변화의 몸부림을 통하여, 세상을 변화시키는 초석이 되게 하시옵소서. 작게는 가정에서, 넓게는 지역사회를 변화시키는 교회가 되도록 우리에게 은혜를 내려 주옵소서.

이 시간 말씀을 전하시는 목사님과 함께 하셔서, 선포되는 말씀을 주님의 말씀으로 받는 시간이 되게 하시옵소서. 오직 은혜만을 사모하고, 오직 믿음을 굳건하게 서고 결단하는 시간이 되게 하옵소서. 예배를 돕는 손길들을 축복하시고, 찬양으로 영광을 돌리는 찬양대와 함께 하여 주옵소서. 예수님의 이름으로 기도합니다. 아멘.

기도는 영혼의 방패요, 사단을 향한 채찍이다
- 존 번연

특별행사 기도문

01 찬양대 헌신예배 기도문

찬양받기를 기뻐하시는 주 하나님 아버지!
　이 시간 하나님의 지존하심을 높이는 찬양대원들이 한 마음으로 헌신예배를 드립니다. 우리의 몸과 마음과 시간을 드려 준비한 이 예배를 주님께서 받아주시고 하나님의 크신 영광으로 함께 하여 주시옵소서.
　우리의 삶은 너무나 연약하고 부족하여 우리의 입술은 주님을 닮은 듯 하지만, 우리의 마음은 여전히 부정하고 더러운 것을 고백합니다. 말끔하고 번듯한 모습으로 찬양대 자리에 서지만 우리의 마음속에는 부끄러운 마음과 욕심이 여전히 가득함도 고백합니다. 아름다움 가운데 감춘 우리의 본색을 아시는 주님, 이 시간 우리의 연약함을 용서하여 주시고, 오직 하나님의 은혜로 우리를 정결케 하사 이 찬양의 예배를 거룩하게 받아 주시옵소서.
　찬양 가운데 거하시기를 기뻐하시는 주님, 우리의 찬양이 하나님의 뜻에 합당한 찬양이 되기를 소원합니다. 우리가 자칫 우리를 기쁘게 하는 멜로디나 리듬에 빠져서 우리의 기분을 좋게하려는 찬양을 하고자 할 때에도 오직 하나님의 영광만이 높임 받으시는 거룩한 찬양을 드릴 수 있도록 우리의 찬양을 준비하는 모든 과정 가운데 함께 하여 주시옵소서.
　특별히 찬양대원들의 삶 가운데 함께 하셔서 한 주간의 삶을 살아갈 때에도 하나님의 거룩하심을 묵상하며 그것을 높이는 삶을 사는 대원들이 되게 하옵소서. 매주일 준비하여 드리는 이 찬양의 가사가 우리 모든 대원들의 삶의 고백이 되게 하시고, 오직 하나님만 높임 받으시는 뜻 깊은 신앙고백이 되게 하여 주시옵소서.

  또한 이 찬양을 듣고 함께 하는 성도들 역시 하나님의 존귀하신 이름을 높이며 한 마음으로 공감하는 시간이 되게 하옵소서. 또한 온성도가 이 찬양 가운데 서게 하시고 다 함께 아멘으로 화답할 때에 우리 모두의 고백으로 이 찬양을 흠향하여 주시옵소서.

  늘 애쓰고 수고하는 지휘자와 반주자의 수고를 아실 줄 믿습니다. 이들의 삶을 주장하시고 찬양을 선곡할 때에든지 연습을 이끌어갈 때에든지 그 어느 때라도 부족함이 없게 하시고, 온전히 하나님이 함께 하시는 충만함으로 가득한 일꾼들이 되게 하여 주시옵소서. 찬양대장을 비롯한 임원진들에게도 기름 부어 주사 이들이 기도로 준비하며 이끌어가는 찬양대가 더욱 하나님 보시기에 아름다운 믿음의 공동체가 되게 하여 주시옵소서.

  또한 오늘 선포되는 귀한 말씀 가운데 함께 하셔서 그 말씀을 듣는 우리모두가 하나님 안에서 새로운 마음을 품게 하시고 그 말씀에 헌신하여 더욱 열심을 내는 주님의 선한 일꾼이 다 되게 하옵소서.

  오늘 준비한 모든 찬양을 기쁘게 받으시고 ○○○ 찬양대 헌신예배를 통하여 다시 한 번 주님께 우리의 모든 것을 다 내려놓고 기쁘게 헌신하는 찬양대원들의 찬양과 예배를 온전히 주장하여 주시옵소서.

  언제나 우리의 찬양의 주인공이 되시는 예수님의 이름으로 기도드립니다. 아멘.

02 남선교회 헌신예배 기도문

　우리를 사랑하시고 우리의 발걸음을 인도하시는 하나님 아버지 감사합니다.
　오늘도 우리에게 생명을 허락하시고 이 세상에서 살아갈 사명을 주시고 우리가 하나 되어 주님을 섬길 수 있는 예배의 자리로 우리를 이끄시는 주님의 놀라운 솜씨를 찬양합니다.
　오늘 ○○○ 남선교회 헌신예배로 모여 주님을 경배합니다. 우리 교회를 사랑하셔서 일찍이 남선교회가 조직되도록 허락하시고 남성들이 깨어 있어 주님을 찬양하며 주의 이름으로 아름다운 일들을 행하도록 우리 가운데 허락하신 주님의 은혜에 감사와 찬양을 올립니다.
　우리가 어리석고 미천하여 때로 하나님의 뜻을 알지 못하고 방황할 때가 많이 있음을 고백합니다. 하나님께서 우리의 변함없는 멘토가 되어 주시고 우리를 바른 길로 인도해 주셔서 우리 교회 ○○○ 남선교회가 하나님의 뜻에 합한 남성들의 바른 모임이 되도록 우리의 모임과 모든 행사를 친히 주장하여 주시옵소서.
　우리 남성들은 직장과 사업 등 삶의 현실 가운데서 늘 부딪히며 살아갑니다. 때로는 하나님의 말씀보다 세상의 법칙에 귀를 기울이게 될 때도 있고, 하나님의 거룩하신 이름을 잊어버리고 살 때도 있음을 회개하오니 주여 용서하여 주시옵소서.
　또한 우리가 가정을 이끄는 데 있어서도 남자답지 못하고 비겁한 모습을 보일 때가 많이 있습니다. 아내에게 솔직하지 못하고 자녀들에게 본이 되지 못하는 가장의 모습으로 가족들을 실망시킬 때가 있음도 고백합니다.

오 주님, 우리 남성들이 거친 세상 가운데서 살아가면서도 하나님의 존귀하신 이름을 붙들고 정직하고 의로운 길을 걸어가게 하옵소서. 손해를 볼지언정 하나님의 말씀을 배반하지 않는 믿음의 사람들이 되게 하옵소서. 하루를 살아도 믿음의 대장부로서 부끄러움 없는 자들로 우리를 붙잡아 주시옵소서. 오직 주님만이 우리를 참 남성으로 세워주실 수 있음을 고백합니다. 세상이 말하는 남자다움이 아니라 하나님이 창조하시고 이루어 가시는 올바른 남성의 모습으로 바르게 세워지는 우리 남선교회 회원들이 다 되게 하여 주시옵소서.

또한 우리의 경제생활 가운데 함께 하셔서 땀 흘려 노력한 대가를 받음에 부족함이 없게 하시고 우리의 경제적 소득 또한 하나님께서 주시는 기업임을 믿고 늘 하나님께 영광을 돌리며 나아가는 복된 경제생활을 하게 하옵소서.

오늘 선포되는 귀한 말씀 가운데 함께 하셔서 그 말씀을 듣는 우리 모두가 하나님 안에서 새로운 마음을 품게 하시고 그 말씀에 헌신하여 더욱 열심을 내는 주님의 일꾼이 되게 하옵소서.

우리 남선교회를 책임지고 이끌어가는 회장과 부회장, 총무, 회계, 서기 등 모든 임원들을 붙잡아주셔서 오직 하나님만 바로 섬기는 든든한 회장단과 임원들이 되게 하옵소서. 모든 회원들이 한 마음이 되어서 하나님께 영광 돌리는 귀한 남선교회로 우뚝 서게 하옵소서. 이 시간 드리는 우리의 헌신을 받아주시고 하나님께서 원하시는 뜻을 바르게 알고 순종하며 따르는 복된 예배가 되게 하옵소서.

우리를 하나님 안에서 복된 남성으로 세워 가시는 예수님의 이름으로 기도 드립니다. 아멘.

여전도회 헌신예배 기도문

　오늘도 변함없이 우리를 사랑하시고 세상의 위험 가운데서 보호하시며 우리의 하루하루가 주님 품안에서 평안하도록 우리를 지켜 주시는 아버지 하나님, 하나님의 은혜에 감사와 찬양을 드립니다.
　오늘은 ○○○ 여전도회 헌신예배로 드리나이다. 정성껏 준비한 이 예배를 주님 기쁘게 받아주시고 이 예배 가운데 하나님의 온전한 은혜와 평강이 함께하는 복된 예배시간이 되게 하여 주시옵소서.
　우리 교회를 사랑하셔서 일찍이 여성들이 한 마음으로 연합하게 하시고 여전도회가 결성되어 주님을 더욱 사랑하고 그 이름의 능력을 널리 전하는 귀한 사명 감당하게 하셔서 참으로 감사합니다. 하나님께서 맡겨주신 지상명령을 가슴에 품고 오늘도 잃어버린 영혼을 주님께 돌아오게 하는 별처럼 빛나는 여전도회원들이 다 되게 하옵소서.
　우리가 교회 안에서 맡겨진 사명을 감당할 때 한 마음과 한 뜻을 품게 하시고 모두가 같은 말을 하며 같은 주님을 증거하게 하옵소서. 우리 가운데 분쟁이나 시기가 없게 하시고 서로가 서로를 소중히 여기며 한 몸이 되어 서로 아껴주고 소중히 여기는 화합하는 공동체가 되게 하여 주시옵소서. 그리하여 여전도회를 통해서 교회 안에 영적인 생명이 잉태되고 생명이 소중하게 자라나는 아름다운 일들이 많아지게 하옵소서.
　또한 우리를 이 시대에 살아가는 여성으로 세워주신 주님, 오늘날 여성들이 감당해야할 직무가 정말 많이 있습니다. 많은 여성들이 가정을 책임지고 육아를 맡은 현실에서 이제는 일터로 나가서 직장생활을 통해서 가정경제에 한 몫을 해야 하는 여성들도 많아진 현실입니다. 여러 가지 일들을 동시에 처리하는 막중한 책임을 가지고 있는 여성들의 현실 가운데 하나님의 따스한 위로와 격려가 있게 하옵소서. 또한 여성과 남성이 같은 마음으로 서로 돕게 하시고 역할을 나누기보다는 서로를 소중히 여기는 마음으로 합력하여 선을 이루는 우리의 가정이 되게 하옵소서.

오늘 선포되는 귀한 말씀 가운데 함께 하셔서 그 말씀을 듣는 우리 모두가 하나님 안에서 새로운 마음을 품게 하시고 그 말씀에 헌신하여 더욱 열심을 내는 주님의 일꾼이 되게 하옵소서.

우리 여전도회를 책임지고 이끌어가는 회장과 부회장, 총무, 회계, 서기 등 모든 임원들을 붙잡아주셔서 오직 하나님만 바로 섬기는 현숙한 임원들이 되게 하시고 모든 회원들이 한 마음이 되어서 하나님께 영광 돌리는 귀한 여전도회로 자리매김하게 하옵소서.

이 시간 드리는 우리의 헌신을 받아주시고 하나님께서 원하시는 뜻을 바르게 알고 순종하며 따르는 복된 예배가 되게 하옵소서.

우리를 하나님 안에서 복된 여성으로 세워 가시는 예수님의 이름으로 기도 드립니다. 아멘.

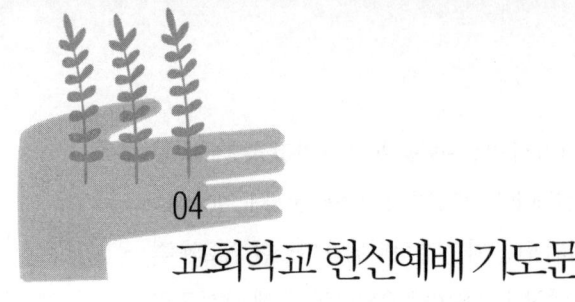

04 교회학교 헌신예배 기도문

　어제나 오늘도 변함없이 늘 우리 교회를 사랑하시고 우리 교회의 미래를 활짝 열어 가시는 하나님의 이름을 찬양합니다. 이 시간 교회학교 헌신예배로 주님 앞에 예배합니다. 이 예배 가운데 좌정하셔서 하나님의 임재 가운데 우리 모두가 주께 영광 돌리고 넘치는 사랑가운데 은혜 받는 복된 예배가 되게 하옵소서.

　우리 교회에 영유아부를 허락하셔서 이제 갓 태어난 아기들과 취학 전 아이들이 어려서부터 하나님의 사랑을 배우고 알고 깨닫게 하시니 감사합니다. 엄마의 따스한 품 속에서 안정과 평안을 누리듯이 하나님 안에 있을 때 참된 기쁨과 자유함이 가득함을 이 아이들이 알고 주님을 기억하게 하옵소서. 아직 어리지만 이들도 하나님의 형상으로 지음받은 소중한 존재들임을 고백하오니, 하나님께서 이들 한 명 한 명을 기억해 주시고 이들이 잔병치레하지 않고 건강하게 잘 자랄 수 있게 도우소서.

　또한 유치부 어린이들이 매주일 예배를 통해서 하나님을 높이며 깜찍한 율동과 손유희로 주님을 사랑한다고 고백하게 하심도 감사합니다. 이들에게 하나님의 위대하심을 바로 알게 하셔서 어렸을 때부터 우리 하나님을 의지하고 하나님을 기뻐하는 아이들로 자라나게 하옵소서. 이 아이들이 우리 교회의 미래임을 고백합니다. 이 아이들이 놀고 뛰노는 시간에도 주님께서 함께 계셔서 이들이 깰 때에나 잘 때에나 늘 주님과 동행하는 복을 누리게 하옵소서.

　또한 아동부 어린이들의 예배를 받아주심도 감사합니다. 성경을 배우고 말씀 속에서 여러 가지 이야기를 들으며 성경의 인물들의 활약을 알아가는 이 아이들이 성경에 나타난 위인들의 성품을 닮기 원합니다. 그리하여 더욱 귀한 하나님의 종이 되어 하나님의 이름에 영광을 돌리는 복된 어린이들로 잘 성장하게 하여 주시옵소서.

그리고 중고등부 청소년들의 예배도 복되게 하시고 이들이 예배를 통하여 더욱 하나님을 사랑하고 만천하에 하나님을 자랑하는 복된 하나님의 아들, 딸들이 되게 하옵소서. 학업의 무게가 매일같이 이들을 짓누르고 알 수 없는 미래가 이들을 때로 눈물짓게 할지라도 나를 온전히 아시고 인도해 가시는 하나님을 놓치지 않게 하옵소서. 하나님께서 친히 열어 가시는 이들의 미래를 기대하며 하나님 안에서 믿음의 소망을 더욱 굳게 잡고 미래를 열어가는 행복한 청소년들이 다 되게 하옵소서.

또한 각 부서를 말씀으로 먹이고 지도하는 교역자들이 있습니다. 하나님이 세우신 이 교역자들을 통해서 바른 말씀이 선포되게 하시고 하나님의 뜻대로 각 부서가 잘 인도함을 받게 하옵소서. 이들 안에 하나님의 계획이 있고 우리 교회를 향한 하나님의 복된 생각과 미래를 여는 길이 있음을 믿습니다. 오늘 이 모든 부서들이 헌신하는 이 예배를 기쁘게 받아주셔서 이들 가운데 하나님을 바로 알고 바로 섬기는 복된 예배가 생활화될 수 있도록 언제나 함께 하여 주시옵소서.

오늘도 우리를 성장시키기를 기뻐하시는 예수님의 이름으로 기도드립니다. 아멘.

교사 헌신예배 기도문

　우리 교회를 사랑하셔서 우리 가운데 교회학교를 허락하시고 교회학교를 맡아 수고하는 교사들을 세워주시는 주님을 찬양합니다.
　오늘 우리는 교사 헌신예배로 모였습니다. 우리 교회의 각 부서 교사들이 한 마음으로 드리는 이 예배를 받아주시고 이들이 하나님을 온전히 높이고 하나님을 사랑함으로 한 마음이 되고 한 뜻으로 맡은 바 사명을 잘 감당하는 믿음의 교사들이 되게 하옵소서.
　이 시간 주님 앞에 선 우리는 교사의 이름은 가지고 있지만 교사의 사명은 날로 희미해져 감을 고백합니다. 하나님의 말씀을 가르치는 존귀한 자리로 우리를 불러 주셨음에도 우리는 하나님의 말씀을 읽고 묵상하고 깨닫는데 부지런하지 못했음을 고백합니다. 또한 맡겨주신 어린 영혼들을 위해서도 날마다 기도하면서 그들의 영적 부모의 역할을 잘 해내지 못했음도 고백하오니 우리를 용서하여 주시옵소서.
　다만 때로는 우리 생각대로 학생들을 판단하기도 하고 때로는 우리의 부족한 준비로 인해서 공과공부를 잘 진행하지 못할 때도 있었으며 학생들의 필요를 제대로 채워주지 못한 적도 있었음을 회개합니다. 이 시간 이 모든 연약함을 다 씻어주시고 하나님의 은혜로 우리가 바른 교사, 올바른 역할을 잘 감당해 내는 믿음직한 교사들로 거듭나게 하여 주시옵소서.
　오 주님, 우리는 주님의 도우심이 아니면 교사의 역할을 잘 감당할 수 없습니다. 때로는 우리도 은혜를 받지 못해서 메마른 심령으로 아이들을 대할 때도 있습니다. 주여, 우리 심령의 강퍅함을 용서하시고 우리에게 넘치는 은혜를 부어 주시옵소서. 오직 하나님이 주시는 풍성한 은혜로만 이 교사의 직분을 감당할 수 있습니다. 오늘 선포되는 주님의 말씀을 통해서 우리 교사들 모두가 새로운 열심을 품게 하시고, 주변 사람들이 알아주지 않아도 이 사역을 감당하는데 흔들리지 않게 하시옵소서. 때로는 학생들이 우리를 귀찮아하고 우리의 진심을 몰라주는 날이 온다 해도 내가 주님을 사랑하여 이 교사로 헌신한 것을 후회하지 않게 하시옵소서. 다시금 영적 부모의 마음으로 그 아이들을 품고 기도하는 심령들이 되게 하옵소서.

또한 오늘 선포되는 말씀이 우리 모두에게 꼭 필요한 하나님의 음성이 되게 하셔서 그 말씀을 듣고 우리 모두가 새로운 마음을 품어 다시금 헌신하는 복된 자리가 되게 하옵소서. 우리 교사들이 이 시대의 풍조에 빠져 영적인 지도력을 놓치지 않게 하시고, 먹든지 마시든지 무엇을 하든지 오직 주님의 영광만을 위해서 저희의 삶을 절제하고 바른 삶을 살아 학생들에게 믿음의 본이 되는 교사들이 다 되게 하옵소서.

부족하지만 우리의 말씀과 기도를 통해서 우리 학생들이 악한 길을 떠나 바른 길을 가는 변화가 일어나게 하시고 우리가 가르친 학생들 가운데서 다시금 교사로 봉사하는 자들이 많이 일어나는 보람과 성과도 누리게 하옵소서.

교사들이 바르게 사명을 감당할 때 교회학교가 살고 우리 교회의 미래가 더욱 아름답게 열려갈 줄 믿사오니 특별히 각 부서의 부장과 부감, 총무 등 임원들과 모든 부서의 교사들을 붙잡아 주시고 하나님께 언제나 영광 돌리는 복된 심령들이 다 되게 하옵소서.

언제나 우리를 통해서 많은 영혼들을 새롭게 하시고 그들의 심령을 풍성하게 채우시는 예수님의 이름으로 기도드립니다. 아멘.

06 야외예배 기도문

　이렇게 좋은 날, 하나님이 지으신 대자연의 숨결과 함께 우리 모든 교우들이 한 마음으로 한 자리에 모여 우리 주님을 찬양합니다. 오, 주님! 영광 받아 주시옵소서.
　오늘 우리는 늘 주님을 경배하던 예배당을 떠나 이렇게 하나님의 손길과 솜씨로 지어진 야외로 나왔나이다. 하늘에 떠가는 구름도 불어오는 산들바람도 하나님의 존귀하심을 노래하는 이곳에서 우리 모두가 주님을 마음껏 느끼며 누리며 선포하며 예배하오니 이 예배를 기쁘게 받아 주시옵소서.
　이곳에 오는 여정 가운데도 함께 하셔서 우리를 지켜 주시고 동행해 주신 주님께 감사와 영광을 돌립니다. 오늘의 모든 일정 가운데 함께 해주시고 우리가 이 대자연 속에서 하나님을 좀 더 바르게 알아가고 마음껏 주님을 높이도록 우리의 모임 가운데 임재하여 주시옵소서.
　오늘 이 탁 트인 공간 속에서 우리의 마음이 하나 되고 상처는 치유되게 하옵소서. 우리의 모임 안에는 여러 가지 다른 생각들이 있을 수 있고 다른 의견들이 있을 수 있습니다. 그래서 때로는 나와 다른 이들의 생각이나 의견 때문에 마음이 아플 때도 있고 상처를 받을 때도 많이 있습니다. 그러나 그러한 일들이 결코 우리가 다른 꿈을 꾸거나 다른 미래를 계획해서가 아님을 잘 압니다. 오직 하나님을 사랑하는 마음으로, 교회를 바르게 성장시키는 마음으로 우리가 열심을 다할 때 부득이하게 따라오는 과정인줄 알고 있습니다. 이러한 마음들이 오늘 이 대자연속에서 예배하며 활동할 때 이 행복한 일정 속에서 다 녹아지게 하시고 우리가 다시 한 마음으로 뭉쳐서 미래를 열어가는 복된 날이 바로 오늘이 되게 하옵소서.

또한 이 날 선선히 불어오는 바람처럼 성령께서 우리에게 임하사 우리와 함께 하여 주시고 모든 부정적인 마음과 게으른 심령을 다시금 깨어나게 하옵소서. 오늘도 성실하게 행하시는 하나님의 사랑과 인도하심을 우리 모두 주목하게 하시고, 주님을 따라 더욱 서로 사랑하며 붙잡아주고 함께 장애물을 헤치고 앞날을 열어가는 우리 모든 지체들이 되게 하옵소서.

오늘의 모든 일정을 친히 주관하셔서 아무런 안전사고도 없게 하시고, 오늘 계획된 모든 일정이 차질 없이 잘 진행되게 하옵소서. 모든 시간 속에서 우리가 하나님의 은혜를 기억하고 감사하며 마음껏 찬양하는 시간들이 되게 하옵소서.

또한 오늘 선포되는 주님의 말씀을 통해서 우리 모두가 새로운 꿈을 꾸는 믿음의 공동체로 새로워지게 하시고 오직 하나님께만 영광 돌리는 복된 자리가 되게 하옵소서.

오늘의 야외예배를 준비한 귀한 손길들이 있습니다. 이들이 준비하고 회의하는 과정부터 오늘의 모든 일정을 세심하게 준비하고 챙기고 모든 필요한 물품들을 옮긴 손길들에게 복을 주셔서 오늘 누구보다도 하나님의 은혜를 깊이 체험하게 하옵소서. 또한 하나님이 오늘 분명히 살아계셔서 우리의 야외예배를 기뻐 받으시는 것을 알고 깨달아 더욱 감사하게 하옵소서.

오직 주님만이 우리의 길이요 진리요 생명이심을 고백하오니 오늘 모든 시간의 영광을 홀로 받아 주시옵소서. 우리에게 참 기쁨과 자유를 선물해주시는 소중한 이름 예수님의 이름으로 기도드립니다. 아멘.

07 총동원주일 기도문

　우리 모든 인생을 지으시고 친히 한 사람 한 사람에게 찾아오셔서 만나주시는 복의 근원되신 주님을 찬양합니다.
　오늘 우리가 한 마음으로 드리는 이 총동원 주일 예배를 기쁘게 받아주시고 하나님의 손으로 우리 모든 주님의 자녀들을 감싸 주시옵소서.
　이 시간 하나님의 전에 처음 나온 영혼들이 있습니다. 아직 교회가 어떤 곳인지도 잘 모르고 하나님이 어떤 분이신지도 알지 못하는 이들이 이 자리에 오게 된 것이 어찌 보면 참으로 놀랍고 감사한 일이 아닐 수 없습니다. 이러한 기적 같은 일들이 오직 하나님의 은혜로 예비되고 시행된 줄 믿사오니, 오직 하나님께서 오늘 이 자리에 함께한 모든 이들의 마음을 붙잡아 주시고 이들이 온전한 예배를 드릴 수 있도록 붙잡아 주시옵소서.
　하나님은 우리를 하나님의 형상을 따라 귀하게 지어주시고 우리에게 하나님의 숨을 불어넣어 주셔서 우리가 생령이 되게 하시고 하나님을 알고 하나님을 믿을 수 있는 길을 열어주셨습니다. 그런데 우리는 아직도 부정하고 연약하여 하나님을 알지도 못하고 하나님을 믿지도 못한 채 오랜 세월을 살아 왔습니다. 그러나 이제는 주의 말씀을 따라 복음의 말씀을 듣고 전도를 받아 이 자리에 나왔사오니 하나님의 긍휼을 우리에게 부어 주사 우리 모두가 하나님을 바로 알고 바로 믿는 참 기쁨을 회복하게 하옵소서.
　세상을 살아가면서 하나님이 아닌 것들을 의지하고 살아가던 우리의 지난날들을 용서하시고 이 시간 우리의 창조주 되신 주님을 바로 알고 섬기게 하옵소서. 또한 하나님께서 인간의 역사를 시작하셨고 역사를 친히 주관하시며 온전히 섭리해 가시다가 마지막 때에는 역사의 완성까지도 친히 주장하시는 역사의 주인이심을 우리가 바로 깨닫게 하옵소서. 그래서 하나님과의 바른 관계를 맺는 것이 우리의 존재 목적임을 알게 하시고 하나님께 찬양하며 영광을 돌리는 것이 우리의 본분임을 우리 모두가 기억하게 하옵소서.

이 시간 주시는 말씀을 위해서 기도합니다. 이 시간 선포되는 말씀이 이들의 마음속에 깊이 새겨지게 하시고, 그 말씀이 살아 운동력이 있는 하나님의 능력이 되어 오늘 이 자리에 처음 나온 이들의 마음에 잘 심겨지게 하옵소서. 또한 그 말씀이 운행하셔서 이 자리에 함께 한 모든 이들이 그 마음을 우리 주님께 정하고 주님을 섬기는 백성들로 결단하는 역사가 오늘 일어나게 하옵소서.

오늘 작정한 태신자들을 전도하지 못한 성도들의 안타까운 마음도 헤아려 주시고 비록 오늘은 그들을 전도하지 못했지만 그들의 심령을 품고 계속해서 기도하게 하옵소서. 하나님의 가장 좋은 때에 하나님의 방법대로 그들도 하나님을 만날 날이 속히 올줄 믿사오니, 그들의 심령을 인도해 주시고 하나님의 자녀가 되게 하옵소서.

오늘 준비된 모든 시간들마다 온전히 주님만 높이게 하시고 주님이 친히 복 주시는 은혜로운 시간이 되게 하옵소서. 우리를 구원하시는 예수님의 이름으로 기도드립니다. 아멘.

08 교회창립예배 기도문

　우리 교회를 사랑하셔서 이 자리에 교회를 세워주시고 오늘까지 우리 모두가 한 마음으로 예배하게 하시는 거룩하신 주님의 이름을 찬양합니다.
　이 땅을 사랑하시고 거룩하게 임재하셔서 우리 교회가 창립된 지 ○○년이 지났습니다. 이 시간들 속에 많은 사회적 변화가 있었고 또한 우리의 부족함과 연약함으로 많은 위기를 겪었습니다. 하지만 오직 하나님께서 변치 않는 신실하심으로 우리 교회를 붙들어 주셔서 오늘날까지 우리 교회가 이 풍랑 가운데서도 계속해서 성장하며 무탈하게 발전하게 하신 것을 고백합니다. 오, 주님! 홀로 영광 받아 주시옵소서.
　뒤돌아보면 교회가 창립되던 과정부터가 모두 하나님의 은혜였음을 고백하지 않을 수 없습니다. 하나님의 이름으로 모인 성도들의 작은 모임이 주축이 되어 오직 믿음으로 하나 되어 모이는데 열심을 품게 되었습니다. 그 작은 움직임이 하나님의 도우심으로 점점 규모가 커지고 좋은 소문이 나게 되어 오늘의 모습에 이르게 되었습니다. 우리 교회가 발전해온 모든 순간마다 늘 우리와 함께하셔서 우리를 든든히 보호하여 주신 하나님의 임재가 우리 교회의 뿌리가 되었음을 찬양하며 감사를 돌립니다.
　이제 교회창립주일을 맞이하는 이날 우리 모두가 한 마음으로 주님을 찬양하며 오직 주님의 이름을 높이 올려드리오니 영광을 받아주시옵소서. 앞으로도 우리 교회가 다가오는 모든 날들 가운데서 오직 하나님만 바르게 섬기며, 주님의 몸 된 교회를 온전히 성숙하게 지켜가는 믿음의 공동체가 되게 하옵소서. 어떠한 세상의 방해나 마귀의 유혹이 와도 넘어지지 않는 견고한 신앙을 유지하게 하시고 세상의 풍조를 따르지 않고 늘 바른 길로 세상을 선도해가는 믿음직한 교회가 되게 하옵소서.

그동안 우리 교회에 좋은 교역자들을 보내주셔서 하나님의 말씀이 바로 선포되고 주님의 이름을 온전히 높이며 주님을 기쁘시게 하는 교회로 세워 가신 주님께 감사드립니다. 지금 우리 교회를 시무하시는 담임목사님과 교역자분들을 세우신 분도 하나님이신 줄 믿사오니 더욱 하나님만 바르게 믿고 섬기는 훌륭한 목회자들이 되게 하셔서 우리 교회가 귀한 목자들의 지도를 따라 항상 주님의 이름을 높이며 영혼이 살아나 의의 길로 걸어가는 복된 양떼들이 다 되게 하옵소서.

특별히 우리 교회의 미래인 다음세대에게 복을 주셔서 우리 교회가 한 해 한 해 지나가면서 더욱 소망이 있는 교회가 되게 하옵소서. 하나님을 의지하고 선포하는 다음세대를 통해서 우리 교회가 속한 지역이 복음화되고 하나님을 잘 믿는 복된 지역이 되게 하옵소서.

오늘 귀한 찬양을 드릴 찬양대 위에 은혜를 가득 내려주시고 말씀을 선포하실 목사님에게도 함께 하셔서 오늘 귀한 말씀을 통해 우리 교회가 새롭게 주님의 은혜를 깨닫고, 다시금 우리 하나님께 온전히 우리의 삶을 의탁하는 복된 시간이 되게 하옵소서.

우리 교회를 교회되게 하시고 항상 우리 교회를 인도해주시는 거룩하신 예수님의 이름으로 기도드립니다. 아멘.

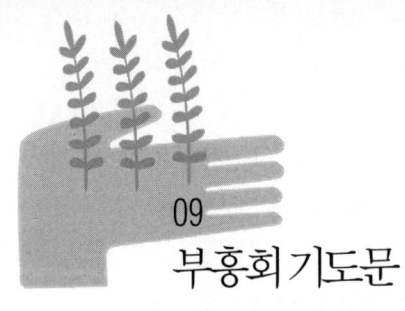

09
부흥회 기도문

하나님 아버지!

우리 교회를 사랑하셔서 이렇게 풍성한 은혜의 잔치를 열어 주시고, 하나님의 은혜를 사모하는 우리 성도들이 주의 전에 모여 부흥회를 갖게 하시니 감사를 드립니다.

하나님께서 예비하신 은혜를 이 시간, 이 자리에 풍성히 내려주옵소서. 성령님께서 이 자리에 임재하여 주셔서, 우리가 말씀을 들을 때, 힘차게 찬송할 때, 뜨겁게 기도할 때, 모든 심령들에게 충만하게 역사하여 주옵소서.

초대교회에 성령님께서 충만히 임하심으로 놀라운 역사들이 많이 일어났던 것처럼, 이 시간 성령님께서 이 자리에 모인 모든 심령들에게 충만히 임하여 주셔서, 놀라운 성령의 역사들을 많이 체험하게 하여 주옵소서.

우리 성도들은 지금 많은 기도제목들을 가지고 있습니다. 인생의 문제들 앞에서 괴로워하며 근심하는 성도들도 있습니다. 경제적인 문제로, 질병으로, 인간관계의 어려움으로, 깨어진 가정의 문제로, 취업이나 진로의 문제로, 자녀들의 문제로 인해 날마다 눈물 흘리며 간절히 기도하고 있는 성도들이 많이 있습니다.

주님, 이 시간 인생의 문제를 가지고 주님 앞에 나아온 모든 성도들에게 응답하여 주옵소서. 역사하여 주옵소서. 문제 앞에서 두려워 떠는 심령이 아니라, 주님을 의지하며 담대하게 문제들을 해결해 나갈 수 있는 지혜와 용기와 능력을 내려주옵소서.

지금 내 앞에 있는 문제는 나를 고통스럽게 하는 것이 아니요, 하나님 앞에 엎드려 기도하게 하시고 하나님의 하나님 되심을 인정하게 하시려는 하나님의 뜻임을 깨닫게 하셔서, 문제를 가지고 하나님 앞에 엎드려 간구하면서 모든 것을 하나님께 내어맡기게 하여 주옵소서. 그래서 기도의 응답을 받고, 문제를 해결 받으며, 능력이 있는 하나님의 사람들로 살아가게 하옵소서.

이 시간 말씀을 들고 단 위에 서시는 목사님을 붙잡아 주옵소서. 성령으로 충만하게 하옵소서. 목사님에게 강권적으로 역사하여 주옵소서. 목사님을 통해 선포되는 말씀이 모든 심령들에게 큰 은혜의 말씀이 되게 하옵소서. 갈급한 영혼들에게는 영혼의 만족함을 주시며, 육신의 질병이 있는 성도들에게는 치유의 은사를 내려주시고, 경제적인 어려움 가운데 있는 성도들에게 채워짐의 은혜를 내려주옵소서. 관계가 깨어진 이들이 회복되게 하시고, 진로와 취업의 길이 막혔던 이들에게 형통한 길이 열리는 역사가 일어나게 하여 주옵소서.

이 시간 선포되는 목사님의 말씀을 통해 하나님께서 우리에게 주시는 말씀을 깨닫게 해주시고, 말씀 앞에 우리 자신을 돌아보고 다시금 뜨겁게 결단하며, 말씀에 순종하는 믿음을 내려주옵소서.

그래서 이번 부흥회를 통하여 하나님을 뜨겁게 만나며, 우리의 인생이 주님 안에서 새롭게 변화되는 역사가 일어나게 하여 주옵소서. 오직 성령님의 역사만이 충만하게 일어나는 복된 은혜의 시간이 되게 하여 주옵소서. 우리 구주 예수 그리스도의 이름으로 기도드립니다. 아멘.

10 입당예배 기도문

아버지 하나님!

하나님께서 예비하신 이 터전 위에 이토록 아름다운 성전을 건축하게 하시고, 모든 공사를 은혜 가운데 잘 마치게 하시니 감사합니다. 또한 이 시간 우리 ○○교회의 모든 성도들이 주의 영광으로 가득한 이 거룩한 성전에 모여 감격스러운 입당예배를 드리게 하신 은혜에 무한 감사를 드립니다.

모든 성도들에게 성전 건축을 사모하는 마음 주셔서, 기도와 물질로 헌신하게 하시고, 모든 것이 합력하여 선을 이루며 아름다운 성전을 완공하고 입당하게 하심도 감사드립니다. 이 성전 건축을 시작하신 분도 하나님이시오, 은혜 가운데 마치게 하신 분도 하나님이신 줄 믿습니다. 모든 것이 하나님의 계획하심과 인도하심 속에서 진행되게 하신 하나님 은혜를 감사드립니다.

하나님 아버지, 하나님의 뜻에 따라 지어진 이 성전이 하나님께는 영광이요, 이 성전을 출입하는 모든 이들에게 큰 은혜와 기쁨이 넘치는 거룩한 처소가 되게 하옵소서. 이 성전에서 하나님께 예배드리며 하나님을 찾을 때마다 하나님께서 임재해 주시며 만나주옵소서. 이 성전에서 하나님께 부르짖으며 기도할 때마다 그들의 간구에 귀를 기울여 주시옵소서. 그들의 기도가 응답받게 하옵소서. 이 성전에서 하나님을 찬양하고 높일 때마다 하나님께서 하늘 문을 여시고 화답하여 주시며, 찬송을 부르는 이와 듣는 이, 모두에게 큰 은혜가 임하게 하옵소서.

하나님, 이 거룩한 성전에 더 많은 사람들이 나아와 구원받는 역사가 일어나길 원합니다. 하나님을 알지 못했던 이들이 이 성전에서 하나님을 만나고, 예수 그리스도를 영접하는 구원의 역사들이 많이 일어나게 하옵소서. 우리의 자녀들이 이곳에서 신앙생활할 때, 그들의 믿음이 잘 성장하게 하시고, 이 성전이 그들 삶의 안식처요, 위로받는 곳이요, 하나님 앞에 서는 거룩한 장소가 되게 하옵소서.

이 성전에서 수많은 목회자들과 선교사들이 배출되게 하시고, 이 땅을 이끌어가는 지도자가 나오게 하시며, 신실하고 거룩한 하나님의 백성들이 많이 세워지는 역사가 일어나게 하옵소서. 하나님, 이렇게 아름다운 성전이 완공되고 입당하기까지 참으로 많은 분들이 열과 성을 다하여 헌신하며 섬겼습니다.

성전 건축의 모든 사역들을 위해 날마다 기도하시며, 온 마음과 힘을 다하여 애쓰고 수고하신 우리 담임목사님을 기억하여 주시고, 앞으로 이 성전에서 말씀을 선포하시고 기도하실 때마다 능력있는 말씀이 선포되며, 교회와 성도들을 위한 모든 기도가 응답되게 하옵소서.

또한 기도와 물질로 헌신한 우리 OO교회 모든 성도들에게 복을 내려주옵소서. 성도들이 성전 중심으로 살게 하시고, 하나님을 잘 믿고 섬김으로 말미암아, 하나님께서 각 가정에 주시는 은혜와 복을 풍성히 받아누리게 하여 주옵소서.

이 시간 말씀을 선포하시는 목사님을 성령으로 충만케 하사, 말씀을 받는 모든 심령들이 큰 은혜받고 새롭게 결단하게 하옵소서. 그래서 새로운 성전에서 새로운 믿음의 결단을 하며, 삶과 신앙이 더욱 새로워지며 견고해지게 하여 주옵소서. 이 예배가 아름다운 성전에 입당하게 하신 하나님께만 온전히 영광 돌리는 예배가 되기를 간절히 소망하오며, 우리 주 예수 그리스도의 이름으로 기도드리옵나이다. 아멘.

11 헌당예배 기도문

아버지 하나님!
우리에게 견고한 터 위에 아름다운 성전을 주심을 감사합니다. 오래 전부터 하나님께서 예정하신 이 아름다운 성전을 온전히 하나님께 올려드리는 헌당예배를 드리게 하신 하나님의 크신 은혜에 감사를 드립니다.
이 성전에서 하나님께 영광 돌리는 예배가 영원히 계속되게 하시며, 하나님께 올리는 기도 소리가 끊어지지 않게 하옵소서. 이 성전에서 울리는 찬양이 하늘을 진동하게 하시고, 기쁨으로 마음을 모아 드리는 성도들의 찬송이 온 땅에 퍼져가게 하옵소서. 이 성전에서 초대교회와 같은 사랑의 공동체, 믿음의 공동체, 성령의 공동체가 이루어지게 하시고, 서로 위로하고 격려하는 사랑의 속삭임이 메아리치게 하옵소서. 무엇보다도 이 성전에서 날마다 구원의 복음이 선포되며, 그 말씀을 듣는 모든 심령들이 살아나고, 힘을 얻고, 회복되고, 충만해지는 역사가 일어나게 하옵소서.
하나님 아버지!
여기 성전 문을 들어오는 자마다 복을 받게 하시고, 여기 의자에 앉는 예배 드리고 기도하며 찬송하는 자마다 힘을 얻고, 근심과 걱정과 모든 염려가 떠나가고, 하늘 평안과 기쁨이 넘치게 하여 주옵소서. 강단을 통해 선포되는 말씀이 갈급한 심령들에게 영적인 해갈이 되게 하시고, 그 말씀 앞에서 회개하고 거듭나며 결단하고 천국 백성으로 변화되게 하여 주옵소서. 이 성전에 슬픔을 안고 들어왔던 자들이 기쁨의 새 옷으로 갈아입게 하시고, 무거운 짐에 눌려 들어온 자들이 독수리 날개쳐 올라가듯 새힘과 능력을 받게 하여 주옵소서.

하나님, 이 성전은 아버지의 집이오니, 길이길이 하나님의 손길로 지켜 주시며, 오직 하나님께만 영광 돌리는 놀라운 일들이, 성령의 역사들이, 아름다운 신앙의 이야기들이 한없이 피어나게 하옵소서. 특별히 우리의 자녀들과 자손들이 이 성전에서 아름다운 신앙을 이어가게 하시고, 한없는 복을 받게 하시며, 하나님의 사명에 크게 쓰임받는 역사들이 일어나게 하여 주옵소서.

아버지 하나님!

이 성전을 세우고 헌당하기까지, 마음을 모아 기도하고, 물질로 드리며, 공사에 참여하고 감리하는 등 여러 가지 모습으로 헌신한 모든 이들 위에 하나님께서 충만한 복을 내려주옵소서. 특별히 이 성전을 위해 불철주야 기도하며 이 귀한 사명을 이끌어오신 우리 ○○교회 담임목사님과 성도들에게 크신 은혜를 베풀어 주시고, 이 복된 성전을 통해 날마다 하나님께 영광돌리는 거룩한 교회가 되게 하여 주옵소서.

이 시간 말씀을 선포하시는 목사님을 주님의 강한 손으로 붙들어주셔서 하나님의 말씀을 온전히 대언하게 하시며, 말씀을 받는 모든 성도들에게 큰 은혜를 내려주옵소서. 오늘 이 예배가 이 아름다운 성전을 하나님께 온전히 올려드리며 헌당하는 복된 예배가 되게 하여 주옵소서. 주여! 이 성전을 축복하여 주옵소서. 우리 구주 예수 그리스도의 이름으로 기도하옵나이다. 아멘.

12 공동의회 기도문

은혜로우신 하나님!
우리 교회를 사랑하셔서, 날마다 주님의 손으로 붙들어 주시고, 지금까지 하나님의 은혜로 인도하신 은혜에 감사를 드립니다.
우리 교회가 초대교회와 같은 교회가 되길 원합니다. 말씀과 기도가 넘쳐나고, 성도들이 모이기에 힘쓰며, 교회 안에 연약한 사람들을 도와주고, 아름다운 신앙의 교제를 나누는 교회가 되길 원합니다. 하나님의 임재하심을 뜨겁게 경험하는 예배가 되게 하시고, 말씀의 능력이 살아 있게 하시며, 자라나는 우리의 자녀들이 신앙의 교육을 잘 받고 믿음으로 성장하게 하옵소서. 또한 전도와 선교에 더욱 힘쓰는 교회가 되게 하옵소서. 우리 교회를 통해 죽어가던 영혼들이 살아나고 구원받으며, 세상살이에 지친 많은 사람들이 회복되고, 위로와 힘을 얻는 교회가 되게 하옵소서. 그래서 우리 교회가 하나님께 귀하게 쓰임을 받게 하시며, 세상 사람들에게 칭찬받는 교회가 되게 하여 주옵소서.
하나님 아버지!
오늘은 우리 교회에 당면한 여러 가지 안건을 가지고 온 성도들이 함께 모여 하나님의 뜻을 구하면서 중요한 결정을 하고자 합니다. 주님, 이 자리에 임재하여 주옵소서. 우리의 모든 논의와 결정 가운데 역사하여 주옵소서. 인간의 생각이나 마음이 앞서지 않게 하시고, 하나님의 뜻에 합당하게 결정되게 하여 주옵소서.
"사람의 마음에는 많은 계획이 있어도 오직 여호와의 뜻만이 완전히 서리라"

는 말씀처럼, 우리가 보기에 아무리 완벽한 계획을 세운다 할지라도, 하나님께서 함께 하시지 않으면, 하나님의 뜻이 아니면, 아무 소용이 없음을 고백합니다.

성령께서 이 자리에 모인 성도들의 마음을 주관하여 주시고, 하나가 되게 하셔서, 하나님의 뜻대로 모든 논의와 결정이 이루어지게 하여 주옵소서. 우리의 마음속에 시기와 다툼, 미움과 분노의 마음이 사라지게 하시고, 성령의 인도하심에 따라 모든 회의가 은혜롭고 순탄하게 진행되게 하여 주옵소서. 회의를 이끌어 가시는 담임목사님에게 성령충만함과 하늘의 지혜를 주셔서, 이 회의가 질서 있고 편안하게 잘 진행될 수 있게 하여 주옵소서.

그래서 이번 공동의회를 통해 온 성도들의 마음이 모아지고, 모든 것이 합력하여 선을 이루어가는 복된 교회가 되게 하여 주옵소서. 이 회의의 모든 것을 하나님께서 주관하시며 인도하시기를 간절히 원하오며, 우리 주 예수 그리스도의 이름을 기도드립니다. 아멘

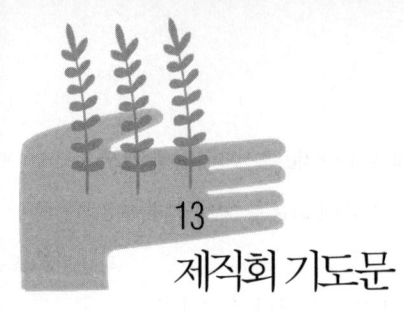

13 제직회 기도문

날마다 우리와 함께 하시는 하나님!

지난 한 달도 우리 교회를 하나님의 은혜 가운데 지켜 주시고, 이 시간 제직회로 모이게 하시니 감사합니다. 우리 교회가 하나님의 마음을 시원케 해드리는 복된 교회가 되길 원합니다. 말씀과 기도로 충만한 교회, 사랑의 교제가 풍성하게 이뤄지는 교회, 교회 안의 어려운 성도들과 주변의 이웃들을 돕고 섬기는 교회가 되게 하옵소서.

또한 지역사회에 그리스도의 사랑을 실천하며, 하나님의 살아계심을 보여주는 교회가 되게 하옵소서. 하나님을 알지 못한 채, 세상의 만족만을 쫓으며 살아가는 우리의 이웃들에게 예수 그리스도를 증거함으로 구원받는 이들이 많이 생겨나게 하옵소서.

주님, 우리 교회가 날마다 영적으로 새로워지는 교회가 되게 하옵소서. 어제의 영광과 성장에 만족하지 않고, 현재의 안정에 안주하지 않으며, 앞으로 하나님께서 우리 교회를 통해 어떤 계획을 가지고 계신지를 깨닫고 그것을 온전히 이루어가는 교회가 되게 하여 주옵소서.

특별히, 교회학교가 부흥하게 하옵소서. 우리의 다음세대들이 믿음 안에서 무럭무럭 성장하게 하옵소서. 하나님을 인격적으로 만나는 회심의 역사가 일어나게 하시고, 하나님께서 주시는 꿈과 비전을 가지고 열심히 공부함으로 이 나라를 이끌어가며, 하나님께도 크게 쓰임받는 귀한 일꾼들이 우리 교회를 통해 많이 배출되게 하옵소서.

이 시간 지난 한달 동안 우리 교회 각 부서와 기관, 교회학교 등에서 감당했던 사역들을 보고하고, 우리 교회의 여러 가지 현안들을 함께 논의할 때, 이 자리 가운데 임재하여 주셔서, 모든 시간들이 은혜롭고 순적하게 진행되게 하옵소서. 비판 보다는 대안을, 원망 보다는 감사를, 판단보다는 격려가 있는 은혜의 시간이 되게 하여 주옵소서. 오직 하나님께서 우리 교회에 하시고자 하는 사역들이 잘 논의되고 결정되어 그것을 이루어가는 제직회가 되게 하여 주옵소서.

우리 모든 제직들의 삶에 복을 내려 주옵소서. 제직들의 삶과 가정과 일터와 범사 위에 크신 은혜를 베풀어 주시며, 기도제목마다 주님의 뜻 안에서 응답받게 하셔서, 하나님께서 주신 복과 은혜에 감사하는 마음으로 맡겨진 제직으로서의 사명을 잘 감당하게 하옵소서. 제직회를 이끄시는 담임목사님에게 능력과 지혜를 더하여 주셔서, 회의를 은혜롭게 잘 진행하게 하시며, 목사님의 영과 육이 늘 강건하도록 지켜주옵소서. 이 회의의 참 주관자 되시는 예수 그리스도의 이름으로 기도드립니다. 아멘

14
월례회 기도문

　천지를 창조하신 하나님의 전지전능하심을 찬양합니다. 우리의 모든 상황을 주관하시는 하나님 아버지의 은혜와 사랑에 감사를 드립니다. 우리가 이 감사함을 잊지 않고 살아가게 하옵소서. 지난 한 달도 주님의 은혜 가운데 지나게 하시고, 이 시간 월례회로 모이게 하시니 감사합니다.
　이 시간, 지난 한 달 동안 하나님께서 우리 공동체에 주신 은혜를 돌아보고, 우리의 모임과 사역 가운데 어떻게 역사하셨는지를 함께 고백하고 간증하는 시간이 되게 하옵소서. 우리의 모임이 항상 주님과 함께 하는 모임이 되게 하옵소서. 우리 안에 서로를 향한 사랑과 배려가 가득하게 하옵소서. 서로를 위해 기도하고, 힘들고 어려운 일이 있을 때 도움을 줄 수 있는 모임이 되게 하옵소서. 기쁘고 즐거운 일이 있을 때는 서로 축하하고 기쁨을 나눌 수 있는 모임이 되게 하옵소서. 우리의 모임이 항상 주님 안에서 평안하고 위로가 되는 모임이 되게 하옵소서.
　하나님, 우리가 감당하고 있는 모든 사역 가운데 함께 하시며 역사해 주시기를 원합니다. 하나님보다 일이 앞서지 않게 하시고, 기도보다 우리의 계획과 행함이 앞서지 않게 하옵소서. 우리가 감당하는 일들이 사람의 일이 아니요, 하나님의 일임을 기억하고, 하나님의 도우심과 인도하심을 구하며 감당하게 하옵소서. 그래서 우리 공동체를 통해서 하나님께서 하시고자 하는 일들이 온전히 이루어지게 하여 주옵소서.
　특별히 우리 ○○회를 이끌어가는 임원들을 붙잡아 주옵소서. 우리 공동체를 이끌어갈 때에 하나님께서 힘과 능력을 더하여 주셔서 맡겨진 직분을 잘 감당하게 하옵소서. 우리 ○○회가 더욱 모이기에 힘쓰고, 더 부흥하고 발전하여, 하나님께 귀하게 쓰임을 받게 하여 주옵소서. 월례회로 모인 이 시간, 모든 순서들 가운데 성령께서 역사하여 주셔서, 논의되는 모든 것들이 순적하고 은혜롭게 진행되게 하시며, 서로 격려하고 세워주는 은혜의 시간이 되게 하옵소서. 예수 그리스도의 이름으로 기도드립니다. 아멘.

15 교사모임 기도문

우리의 목자되시는 하나님!

우리에게 천하보다 귀한 영혼들을 맡겨주시고, 그들을 위해 기도하며, 말씀으로 양육하는 귀한 교사의 사명을 감당하게 하시니 감사를 드립니다.

예수님께서 방황하는 무리들을 보시며, 그들을 불쌍히 여기시고, 그들을 위해 헌신적으로 사역하셨던 것처럼, 우리도 맡겨주신 영혼들을 더욱 뜨겁게 사랑하며, 그들을 하나님의 자녀로 잘 양육하게 도와주옵소서.

요즘, 너무나도 혼란스럽고 죄악이 가득한 세상이 되었습니다. 우리 어린 심령들이 좋지 못한 것을 너무 많이 보고, 그것을 무분별하게 따라가며 받아들이고 있습니다. 세상의 문화와 쾌락이 어린 심령들의 마음을 어지럽히며 죄로 물들게 하고 있습니다.

하나님, 어린 심령들이 하루 빨리 하나님을 인격적으로 만나게 하옵소서. 하나님을 잘 믿고, 하나님께서 주시는 지혜로 살아가며, 하나님 나라의 가치관으로 온전히 무장하게 하옵소서. 그래서 요셉처럼, 언제 어느 곳에 가든지 하나님과 동행하며, 하나님 말씀대로 살아, 하나님께서 함께 하시는 증거들이 그들의 삶에 많이 나타나게 하옵소서. 그들을 통해 하나님 영광 받아 주시며, 이 세상을 하나님 나라로 변화시켜 가는 능력있는 하나님의 자녀들로 자라나게 하여 주옵소서.

맡은 자들에게 구할 것은 충성이라고 말씀하신 주님!

우리에게 맡겨주신 어린 영혼들을 섬기는 일에 충성을 다하게 하옵소서. 하나님을 섬기듯, 그들을 섬기게 하옵소서. 우리 자신의 가치관을 가지고 교육하지 않게 하시고, 하나님의 말씀대로 가르치게 하시며, 그들에게 마땅히 행할 길을 가르치게 하옵소서. 그래서 그들이 늙어도 그것을 떠나지 않고, 하나님을 잘 믿으며 살게 하옵소서.

우리 교사들이 먼저 하나님의 사람으로 온전하게 서서, 어린 심령들에게 믿음과 삶의 좋은 본을 보여 줌으로, 그들이 우리 교사들의 모습 속에서 예수님을 보게 하시고, 예수 그리스도의 제자로 잘 서서 살아가게 하옵소서.

오늘 이 모임에도 함께 해 주시고, 이 자리에 함께 한 모든 교사들에게 성령 충만함과 영혼을 사랑하는 마음과 열정을 주옵소서. 이 모임을 통해서, 우리 부서가 준비해야 할 부분들을 잘 준비하게 하시고, 잘 준비된 마음으로 어린 영혼들을 맞이할 수 있게 하옵소서.

오늘도 우리의 모든 사역에 함께 해 주시며, 우리 어린 심령들에게 큰 은혜 주실 줄 믿으며, 예수님의 이름으로 기도드립니다. 아멘.

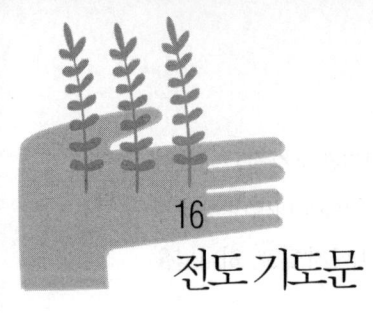

16 전도 기도문

한 영혼을 천하보다 귀하게 여기시는 하나님!
죄로 죽을 수밖에 없던 영혼들을 구원하시기 위해 아들 예수님을 십자가에 내주시기까지 우리를 사랑하며 구원해 주신 하나님의 크고 놀라우신 은혜에 감사를 드립니다. 예수 그리스도의 십자가의 사랑으로 말미암아, 우리가 죽음이 아닌 생명을, 영벌이 아닌 영생을, 지옥이 아닌 천국을 얻게 해주신 사랑에도 무한 감사드립니다.
그러나 이 세상에는 아직도 하나님의 은혜와 예수 그리스도의 십자가 사랑을 알지 못한 채 살아가는 안타까운 사람들이 너무나도 많이 있습니다. 그들은 이 세상에서의 삶이 전부인 것처럼, 이 땅에서 많은 것을 누리며, 편안한 삶만을 추구하고 살고 있습니다. 하나님의 뜻과는 전혀 상관없이 하나님의 길에서 멀리 떠나, 세상의 쾌락에 빠져 수많은 죄를 지으며 살고 있습니다.
그로 인해, 세상은 점점 더 악해져가고, 죄로 가득한 세상이 되어 가고 있습니다. 사람들의 마음이 강퍅해져 가고, 온갖 시기와 싸움과 폭력, 살인, 간음, 음란 등 죄악된 모습들이 난무하고 있습니다. 가정이 깨어지고, 청년들은 오로지 성공만을 바라는 세상 가치관에 빠져 방황하며, 청소년들은 길거리를 헤매고 있습니다. 많은 사람들은 갈 바 몰라 방황하며 공허한 인생을 살아가고 있습니다. 이 모든 일들이 모두 우리 인간의 죄로 인해 생겨난 일들임을 고백합니다. 주여, 저들을 불쌍히 여겨 주옵소서.
모든 인생의 구원자가 되시는 하나님 아버지!

이 땅을 구원하여 주옵소서. 예수 그리스도의 십자가 사랑이 이 땅의 모든 사람들에게 전파되게 하여 주옵소서. 예수 그리스도의 보혈이 이 땅 전체에 흘러가게 하여 주옵소서. 예수 그리스도의 복음으로 이 땅이 변화되게 하여 주옵소서.

특별히, 먼저 믿은 성도들이 복음을 들고 세상을 향해 담대히 나아가게 하옵소서. 예수 그리스도의 사랑과 복음을 담대하게 전하게 하옵소서. 예수 그리스도를 알지 못한 채 죽음을 향해 달려가는 그들을 생명의 길로 인도하며 구원하게 하여 주옵소서.

우리 교회 모든 성도들에게 복음의 열정을 주셔서, 각자 자신의 삶의 자리에서 만나는 모든 이들에게 예수 그리스도를 전하는 삶을 살아가게 하옵소서. 내가 만난 예수님, 내 인생을 변화시켜 주신 예수님을 믿지 않는 이들에게 고백하며 간증하게 하옵소서.

특별히 사랑하는 가족들을 구원하게 하옵소서. 사랑하는 남편과 아내, 자녀들, 부모님, 동기간들에게 먼저 예수 그리스도를 전하게 하셔서, 모든 가족이 예수님을 믿고 구원받는 역사가 일어나게 하옵소서. 또한 날마다 만나는 우리의 이웃들에게 예수 그리스도를 증거하여, 그들도 예수님을 믿고 새로운 인생을 살아가게 하여 주옵소서.

오직 예수님만이 우리의 인생의 구원자이심을 날마다 증거함으로, 우리 가정과 교회와 이웃들이 예수님을 믿고 구원받는 역사가 풍성히 일어나게 하여 주옵소서. 예수님의 이름으로 기도드리옵나이다. 아멘.

17 성경공부 기도문

우리 인생의 주인되시는 하나님 아버지!

날마다 우리와 함께 해 주시며, 푸른 초장과 쉴만한 영혼의 물가로 인도해 주시니 감사를 드립니다.

하나님께서는 말씀으로 이 세상 모든 것들을 창조하셨습니다. 그리고 하나님의 말씀이 믿음의 선조들에게 임했을 때, 그분들은 그 말씀에 순종함으로 하나님께서 예비하신 풍성한 은혜를 누렸음을 우리가 잘 압니다. 노아가 그러했고, 아브라함이 그러했으며, 모세, 다윗, 다니엘 등 성경에 나오는 진실한 하나님의 사람들은 하나님의 말씀에 견고하게 서서 자신들에게 주어진 인생을 승리하며 살았습니다.

믿음의 선조들에게 말씀하셨던 하나님께서 지금 이 순간에도 우리에게 말씀하고 계신 줄 믿습니다. 우리가 영적으로 민감하여 하나님의 말씀을 들을 수 있게 하옵소서. 하나님의 음성을 들을 수 있게 하옵소서. 하나님의 말씀대로 살아갈 수 있는 믿음과 순종의 마음도 주옵소서. 그래서 믿음의 조상들이 말씀에 순종함으로 누렸던 복과 은혜를 우리도 누리며 살게 하여 주옵소서.

무엇보다, 우리에게 하나님의 말씀을 사모하는 마음을 허락하여 주옵소서. 하나님의 말씀을 늘 가까이 하고, 그 말씀을 주야로 묵상함으로, 우리의 심령을 하나님의 말씀으로 가득 채워가게 하옵소서. 그래서 그 말씀이 우리를 주장하게 하시고, 우리의 가치관과 세계관, 물질관, 인생관 등을 변화시켜 주셔서, 이 세상 속에서도 하나님 나라의 가치관을 가지고 살아가게 하옵소서.

이 시간 하나님의 말씀을 함께 배우며 나누고자 합니다. 이 자리 가운데 임재하여 주옵소서. 하나님의 말씀을 단순히 지식적으로만 깨닫는 것이 아니라, 우리의 온 마음으로 받게 하옵소서. 그래서 우리의 심령이 하나님의 말씀대로 변화되게 하시고, 그 말씀대로 살고자 하는 확고한 결단이 서게 하여 주옵소서.

성경공부를 인도하시는 목사님에게 성령충만함을 주셔서, 성경공부하는 이 시간, 이 자리에 모인 모든 심령들이 큰 은혜받는 시간이 되게 하옵소서. 우리 모두가 "주여 말씀하옵소서. 주의 종이 듣겠나이다"라는 마음자세로 하나님 앞에 겸손히 서게 하옵소서. 하나님의 말씀만이 충만하게 역사하시는 복된 시간이 되게 하여 주옵소서. 우리 주 예수 그리스도의 이름으로 기도드리옵나이다. 아멘.

18. 우리나라와 민족을 위한 기도문

역사의 주관자가 되시는 하나님 아버지!

우리나라와 민족을 사랑하셔서, 5천년이 넘는 유구한 역사를 이어오는 동안 수많은 고난과 역경 속에서도, 지켜 주시며 보호해 주신 하나님의 크고 놀라운 은혜에 감사를 드립니다.

130여 년 전, 영적인 어두움 속에 갇혀 있던 이 나라에 선교사님들을 통해 복음을 전해주시고, 그 복음으로 말미암아 죄로 인해 죽어가던 이 민족의 많은 백성들을 구원해 주시며, 이 민족을 살 길로 인도해 주신 은혜에 감사합니다. 또한 우리 민족이 예수님을 믿는 민족이 되게 하셔서, 이 땅에 수많은 변화들이 일어나게 하시고, 지금 이 순간까지 하나님께서 내려주시는 많은 은혜와 복을 누리는 나라가 되게 하신 은혜 또한 감사를 드립니다.

하나님께서 이처럼 복 주신 이 나라가 앞으로도 흔들림 없이 하나님을 잘 믿고 섬기는 나라와 민족이 되게 하옵소서. 이 땅의 모든 미신과 헛된 우상들이 사라지게 하시며, 오직 하나님 나라가 이 땅에 이뤄지게 하여 주옵소서.

특별히, 하나님께서 이 땅 가운데 세우신 많은 교회들을 붙들어 주옵소서. 한국 교회가 복음의 본질을 회복하고, 하나님의 말씀 앞에 올바로 서게 하옵소서. 또한, 뜨거운 기도의 불길이 일어나게 하셔서, 1907년에 있었던 부흥의 역사가 다시 한 번 이 땅에 일어나게 하옵소서. 그래서 믿는 사람들의 수가 날로 늘어나며, 한국교회가 큰 부흥을 이루게 하옵소서. 이 민족이 복음으로 가득한 나라가 되게 하옵소서. 또한 세계복음화를 위해 더 많은 선교사들을 파송

하는 나라가 되게 하여 주옵소서.

하나님 아버지, 이 땅에 하루 빨리 통일을 허락해 주옵소서. 지금 이 순간에도 북한 공산체제 아래서 가난과 기근, 인권 탄압과 강제 노동, 우상 숭배 등으로 고통당하고 있는 북한 동포들을 불쌍히 여겨 주시며 구원하여 주옵소서. 특별히 이 땅에 복음통일을 이뤄주옵소서. 복음만이 이 민족이 온전히 하나 되는 통일을 이루게 될 줄 믿습니다. 하루 빨리 복음통일이 이루어져, 북한 땅 곳곳에 복음이 전파되며, 교회가 세워지는 역사가 일어나게 하옵소서.

이 나라의 대통령과 위정자들을 붙들어 주옵소서. 국민을 위해서 자신을 버려 헌신하는 지도자들이 되게 하시고, 정의와 질서가 온전히 서는 나라가 되게 하옵소서. 정치, 경제, 사회, 문화, 교육 등 모든 분야에서 그리스도인들이 하나님의 공의를 실천하게 하셔서, 믿지 않는 자들에게 본이 되며 칭송받게 하옵소서. 그리스도인들이 이 땅의 소망이요, 빛과 소금이 되게 하여 주옵소서.

또한 북한의 핵개발과 미사일 실험과 같은 무력 도발로부터 이 나라의 안보를 지켜 주옵소서.

하나님 아버지! 우리나라와 민족이 지금까지 하나님께로부터 많은 복을 받은 것처럼, 앞으로도 하나님의 돌보심과 인도하심 속에서 더 많은 복과 은혜를 누리며 살게 하여 주옵소서. 이 나라와 민족의 구원자 되시는 예수 그리스도의 이름으로 기도드립니다. 아멘.

19 북한을 위한 기도문

우리나라와 민족을 사랑하시는 하나님!

이 시간, 북한을 위해서 기도합니다. 현재 김정은과 공산당은 핵무기와 미사일 개발 등으로 계속해서 한반도와 국제 정세를 위협하며 공포로 몰아넣고 있습니다. UN과 국제 사회의 경제 제재에도 아랑곳하지 않고, 오로지 핵무기 개발에만 열을 올리고 있는 북한이 자신들의 어리석음을 깨닫고 이 모든 무모한 개발과 도발을 멈추게 하여 주옵소서.

이로 인해 고통당하고 있는 북한 동포들을 불쌍히 여겨 주옵소서. 김정은과 공산체제의 폭정과 억압, 인권유린 등으로 북한 주민들은 극심한 굶주림과 정신적 고통을 겪고 있습니다. 이로 인해 굶주림을 견디다 못해 탈북하거나 김정은의 공포정치를 견디지 못해 탈북하는 사람들이 점점 늘어나고 있습니다. 북한 핵심지도자들이 자신들의 살 길을 깨닫고 의식이 깨어나 행동으로 옮기게 하여 주옵소서. 그래서 김정은과 공산체제가 무너지는 날이 속히 오게 하옵소서. 북한 동포들을 불쌍히 여겨 주시사, 굶주림과 억압으로부터 하루 빨리 구원하여 주옵소서.

주님, 무엇보다 저 북녘 땅 곳곳에 세워진 김일성 부자의 우상들과 동상들이 무너지게 하여 주옵소서. 사람이 신이 되어버리고, 거기에 절하며, 그들의 사상을 무의식적으로 받아들이게 하는 그 악한 행위들이 이 땅에서 완전히 사라지게 하옵소서.

오직 예배와 찬송을 받으신 분은 하나님 한분이오니, 그 땅에 하나님을 찬송하는 소리가 다시 회복되게 하시며, 북한 땅 곳곳에 하나님의 교회가 재건되는 역사가 일어나게 하여 주옵소서.

지금 이 순간, 북한의 혹독한 감시와 핍박 속에서도 목숨 걸고 신앙을 지키는 이들이 있습니다. 동굴에 숨어 이불을 뒤집어쓰고 하나님의 이름을 부르며 예배를 드리는 지하교회 성도들을 주님의 권능의 손으로 붙잡아 주시며, 보호하여 주옵소서. 그들이 숨죽여 간절히 기도하는 내용들을 하루 속히 응답하여 주옵소서. 또한 북한의 그루터기 성도들을 지켜 주시며, 그들이 하나님을 믿는 믿음을 통일의 그날까지 잘 이어가게 하옵소서.

우리 한국교회는 이들을 위해서 날마다 중보기도하게 하시며, 그분들의 순결하고 굳건한 신앙처럼, 우리의 믿음도 세속화되지 않고, 온전히 하나님 앞에서 정결한 신앙이 되게 하여 주옵소서.

주여, 다시 한 번 간절히 기도하오니, 어두움과 굶주림, 절망과 눈물, 억압과 고통으로 가득한 저 북녘 땅에 주님의 소망과 위로와 평화와 자유가 임하는 그 날이 속히 오게 하여 주옵소서.

그래서 이 땅에 전쟁의 위협이 사라지고, 자유 대한민국 체제 아래서 남과 북이 하나되는 통일이 이뤄지게 하여 주옵소서. 그리하여 온 민족이 하나 되어 두 손 들고 하나님께 예배하는 영광스러운 그 날이 속히 임하게 하여 주옵소서. 우리 구주 예수 그리스도의 이름으로 기도드립니다. 아멘.

20 평화통일을 위한 기도문

화해와 평화의 하나님 아버지!

70년이 넘는 세월동안 남과 북으로 나뉘어 서로에게 총부리를 겨누고 있는 이 민족을 불쌍히 여겨 주옵소서. 지금 이 순간에도 북한은 핵무기와 미사일 개발 등으로 연신 이 땅의 평화를 위협하고 있습니다. 주여, 이 땅에 그리스도의 평화가 임하게 하여 주옵소서.

무엇보다 이 땅에 평화통일이 이루어지게 하여 주옵소서. 북한은 아직도 전쟁과 피를 흘리는 적화통일을 꿈꾸고 있습니다. 이것은 분명 하나님께서 원하시는 방법도 아니고, 하나님의 뜻과는 반대되는 일인 줄 믿습니다. 이러한 북한의 야욕이 완전히 없어지게 하옵소서. 그것이 얼마나 어리석은 일인지를 그들 스스로가 깨닫게 하여 주옵소서. 그들 스스로가 두 손 들고 하나님과 온 세상 앞에 자신들의 잘못과 부끄러움을 고백하는 날이 오게 하옵소서.

주여, 우리 한국교회가 이 일을 위해서 간절히 기도하게 하옵소서. 이 땅의 평화가 이루어지도록, 하나님의 역사가 하루 속히 이 땅 가운데 일어날 수 있도록 깨어 기도하게 하옵소서. 지금 한국교회는 개교회 성장주의와 세속화에 빠져, 이 민족이 하나 되기를 간절히 원하시는 하나님의 마음을 아직도 깨닫지 못하고 있습니다. 주여, 이제 우리 민족의 평화통일과 통일한국의 미래를 위해 기도하는 한국교회가 되게 하여 주옵소서.

특별히, 이 땅에 복음통일을 허락하여 주옵소서. 먼저, 남과 북이 정치적으로 하나 되고, 영토가 하나 되는 통일이 이뤄지게 하시옵소서. 더불어 이 민족이 복음으로 하나 되게 하옵소서. 이 민족이 온전히 하나 되는 방법은 오직 복음으로만 가능하게 될 줄 믿습니다. 복음만이 사람을 변화시키며, 민족을 변화시킬 수 있는 줄 믿습니다. 주여, 이 땅이 복음으로 하나 되는 복음통일을 하루속히 이루어주옵소서.

하나님께서 사랑하시는 이 땅에 평화통일과 복음통일이 이루어져, 하나님께 영광 돌리며, 세계 모든 이들의 기쁨이 되는 날이 우리 민족에게 속히 임하게 하여 주옵소서. 예수 그리스도의 이름으로 기도드리옵나이다. 아멘.

21 세계를 위한 기도문

　이 세상을 주관하시며 다스리시는 하나님!
　우리가 살고 있는 세계를 위해 기도합니다. 하나님께서 이 세상 천지만물을 창조하시고, 보시기에 좋았다고 말씀하셨던 아름다운 세계가 온갖 자연재해로 몸살을 앓고 있습니다. 가뭄으로, 폭우와 홍수로, 지진으로, 태풍으로 인한 피해로 지구촌 곳곳이 신음하고 있습니다. 뿐만 아니라 신종바이러스로 인한 전염병이 전 세계로 확산되어가고 있습니다.
　주님, 이 모든 것이 인간들의 탐욕과 죄악으로 인한 결과임을 고백합니다. 우리 인간들의 추악한 죄를 용서하여 주옵소서. 인간들이 파괴한 모든 생태환경을 회복시켜 주시고, 주님의 창조질서대로 회복되며 운행되게 하옵소서. 특별히, 온갖 자연재해로 인한 피해로 고통 중에 있는 사람들을 주님께서 보살펴 주시고, 주님의 사랑으로 위로하여 주옵소서.
　지금 이 순간에도 민족 간의 갈등과 종교 간의 대립으로 전쟁 중에 있는 나라와 민족들이 있습니다. 서로가 서로를 핍박하고 죽이는 일들이 비일비재하게 일어나고 있습니다. 특히, 이슬람 극단주의자들로 인한 테러가 온 세계 사람들을 공포로 몰아가고 있습니다. 주님, 저들의 완악함과 어리석음을 변화시켜 주옵소서. 종교라는 이름으로 행하고 있는 잔인함을 깨닫게 하시고 주님께로 돌아오는 역사가 일어나게 하옵소서. 전쟁과 테러로 인해 고통당하는 난민들을 지켜 주시고 위로하여 주시며, 온 세계가 전쟁과 테러가 아니라, 주님의 평화와 화해로 가득하게 하여 주옵소서.

하나님, 세계 열방의 복음화를 위해 기도합니다. 물이 바다를 덮음 같이 하나님을 인정하는 것이 온 세상에 가득하도록 역사하여 주옵소서. 한국교회와 세계교회들이 한 마음이 되어 세계 열방에 복음을 전파하게 하옵소서. 세계복음화와 선교를 위해 교회들의 일치와 연합이 이루어지게 하시고, 협력관계가 잘 이루어져 세계선교를 잘 감당함으로 온 세상이 주님을 예배하게 하옵소서.

세계 열방에 흩어져 있는 주님의 백성들을 기억하시고, 그들이 어떠한 상황과 환경에 있든지 변치 않는 견고한 믿음을 주옵소서. 지금 이 순간에도 예수 그리스도를 믿는다는 이유로 핍박받고 있는 주님의 백성들을 기억하시고, 주님의 날개 아래 보호하여 주옵소서.

특별히, 공산주의와 이슬람 국가에서 신앙을 지키기 위해 핍박받고, 순교당하는 주님의 백성들을 붙들어 주옵소서. 주님만이 그들의 피난처가 되시며, 환난 날의 도움이심을 확실히 믿고, 환난과 핍박 중에서도 끝까지 믿음으로 승리해 나갈 수 있도록 주님의 강한 팔로 그들을 지켜 주시며 함께 하여 주옵소서.

우리가 살아가는 이 세상이 하나님의 창조 질서를 회복하며, 화해와 평화가 이뤄지게 하여 주옵소서. 우리 주 예수님의 이름으로 기도드립니다. 아멘.

22 선교사를 위한 기도문

세상 모든 민족의 왕이신 하나님!

죄악으로 가득했던 이 세상에 예수님을 보내주셔서 십자가의 사랑으로 구원의 길을 열어 주시며, 예수 그리스도를 믿기만 하면 구원받을 수 있게 하신 하나님의 사랑과 은혜에 감사를 드립니다.

그러나 아직도 많은 나라와 민족이 예수님을 알지 못하고, 구원의 기쁜 소식 가운데 거하지 못한 채 살아가고 있습니다. 여전히 세상의 헛된 신들을 의지하고, 우상을 섬기며, 하나님의 마음을 아프시게 하는 삶 가운데 거하고 있습니다. 주여, 저들을 불쌍히 여겨 주옵소서. 저들에게 구원의 복음이 전파되게 하시며, 예수 그리스도를 영접함으로 구원받는 역사가 일어나게 하여 주옵소서.

세상 모든 민족이 구원받기를 원하시는 주님께서 우리나라에 선교사님들을 보내주셔서, 이 민족이 구원받게 하심에 무한 감사를 드립니다. 이제 이 복음이 온 세계에 퍼져 나가도록 한국교회가 선교에 열정을 품고, 많은 선교사들을 보낼 수 있게 하여 주옵소서. 선교사님들을 기도와 물질로 후원함으로, 선교사님들이 마음껏 주의 복음을 전파할 수 있게 하옵소서.

하나님 아버지, 주님의 부르심을 받고 세계 곳곳에 나가있는 선교사님들의 사역지를 위해서 기도합니다. 그 땅을 향한 하나님의 계획이 선교사님들을 통하여 온전히 이뤄지게 하시고, 선교사님들의 헌신과 수고가 헛되지 않도록 역사해 주셔서 선교지에 아름다운 복음의 열매들이 피어나게 하여 주옵소서.

하나님, 선교사님들의 사역 위에 하나님의 능력이 나타나도록 기름 부어주옵소서. 선교사님들이 선교사역을 감당하는 동안 지치지 않도록 날마다 새 힘을 공급해 주시며, 선교사님들의 필요를 주님께서 아시고 때에 맞게 채워주셔서 선교지에서 사역하시는 선교사님들이 실족하지 않게 하옵소서. 선교지에서 항상 깨어 기도함으로 영적분별력을 가지고 모든 사역을 감당하게 하시고, 많은 선교의 열매들을 통해 하나님께 영광을 돌리게 하여 주옵소서.

하나님, 선교사님들의 가정을 위해 기도합니다. 고국을 떠나 낯선 선교지에서 살아가는 모든 상황 속에서 하나님의 보호하심이 함께 하여 주옵소서. 선교사님들의 가정에 영육간의 강건함을 허락해 주시고, 모든 사고와 재해, 위협으로부터 지켜주옵소서. 자녀들의 앞길에 형통함으로 인도하여 주시고, 세상을 바라보는 안목과 그들에게 주신 하나님의 비전을 바라보게 하시며, 건강하고 온전한 정체성을 가진 하나님의 사람으로 자라나도록 도와주옵소서. 선교지에서 생길 수 있는 외로움과 어려움들을 잘 이겨나갈 수 있도록 은혜를 베풀어 주옵소서.

선교사님들을 기도하면서 후원하는 교회들에게 은혜 주시기를 원합니다. 보이지 않는 곳에서 후원하는 교회들이 더 많아지게 하셔서, 세계 선교와 복음화가 더욱 불일 듯 일어나게 하여 주옵소서. 하나님 나라와 복음을 위하여 많은 교회들이 합력하여 선을 이루는 선교가 되게 하시며, 선교사님들과 교회들이 잘 소통하게 도와주옵소서. 그래서 교회가 전심으로 선교사님들을 위하여 기도로 중보하며 후원함으로 하나님 나라가 세계만방에 확장되는 역사가 일어나게 하여 주옵소서. 주 예수 그리스도의 이름으로 기도드립니다. 아멘.

많은 기도들이 응답받지 못하는 것은 우리가 너무 빨리 포기하기 때문이다
- 조이 도우슨

심방 기도문

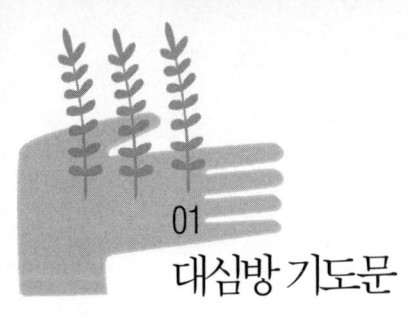

01 대심방 기도문

은혜가 풍성하신 주님!

주의 이름을 높이며, 우리의 마음과 뜻을 다하여 주님을 섬기길 원합니다. 우리의 섬김에 영광을 받으시옵소서. 우리의 삶을 드리니 영광을 받으시옵소서. 특별히 주님의 인도하심에 따라, 오늘 이 가정에 함께 모여 예배하게 하심을 감사드립니다. 우리가 교회에서 믿음의 가족으로 만나게 하시고, 믿음의 길을 함께 걷게 하신 모든 것이 주님의 섭리임을 고백합니다. 많은 믿음의 사람들 가운데 우리가 함께 할 수 있다는 것은 우리 모두에게 기쁨이 됩니다. 하나님께서 예비하신 만남 속에 하나님의 크신 뜻과 계획들이 이루어지길 기도합니다.

이 가정을 축복하시고, 특별히 ○○○ 집사(부군)가 믿음의 가장으로 굳게 서게 하시고, ○○○ 집사(아내)가 따뜻한 사랑으로 가정을 돌보게 하시며, 자녀들도 부모의 신앙을 따라 믿음의 반석위에 서게 하옵소서. 사랑의 주님, 이 가정에 주님의 뜻에 따라 살게 하시고, 말씀 안에 거하는 삶을 살도록 인도하옵소서. 그리하여 주님과 함께 하는 형통의 삶을 살되 들어와도 복을 받고, 나가도 복을 받는 가정되게 하옵소서.

이 가정에 차고 넘치는 복을 주셔서, 이웃들도 이 가정으로 인하여 축복을 함께 누리는 은혜를 받게 하시고, 이 가정을 통하여 예수님 앞으로 나오도록 이 가정을 축복하여 주옵소서. 자녀들에게 지혜와 총명을 더하여 주시고, 지혜와 지식의 근본이신 하나님을 깊이 만나게 하시고, 사랑을 받고, 사랑을 나누는 축복을 더하여 주옵소서. 이제 이 가정이 하나님의 말씀을 들을 때에, 이 말씀을 붙잡고 살게 하시고, 말씀대로 이루어지는 복을 누리게 하옵소서.

하나님께서 이 가정을 통하여 이루시고자 하시는 뜻이 이루어지길 기도합니다. 가정에 속한 모든 이들이 하나님께서 주신 사명을 깨닫고 그 사명을 감당하기에 부족함이 없도록 하옵소서. 그 일을 위하여 필요한 것들로 채워 주시고, 하나님의 돌보심 가운데 모든 것이 협력하여 선을 이루게 하옵소서. 하나님의 뜻을 이루기 위해 이 가정에 기도가 끊이지 않게 하시고, 서로를 위하여 중보하며 사랑으로 포용할 수 있는 가정이 되길 간절히 원합니다. 하나님의 임재가 가득한 가정이 될 수 있도록 도와 주시옵소서. 모든 것을 주님께 의탁하며, 예수님의 이름으로 기도합니다. 아멘

02 이사 기도문

우리의 필요를 때마다 채워 주시고, 하나님께 영광과 감사를 드릴 수 있는 마음까지 허락하시는 사랑의 주님을 찬양합니다. 하나님의 사랑이 온 우주에 가득하길 간절히 원합니다. 주님의 이름이 온 세상에 울려 퍼지길 원합니다.

오늘 특별히 이 가정에 새로운 장막! 보금자리를 허락하심에 감사를 드리며, 이렇게 귀한 예배를 드립니다. 우리가 드리는 예배를 받아주시옵소서. 오늘 드리는 이 예배를 시작으로 주님을 예배하고, 섬기는 일이 이 가정에 끊이지 않게 하옵소서. 이 가족을 통하여 하나님께서 영광과 존귀를 받으시옵소서.

이사를 준비하는 과정과 이사하는 순간, 모든 일정이 주님께서 미리 예비하여 주셔서 이렇게 아름다운 터전에서 가정의 꿈과 믿음이 꿈을 이루어 가게 하심을 감사드립니다. 주님께서 친히 이 가정에 주인이 되셔서, 이 공간을 하나님의 사랑과 은혜로 채워 주옵소서. 서로를 향한 사랑이 가득하게 하옵소서.

다윗이 궁을 짓고 하나님께 간구하며 기도한 것처럼, 주의 은혜로 종의 집이 영원히 복을 받게 하옵소서. 매일 이 가정에 기도가 끊이지 않게 하시고, 이들의 간구와 고백에 하나님께서 응답하시고, 이 가정에 성령이 충만하게 임하여 주옵소서. 이 공간이 주님의 영으로 가득하고 말씀과 은혜로 채워 주시며, 가족 안에 사랑으로 채워 주옵소서.

평강의 주님!

이 가정으로 인하여 이 빌라(아파트)가 복을 받게 하옵소서. 아브라함에게 복을 주사, 네가 복이 될 것이라고 말씀하신 그 은혜를 이 가정에 부어 주길 원합니다. 이 가정이 복의 통로가 되어, 이 가정과 만나는 모든 이웃이 복을 받게 하시고, 예수 그리스도의 사랑을 맛보게 하여 주옵소서. 좋은 이웃을 만남에 감사하게 하시고, 이 가정으로 인하여 온 동네가 주님의 은혜와 복으로 가득 채워 주옵소서.

 이제 말씀을 전하시는 목사님과 함께 하시고 이 가정에 주시는 주님의 말씀을 붙잡고, 가정의 지표를 삼아, 말씀으로 세워지는 가정이 되게 하시고, 모든 것이 주님 안에서 형통의 복을 누리게 하옵소서. 모든 것을 주님께 의탁하며 예수님의 이름으로 기도합니다.

03 배우자를 위한 기도문

　모든 역사를 주관하시고, 온 인류에 빛과 소금이 되시는 하나님을 찬양합니다. 하나님의 뜻이 이 땅에 이루어지길 간절히 원합니다. 이 땅 가운데에서도 특별히 오늘 함께 한 가정에도 이루어지길 원합니다. 하나님께서 이 가정을 사랑하시고, ○○○ 형제(자매)를 사랑하셔서 함께 기도의 자리로 오게 하심을 감사드립니다. 지금까지 살아온 모든 길이 주님의 섭리로 인도하셨음을 고백합니다.
　○○○ 형제(자매)의 배우자를 위해서 기도합니다. 주님께서 아담을 만드시고 독처하는 것이 좋지 않다하여 돕는 배필을 만드신 주님! ○○○ 형제(자매)에게 평생을 함께 할 배우자를 예비하여 주옵소서.
　지금까지 혼자 열심히 살아왔다면, 이제는 함께 믿음의 길과 인생의 길을 동행할 배우자를 만나게 하여 주옵소서. 만남을 축복으로 허락하시되, 주님께서 주신 기회를 깨달을 수 있는 지혜를 주시고, 만남의 준비를 하게 하옵소서. 배우자만 준비되는 것이 아니라, ○○○ 형제(자매)가 모든 면에서 준비되게 하옵소서.
　서로가 좋은 성품을 주시고, 좋은 믿음을 허락하여 주옵소서. 만났을 때, 서로가 알아보는 은혜를 주시고, 주님 안에서 만나도록 은혜를 주옵소서. 또한 양가가 준비되게 하여 주옵소서. 둘이 하나가 되는 과정이 순탄하게 하시고, 서로 주님 안에서 사랑의 열매를 맺도록 주님 인도하여 주옵소서.
　○○○ 형제(자매)의 장점으로 배우자를 보듬을 수 있는 넉넉함을 주시고,

배우자를 준비시킬 때, ○○○ 형제(자매)의 단점을 가릴 수 있는 배우자를 만나게 하셔서, 하나님 보시게 참 좋았더라라는 가정을 이룰 수 있도록 하시고, 아담과 하와처럼 탓하는 것이 아니라, 서로 신뢰를 쌓아 나갈 수 있는 배우자를 만나게 하옵소서.

　주님께서 만남을 허락하실 때, 온전한 가정을 이루도록 지혜를 주옵소서. 예수님의 이름으로 기도합니다.

04 임신을 위한 기도문

생명이 되신 하나님께 영광과 감사를 드립니다. 특별히 하나님의 형상으로 사람을 창조하시고, 그 코에 생기를 불어넣으셔서 생령이 되게 하심을 감사드립니다. 하나님께서 허락하지 않으신다면 이 세상에 생명을 가지고 살아갈 피조물은 아무 것도 없습니다. 하나님께서 생명이 되시기에 이 모든 일이 가능한 것입니다. 우리에게 호흡을 허락하시고, 지금도 하나님께 경배하게 하신 주님께 감사를 드립니다.

주님께서 두 사람을 만나게 하시고, 행복한 가정을 꾸리도록 인도하심을 감사드립니다. 지금까지 길이 그리 쉽지만은 않았지만, 이 모든 것이 주님의 은혜로 살아왔음을 고백합니다. 주님의 은혜가 가득한 가정이 되게 하옵소서. 이제 이 가정에 주님께서 태의 열매를 맺게 하여 주옵소서. 두 사람이 사랑의 결실을 맺도록 예비하여 주옵소서.

주께 구하오니, 새 생명을 잉태하도록 은혜를 베풀어 주시옵소서. 자식들은 여호와의 기업이요, 태의 열매는 그의 상급이 되도록 길을 열어 주옵소서. 많은 믿음의 선조들이 주님께 태의 열매를 위하여 기도할 때, 주님께서 응답하신 것처럼 우리의 기도를 들어 응답하여 주옵소서. 한나가 간절한 마음으로 주님께 부르짖었던 것처럼 간절함이 있습니다. 사라가 바랄 수 없는 중에도 주님께서 웃음의 아이 '이삭'을 허락하셨던 것처럼 바랄 수 없는 중에 간절히 바라고 원하오니 이 가정에 주님의 은혜를 부어 주옵소서.

이 시간, 우리의 간절함을 들어 주시옵소서. 하나님의 전지전능하심이 이 가정에 임하게 하옵소서. 하나님의 축복이 임하게 하옵소서. 하나님께서 움직여 주시옵소서.

생명의 주관자 하나님, 우리는 모든 것이 가능하지 않지만, 주님께서는 모든 것이 가능함을 믿습니다. 사람의 능력 이상의 것을 주님께서 가능하시오니, 주님의 방법으로 인도하여 주옵소서. 그러나 주님, 이 일로 인하여 염려하거나 낙심하지 않게 하시고, 늘 주님의 평강을 잃지 않고, 감사한 마음으로 살아가게 하여 주옵소서. 예수님의 이름으로 기도합니다. 아멘.

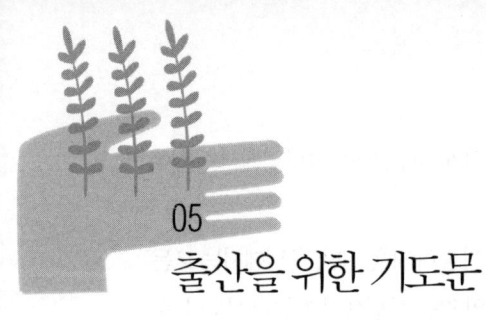

05
출산을 위한 기도문

생명의 주관자이신 하나님께 감사를 드립니다. 이 가정에 새로운 생명을 주심에 감사를 드립니다. 두 사람이 결혼하여 잉태하고, 자녀를 출산하는 것이 너무나 자연스러운 일이지만, 이 자연스러움이 또한 얼마나 힘들고 어려운 과정인지 새삼 깨닫습니다. 귀한 생명을 주신 은혜에 감사를 드립니다.

엄마의 뱃속에서 오랜 시간 동안 함께 하고, 서로 가족임을 확인하며 얼마나 기뻐하며 시간을 보냈을까요? 이 모든 것들이 하나님께서 돌보시고, 이끌어주셨기 때문에 가능한 일이었습니다. 그래서 늘 감사가 더할 뿐입니다.

이제 출산의 두려움과 걱정을 뒤로하고, 출산을 준비합니다. 엄마와 아빠의 마음에 담대함을 허락하여 주옵소서. 눈에 보이는 걱정과 두려움을 넘어 뒤에 찾아오는 기쁨과 감사를 볼 수 있는 은혜를 주옵소서. 출산 과정을 이끄시는 의사 선생님과 함께 하셔서 산모와 아기 모두 건강하게 출산할 수 있도록 하옵소서. 하나님께서 모든 시간을 이끌어 주시옵소서.

출산의 아픔보다 해산의 기쁨이 크게 하시고, 이제 엄마와 아빠로 준비되게 하여 주옵소서. 세상에 둘도 없는 자녀를 받는 준비를 하시되, 마음의 준비, 육체의 준비, 모든 준비를 순조롭게 하옵소서. 여러 가지 마음이 교차하지만, 하나씩 준비하면서 엄마로 준비되게 하시고, 아빠로 준비되게 하시되, 넉넉한 마음을 갖게 하여 주옵소서.

아이가 세상이 나왔을 때, 환한 엄마와 아빠의 얼굴을 보면서 세상에 잘 나왔구나 하는 따뜻한 마음을 갖게 하시옵소서. 또 아이가 자라나면서 엄마와 아빠를 통해 하나님을 알아가게 하옵소서. 행복을 가져오는 아이가 되어, 이 가정에 기쁨과 행복이 넘쳐나게 하시고, 아이를 돌보고, 키우면서, 우리를 향한 하나님의 마음을 헤아리는 부모가 되게 하여 주옵소서. 출산의 모든 과정을 주님께 맡겨 드리며 예수님의 이름으로 기도합니다. 아멘

06 입학을 위한 기도문

　우리의 삶을 주관하시는 하나님을 찬양합니다. 우리가 올바른 길로 걸어갈 수 있도록 인도하시는 하나님께 영광을 드립니다. 사랑으로 가득한 삶을 주시고, 특별히 귀한 가정을 주심을 감사드립니다.
　사랑하는 자녀가 학교에 입학하여 새출발을 합니다. 이 길의 여정 가운데 함께 하여 주옵소서. 새롭게 가는 길이 힘들고 어렵더라도 잘 이겨낼 수 있도록 도와 주시옵소서.
　주님께 간구하기는 만남의 축복을 허락하여 주옵소서. 좋은 친구를 많이 만나게 하여 주옵소서. 다니엘과 친구들처럼 친구를 통해 인생을 알아가게 하시고, 우정을 쌓아가게 하여 주옵소서. 힘들 때 함께 하는 친구, 어려울 때 도와주는 친구들이 되게 하여 주옵소서. 또한 ○○○가 다른 친구들에게도 좋은 친구가 되어, 함께 살아가는 법을 배우게 하여 주옵소서.
　좋은 선생님을 많이 만나게 하여 주옵소서. 학교에서 좋은 선생님을 통해 세상을 바라보는 따뜻한 시선을 갖게 하시고, 배움이 지식만을 전달받는 것이 아니라, 삶을 배우게 하시고, 스승을 통해 바른 가치관을 세우게 하여 주옵소서. 선생님을 통해 좋은 영향력을 받게 하시고, 올곧은 아이가 되게 하여 주옵소서.
　주님 간절히 바라는 것은 ○○○가 지금과는 또 다른 환경과 분위기에 적응하게 하옵소서. 낯선 환경에 잘 적응하여 편안한 마음으로 생활하게 하시고, 친구들과 행복한 학창생활을 할 수 있도록 하옵소서. 또한 어려운 친구들을 배려하는 넉넉한 아이가 되게 하여 주옵소서.

  자신에게 맡겨진 일들을 잘 감당하게 하시고, 예수님께서 지혜와 키가 자라 갔던 것처럼 ○○○도 지식과 지혜, 키가 자라가게 하시고, 꾸준히 성실하게 학업에 임하게 하옵소서. 배운 것이 자신만을 위한 것이 아니라, 남을 위한 배움과 쓰임이 되게 하시고, 하나님 나라를 위하여 쓰임받는 아이가 되도록 삶을 축복하시고 인도하여 주옵소서. 예수님의 이름으로 기도합니다. 아멘

07
졸업을 위한 기도문

우리의 모든 삶을 인도하시는 주님의 은혜에 감사를 드립니다.
사랑하는 자녀 ○○○가 주님의 은혜로 학업을 마치고 졸업을 하게 하시니 감사드립니다. 주님께서 사랑하는 ○○○가 학교생활을 하면서 지혜가 자라고, 지식을 쌓았습니다. 공부를 하면서 참 힘든 기간도 있었습니다. 하지만 그때마다 주님께서 살피시고, 인도하셔서 무사히 학업을 마칠 수 있도록 도와주셔서 감사합니다. 또 학업을 하는 데 주변에 많은 사람들의 기도가 있었습니다. 그 기도를 들으시고, 응답해 주심도 감사합니다.
이제 졸업과 함께 새로운 세상으로 나아갈 때, 주님께서 함께 하여 주옵소서. 이스라엘 백성이 출애굽을 할 때, 주님께서 사막에 길을 만드시고 앞길을 인도하신 것처럼, ○○○에게도 함께 하셔서 앞길을 예비하여 주시옵소서. 불기둥과 구름 기둥으로 이스라엘 백성의 발걸음을 옮기게 하신 것처럼, ○○○에게도 영적 눈을 떠서 주님께서 계획하신 길을 걸어가게 하옵소서. 자신의 생각과 욕심에 가야할 길을 보지 못하고, 방황하지 않도록 하옵소서. 앞으로 삶이 하나님께서 원하시는 삶을 살아가도록 하옵소서.
지금까지 배운 학문과 지식이 자신만을 위해서 사용하는 것이 아니라, 하나님을 영화롭게 하며, 이웃을 위해서, 사회를 위해서 사용하도록 넉넉한 마음을 주시고, 실천할 수 있는 용기도 주옵소서. 이 모든 것이 하나님의 뜻임을 깨닫고, 그 길을 묵묵히 걸어갈 수 있도록 도와 주시옵소서.
많은 이들이 준비는 되었지만, 일을 할 곳이 없다고 말합니다. 주님! 주님께서 배운 지식을 사용할 장을 예비하여 주옵소서. 이를 위해 기도하며 구하고 찾고 두드릴 때, 길을 열어 주옵소서.

사랑의 주님!

간절히 바라기는 이 가정을 축복하시고 자녀를 위해서 헌신하며 교회를 위하여 봉사하는 부모들에게 함께 하셔서 늘 흔들리지 않는 믿음의 생활을 하며 영육간에 풍성한 양식을 허락하시고, 자녀를 위한 기도 끊이지 않게 하옵소서. 예수님의 이름으로 기도합니다. 아멘.

08 군입대를 위한 기도문

오늘도 우리와 함께 하시는 주님.

주님의 사랑하는 아들 ○○○ 군이 건강하고 장성하여 군에 입대합니다. 지금까지 부모의 품에 있다가 이제는 나라의 부름을 받아 군인이 됩니다. 어린아이로만 생각했는데, 이제는 어른이 되어가는 여정 중 군대라는 광야 훈련을 거치게 됩니다. 주님 그곳에서 마땅히 해야 할 책임과 의무를 잘 감당할 수 있는 마음과 건강을 허락하여 주옵소서.

자유롭게 있다가 통제된 곳에서 생활하면서 어려움을 당하지 않도록 마음을 지켜 주시옵소서. 새로운 사람들을 만나게 될 때, 만남의 축복을 허락하여 주옵소서. 좋은 고참, 후임들을 만나게 하시고, 좋은 소대장, 좋은 지도자들을 만나게 하여 주옵소서.

훈련으로 인해서 때로는 몸이 고단하고, 지칠 때, 주님께서 힘을 주시고, 여러 관계들로 인하여 마음이 힘들 때, 용기를 주시옵소서. 위험한 장비와 무기를 다룰 때, 주님께서 안전하게 지켜 주옵소서.

다양한 삶을 살아오던 젊은이들이 함께 모여 살아갈 때, ○○○군이 화평을 이루는 사람이 되게 하시고, 그리스도인으로서 평안을 만들어내는 복이 되게 하옵소서. 주님께 의지하는 믿음을 잃지 않게 하시고, 오직 주님만을 바라보고 지혜와 능력의 근원되시는 주님께 의지하고, 하나님의 인도하심을 따라 살게 하여 주옵소서.

다윗처럼 지혜롭고 용기를 가지고 살게 하시고, 때론 여호수아처럼 담대함을 주시고, 군대에서 절제하는 법을 배우며, 마음을 다스리는 법을 배우고, 지도력을 배우는 시간이 되게 하여 주옵소서.

군 복무 기간동안 하나님께서 허락하신 광야 훈련을 받으며 하나님 의지하는 법을 배우고, 주님을 자랑하며 사는 아들이 되게 하여 주옵소서. 모든 안전사고로부터 지켜 주시고, 인생에서 가장 축복된 시간이 되도록 은혜 내려 주옵소서. 예수님의 이름으로 기도합니다. 아멘.

09 직장을 위한 기도문

평강의 주님.

주님께서 예비하신 직장을 주심에 감사드립니다. 이제 수고로이 일할 수 있는 일터로 출근을 합니다. 새로운 사람들을 만나고, 상사들을 만나게 됩니다. 주님 겸손하게 일을 배울 수 있는 마음을 허락하여 주옵소서.

첫 만남 속에서 좋은 인상을 주어, 직장에 잘 적응하도록 은혜를 주옵소서. 일을 감당하면 불평과 불만이 아니라, 감사와 기쁨의 마음으로 감당하게 하시고, 작은 일을 소홀히 하는 것이 아니라, 최선을 다하게 하옵소서.

치열한 삶의 자리에 휩쓸려 경쟁으로만 사람들을 대하지 않게 하시고, 옆에 있는 동료와 함께 갈 수 있는 여유와 겸손함을 주시며, 뒤처진 사람에게 손을 뻗어 잡아 줄 수 있는 용기와 힘을 주옵소서. 회사의 분위기를 화사하게 바꿀 수 있는 사람이 되어, 좋은 일과 잘된 일에 함께 기뻐하게 하옵소서. 어려운 일과 힘든 일이 올 때는 함께 아파하고, 잘못과 실수를 잘 인정하게 하시고, 다른 이의 실수는 넉넉히 품고 갈 수 있는 마음을 주옵소서. 마음이 다쳐서 먼저 상대방에게 마음을 닫지 않게 하시고, 늘 입에서 긍정과 격려의 언어가 나오게 하여 주옵소서.

주님.

다른 무엇보다 ○○○ 군(양)이 이 직업(일)을 통해 주님께서 주신 소명을 발견하게 하여 주옵소서. 주님께서 맡기신 일임을 깨닫고, 이 일을 통해 하나님의 뜻을 이루어 가게 하시고, 직장에서 맡은 일이 주님께서 주신 일이라 생각하고 감내하게 하여 주옵소서.

불의에 휩쓸리거나, 부당한 일을 당할 때, 지혜를 주셔서 잘 극복하되, 합력하여 선하게 풀어가는 지혜를 주시고, 잘못된 일을 지적하기보다는 지혜를 가지고 공의롭고 정의롭게 행동하도록 늘 함께 하여 주옵소서.

이 직장을 통해 하나님의 꿈을 이루어 가며, 주님께 영광을 돌리는 삶이 되게 하여 주옵소서. 예수님의 이름으로 기도합니다. 아멘.

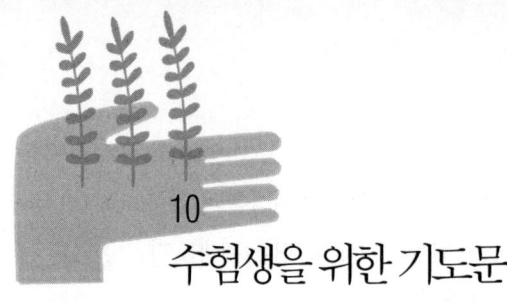

10 수험생을 위한 기도문

사랑의 하나님.

어제나 오늘이나 늘 동일하신 하나님을 찬양합니다. 이 시간 ○○○ 군(양)을 위해서 기도합니다. 입시(취업)를 위하여 ○○○ 군(양)이 열심히 기도하며 준비했습니다. 지금까지 노력한 땀방울이 헛되이 되지 않도록 은혜를 주옵소서. 믿음의 선조들이 주님께 간구한 것처럼 수고한 손이 헛되지 않도록 이 시험을 통해서 수고하고 노력한 결과가 있게 하옵소서.

주님께서 평안한 맘 주셔서 집중하며 공부하였던 것들이 생각나게 하시고, 긴장하여 당황하지 않게 하시며, 열심히 노력한 수고의 열매를 거두도록 하옵소서. 이 시간만큼 최대한 집중하여 최선을 다하게 하시고, 최선을 다한 뒤에는 모든 것을 주님께 맡기게 하여 주옵소서.

하오나 주님!

최선을 다하고, 노력을 하였지만, 결과가 예상대로 나오지 않았을 때, 좌절하지 않게 하시고, 하나님의 섭리를 기다리며 포기하지 않게 하여 주옵소서. 한 번의 시험으로 인생을 판단할 수 없음을 깨닫게 하시옵소서. 좋은 결과가 나오면 하나님께 영광을 돌리고, 나쁜 결과가 나오면 다시 한 번 도전할 수 있는 마음을 허락하여 주옵소서. 또한 함께 공부한 친구들도 주님께서 함께 하셔서 모두가 좋은 결과를 얻도록 은혜 주옵소서.

주님께 간절히 간구합니다. 지금 시험을 위해서 기도하지만, ○○○가 단지 필답고사의 시험뿐 아니라, 인생의 시험이 찾아올 때, 기도하게 하여 주옵소서.

아무것도 의지할 수 없을 때, 앞으로 뒤로 가지도 못하고 아무것도 결정할 수조차 없을 때, 주님께 간구하며 인생의 시험을 이기게 하여 주옵소서. 이 시험을 통해 더 깊이 주님을 알아가게 하시고, 주님으로 인하여 힘을 얻고 최선을 다하는 ○○○가 되게 하여 주옵소서.

  예수님의 이름으로 기도합니다. 아멘.

11 개업을 위한 기도문

세상의 주관자이신 하나님.

오늘 사랑하는 ○○○ 집사(권사)가 새롭게 ○○○ 사업장을 열며 주님께 감사의 예배를 드리오니, 이 예배를 기쁘게 받아 주옵소서. 이 일을 시작하게 하신 분이 주님이시니 이 사업장과 ○○○ 집사 위에 주님의 은총을 내려 주옵소서. 이 사업을 통해 주님께서 영광 받아 주시고, 주님께서 이 사업장을 인도하여 주옵소서.

작게 시작하지만, 주님의 은혜 가운데 이곳이 번창하게 하옵소서. 그 과정에서 주님께 묻고 의지하는 삶을 살게 하시고, 이 사업의 주인은 하나님이심을 늘 기억하게 하옵소서. 사업이 흥하거나 쇠할 때도 늘 주님께 의지하게 하시고, 주님께서 주시는 지혜로, 순리대로 사업을 이끌고 경영하게 하옵소서.

은혜의 하나님.

사업장의 첫 시간을 주님께 온전히 드리며 예배로 시작하오니, 남은 사업의 여정 속에서도 주님께서 함께 하여 주옵소서. 마음의 경영은 사람에게 있어도, 이것을 이루시는 분이 하나님이심을 고백합니다. 이 사업장의 경영을 늘 주님께 맡고 의지하게 하옵소서.

평강의 하나님.

이 사업장을 통해 좋은 사람들을 많이 만나게 하여 주옵소서. 좋은 거래처를 만나게 하시고, 좋은 고객을 만나게 하시옵소서. 가장 좋은 곳이 이 사업장이 되어서 이 사업장을 들어오고 나가는 모든 이들이 복을 받게 하시고, 좋은 사업장으로 소문나게 하시고, 이를 통해 하나님의 이름에 영광을 돌리게 하옵소서.

오늘 함께 하는 믿음의 식구들이 이 사업장을 위해서 늘 기도하게 하옵소서. 이 시간 말씀을 전하시는 목사님께 성령의 은혜로 함께 하시고, 이곳에서 함께 예배하는 성도들과 사업장에도 주님의 은혜와 평강을 더하여 주옵소서. 우리 주 예수님의 이름으로 기도합니다. 아멘.

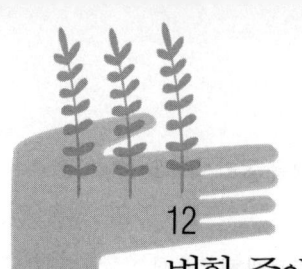

12 병환 중에 있는 환우를 위한 기도문

여호와 라파, 치유하시는 하나님.

이 시간 간절한 마음으로 주님의 사랑하는 아들(딸) ○○○ 성도를 위해서 기도합니다. 주님 지금까지 주님께서 ○○○와 함께 하셨고 지금도 함께 하심을 고백합니다. 건강할 때도 지켜주셨고, 지금 병상에 있을 때도, 한결같이 함께 하심을 고백합니다. 침상에 있을 때, 홀로 두지 마시고, 함께 하시옵소서. 늦은 밤 고통가운데 있을 때도 함께 하여 주옵소서. 두려울 때도 함께 하셔서 홀로 병마와 싸우는 것이 아니라, 주님께서 함께 하심을 느끼게 하여 주옵소서.

주님 특별히 간구하기는 주님의 사랑하는 아들(딸) ○○○ 성도를 치유하여 주옵소서. 우선 좋은 의사와 좋은 간호사를 만나게 하여 주옵소서. 그들이 할 수 있는 최선의 치료를 하게 하시고, 주님께서 그들의 손과 함께 하셔 그들이 치료하는 것이 아니라, 주님의 손에 붙들려 치료하게 하옵소서.

하오나 주님, 사람의 인술의 한계를 느낄 때, 주님께서 직접 피 묻은 손으로 주님의 사랑하는 아들(딸)을 안수하여 주옵소서. 사람은 불가능해도 주님께서는 불가능한 것이 없사오니, 치료하여 주시되, 주님께서 창조하신 몸으로 회복시켜 주옵소서. 하나님의 놀라우신 능력을 경험하게 하옵소서. 그리하여 이전보다 더 강건한 모습을 갖게 하시고, 예배의 자리로 나와 주님을 찬양하게 하옵소서.

간호를 하는 가족과 함께 하시고, 가족들이 이 일로 인해 주님께 간구하는 믿음의 가족이 되게 하시고, 하나님께서 이 가정 가운데 역사하시는 손길을 경험하게 하옵소서. 주님, 건강을 온전히 회복하지 못하더라도, 주님을 향한 믿음을 잃지 않게 하시고, 주님과 동행의 삶을 살게 하시고, 모든 것을 주님께 맡긴 삶이 되게 하옵소서. 지금까지 함께 하신 주님께서 앞 길 가운데 함께 하실 줄 믿고 예수님의 이름으로 기도합니다.

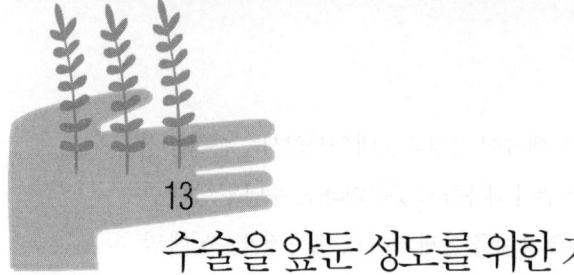

13 수술을 앞둔 성도를 위한 기도문

생사화복을 주관하시는 주님.

이 시간 주님의 사랑하는 아들(딸) ○○○를 위하여 기도합니다. 이제 잠시 후 수술을 앞두고 있습니다. 두려움과 걱정이 몰려오는 이 시간, 주님께서 사랑하는 아들(딸) ○○○와 함께 하여 주옵소서. 수술실로 들어갈 때, 침상에 ○○○를 홀로 두지 마시고, 주님께서 함께 하여 주옵소서. 걱정과 두려움을 모두 몰아내시고, 마음에 평강으로 가득 채워 주옵소서. 잠시 잠을 자는 것처럼 수술 전 과정 속에 함께 하시고, 마음에 두려움을 제거하시고, 평강으로 채워 주옵소서.

치료의 하나님.

주님께서 의사의 손을 붙잡아 주셔서, 주님의 손으로 수술하여 주옵소서. 수술실에 있는 의사들과 함께 하시고, 간호사들과 함께 하셔서 그들이 최선을 다하게 하시옵소서. 그들의 손과 그들의 마음과 육체를 붙잡아주셔서, 주님의 손으로 집도하여 주옵소서. 수술 전 과정이 주님 손에 있음을 고백합니다. 아담을 재우시고, 갈빗대를 취하신 것처럼, 주님께서 마취하시고, 직접 수술해 주시고 회복시켜 주옵소서. 수술 후 회복 중에도 함께 하시고, 이전보다 더욱 강건하게 하시고, 회복의 기간 동안 몸도 마음도 모든 것이 회복되게 하옵소서.

사람이 최선을 다하지만, 이 모든 것이 주님의 손에 있음을 기억하게 하시고, 이 몸을 온전히 주님께 맡기오니 주님께서 책임져 주옵소서. 그리하여 창조하신 모습보다 더 강건하게 회복되게 하옵소서.

평강의 주님.

가족들과도 함께 하여 주옵소서. 가족들의 걱정도 물리쳐 주시고, 이 시간을 통해 온 가족이 기도하게 하시고, 주권자 하나님께 온전히 간구하게 하여 주옵소서. 회복의 기간이 환우만이 아니라, 가족들도 강건케 하옵소서. 모든 것을 주님께 맡깁니다. 주님 역사하여 주옵소서.

예수님의 이름으로 기도합니다. 아멘

14 고난 중에 있는 성도를 위한 기도문

겸손의 왕으로 이 땅에 오신 주님!

이 시간 우리가 함께 모여 주님의 이름을 찬양합니다. 평화의 왕으로 오신 주님을 생각할 때 그 은혜에 감사를 드립니다. 하늘의 모든 권세와 영광의 자리를 버리시고, 우리를 구원하시기 위해서 이 땅에 오심을 감사드립니다. 십자가에서 보혈의 피를 흘리셔서 우리의 죄를 사하신 그 은혜와 사랑에 감사를 드립니다.

자비의 주님!

주님께서 찔림은 우리의 허물 때문이요 주님의 상함은 우리의 죄악 때문임을 고백합니다. 주님께서 징계를 받으므로 우리가 평화를 누리고 주님께서 채찍에 맞으므로 우리가 나음을 받았음을 믿습니다. 그러나 아직도 우리는 다 양 같아서 그릇 행하고, 늘 우리 자신의 길로 가면서 다시 한 번 주님을 십자가에 달고 있는 우리를 주님께로 돌이켜 주시고, 회개하며 주님 앞으로 나아오게 하옵소서.

섬김의 종으로 오신 주님을 믿노라 하면서, 섬김을 받으려하고 대접받기에만 힘썼던 우리의 모습을 회개합니다. 섬김의 삶을 살지 못한 저희를 돌이켜 주시고, 십자가에 달리시기까지 낮아지시기를 원하셨던 주님처럼, 우리들도 섬김과 낮아짐으로 주님을 따라 살아가게 하옵소서.

할 수만 있다면 고통과 고난 속에서 모든 것을 버리고 나올 수 있음에도 고난을 감당하셨던 주님을 생각합니다. 그 고난이 바로 우리의 고난이었습니다.

그 고난을 이김으로 우리가 고난을 이길 수 있다는 소망과 믿음을 주셨습니다.

우리가 고난 속에서도 절망하고 포기하지 않는 것은 주님께서 우리의 모든 고통을 알기 때문입니다. 우리가 당하는 고난을 그 누구보다 주님께서 아시기 때문입니다. 나의 아픔을 주님께서 아시기에 주님을 믿고 의지하며 고난을 이겨낼 수 있습니다. 주님께서 고난의 길을 걸으셨기에 우리도 묵묵히 그 길을 걸어갈 수 있습니다. 이 모든 것에 주님께 감사를 드립니다.

주님께서는 사탄의 유혹을 모두 말씀으로 이기셨습니다. 사탄의 유혹은 달콤했습니다. 그대로 행한다고 그 누구도 예수님을 탓할 사람이 없었습니다. 하지만 고통 속에서도 그 유혹에 넘어가지 않았습니다. 왜냐하면 사탄은 하나님을 시험했습니다. 조롱했습니다. 자신의 우월감을 나타내고 싶었습니다. 죄 아래에 두고 싶었습니다. 예수님께서 그 모든 것을 참으시고, 말씀으로 이겨내셨습니다. 우리도 말씀으로 고난을 이겨내게 하옵소서. 말씀에 의지하여 살아가게 하옵소서. 그리하여 말씀을 들을 때마다 우리의 귀를 열어 주시고, 그 말씀을 우리의 삶에 나타나게 하옵소서.

긍휼의 주님!

날을 더할수록 육신의 연약함, 경제적 연약함, 마음의 곤고함으로 고통을 받고 있는 이들이 있습니다. 상한 갈대를 꺾지 아니하시고 꺼져 가는 심지도 끄지 않으시는 주님의 긍휼로 우리를 위로하시고, 힘을 주시고 함께 나와 예배하며, 몸과 마음에 치유함이 있게 하옵소서. 예수님의 이름으로 기도합니다. 아멘.

15 환갑예배 기도문

　모든 만물을 창조하시고 사람의 생사화복을 주관하시는 하나님의 전지전능하심을 찬양합니다. 이 세상의 주인이 되시는 하나님만이 영광을 받으시기에 합당합니다. 오늘 ○○○님의 환갑을 맞이하여 이렇게 모여 하나님께 예배합니다. 60년의 시간 동안 하나님의 돌보심이 없었다면 ○○○님의 지금의 모습은 없었을 것입니다. 지나온 세월 속에 아픔과 시련이 있었고, 때때로 모든 것을 내려놓고 싶을 만큼 힘든 시절도 있었습니다. 하지만 하나님께서 베푸신 십자가의 은혜가 있었기 때문에, 구원의 선물이 있었기 때문에, 환난 속에서도 하나님을 찬양하고 기뻐할 수 있었습니다. 하나님의 은혜에 감사합니다.

　○○○님의 가정을 위해 기도합니다. 하나님의 사랑이 가득한 가정, 말씀이 기준이 되는 가정, 믿음의 유산이 계속 이어져 은혜의 가문이 세워지게 하옵소서. ○○○님의 건강도 지켜주셔서 노년의 생활이 아픔 없이 잘 보낼 수 있도록 하옵소서. 더욱 하나님을 섬기는 데에 시간을 보내게 하시고, 다른 사람을 섬기게 하옵소서.

　자녀들도 지켜주셔서 부모님의 신앙을 이어받아 하나님께서 기뻐하시는 삶을 살아갈 수 있도록 하옵소서. 하나님의 말씀에 순종하는 삶을, 그리스도의 향기가 가득한 삶을 살게 하옵소서. 근심과 걱정이 생길 때마다 서로를 위해 기도하게 하시고, 아버지 하나님께 모든 것을 내려놓게 하옵소서. 기쁘고 즐거운 일이 있을 때마다 하나님께 감사하게 하옵소서.

　귀한 시간을 허락하신 하나님! 오늘의 이 모임의 자리가 단순히 기쁘고 즐거운 날에 그치지 않도록 하시옵소서. 하나님께 예배하고 경배하는 시간이 되게 하옵소서. 하나님의 자녀로서 이 세상의 삶이 더욱 복되는 자리가 되게 하옵소서. 하나님 안에서 한 마음, 한 뜻으로 하나 되는 가정이 되게 하옵소서. 이 가정을 통하여 하나님의 축복이 곳곳에 흘러가도록 하옵소서. 하나님께서 늘 함께 하심 감사하오며, 예수 그리스도의 이름으로 기도합니다. 아멘.

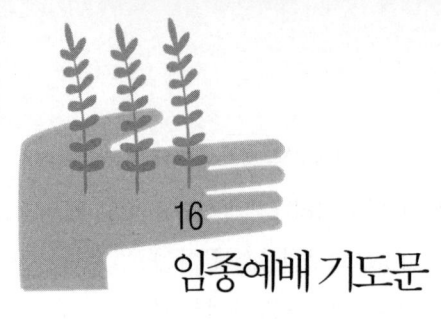

16
임종예배 기도문

우리를 창조하시고, 우리에게 생명을 허락하시는 하나님. 이제 ○○○님께서 이 세상의 모든 것을 내려놓고 하나님께로 가려 합니다. 한 평생 하나님의 은혜로 귀한 삶을 누릴 수 있도록 해주셔서 감사합니다.

우리 모두를 창조하신 하나님!

하나님께서 만드신 목적에 따라 살았는지 삶을 돌아봅니다. 이 세상에서 하나님의 자녀로 삶을 살아야 했지만, 많은 죄 가운데 살았습니다. 죄의 유혹에 빠져 하나님을 떠난 삶을 살았습니다. 하나님의 말씀을 따르려고 했지만, 자신의 욕심대로 살았습니다. 때로는 다 알면서도 하나님을 따르지 않았습니다.

삶의 모든 것을 움켜쥐기 위해서 때로는 다른 사람을 배려하기보다는 경쟁 상대로 보았습니다. 내가 더 잘 살아야겠다는 생각 때문에 다른 사람을 밀치고 넘어뜨리기도 했습니다. 나의 잘못을 덮기 위해서 거짓말을 하기도 했습니다. 하나님을 섬긴다고 고백했지만, 내 안에 하나님이 아닌 내 자신이 자리를 잡고 있었습니다. 주님, ○○○님의 모든 죄를 용서해 주옵소서. 주님께서 십자가에서 흘리신 보혈의 피로 말미암아 모든 죄를 사하여 주옵소서. 비록 연약한 삶을 살았지만, 예수님 때문에 ○○○님의 삶이 회복되고 거룩하게 되는 것을 믿습니다.

우리를 구원하신 보혈의 주님.

우리가 예수 그리스도를 나의 구세주로 고백합니다. 특별히 ○○○님을 위해 십자가에 돌아가셨다는 구속의 사역을 믿습니다. 예수님을 믿음으로 내가 죄의 종에서 해방되어 영원하신 하나님 나라의 백성이 된 것을 믿습니다. ○○○님의 죄를 사하심으로 천국 문을 여시옵소서. 하나님의 품에 거하게 하옵소서. 천군천사의 나팔 소리를 듣게 하옵소서.

우리는 천국에서 만납니다. 이별이라는 슬픔이 우리에게 있지만, 영원한 생명을 누리는 ○○○님이 될 수 있기를 기도합니다. 하나님, ○○○님의 영혼을 받아주시옵소서. 구원자 되시는 예수 그리스도의 이름으로 기도합니다. 아멘.

17 장례예배 기도문

　언제나 우리와 함께 하시는 하나님 아버지의 사랑과 은혜에 감사와 영광을 드립니다. 오늘 고 ○○○님의 장례예배를 드리게 하시니 감사를 드립니다. 생전에 고인과 함께 했던 유가족들과 성도들, 그리고 많은 지인들이 모여 하나님께 예배를 드립니다. 함께 예배를 드리는 이 시간, 우리가 하나님께서 주시는 위로와 평안을 누리는 자리가 되게 하옵소서.
　하나님께서 ○○○님을 이 세상에 보내시고, 일평생 하나님께서 돌보셨으니 감사를 드립니다. 힘들고 어려울 때마다 하나님의 위로가 함께 하셨고, 기쁨과 즐거운 순간마다 함께 누릴 수 있는 행복을 주셨습니다. 무한한 사랑으로 다른 사람들을 섬기고, 특별히 가정을 위해 충실히 섬겼던 삶을 주셔서 감사합니다. 무한한 사랑을 고 ○○○님에게 베풀어 주시고, 함께 하셨던 주님, 이제 고통과 아픔이 없는 하나님의 품에 따뜻하게 받아주시옵소서. "착하고 충성된 종, 수고했다. 이제 편히 이곳에서 쉬렴." 하나님의 포근한 말과 함께 하나님 나라에 거하게 하옵소서. 편히 하나님 나라에 안식하게 하옵소서.
　우리가 기억하는 ○○○님은 하나님을 예배하고 하나님을 섬김에 힘을 다 했습니다. 그 누구보다도 하나님을 기억하고, 하나님을 찬양하고 기도했습니다. ○○○님의 모든 삶을 기억하시고, 특별히 하나님을 향한 마음을 기억하옵소서. 때로는 하나님 보시기에 부끄럽고 솔직하지 못했던 일도 있었을 수 있습니다. 하나님을 잊고 살 때도 있을 수 있습니다. 하지만, 주님께 모든 죄를 고백하고 회개하여 십자가의 보혈의 피로 다 씻겨 주셨으니 거룩한 모습으로 주님과 함께 하실 것임을 믿습니다.

○○○님의 신앙을 이어받아 하나님을 더 잘 섬기고 예배하는 유족들이 되게 하시고, 헤어짐이 마음이 아프지만, 하나님 나라에 입성함을 믿고 기쁨으로 보내드리게 하옵소서. 우리는 천국에서 만납니다. 천국에서 믿음을 지키며 생사고락을 함께했던 우리의 삶을 함께 나누게 하옵소서. 우리 모두 선한 싸움을 다 마치고, 주님 앞에 서는 그날까지 하나님을 섬기고 사랑하는 데 온 몸과 마음을 다하게 하옵소서.

이 시간 하나님의 말씀을 전하실 목사님과 함께 하시고, 특별히 ○○○님을 잃고 슬퍼하는 유가족들에게 큰 위로의 말씀이 되게 하옵소서. 함께 예배를 드리는 조문객과 성도들에게는 천국의 소망을 바라보는 시간이 될 수 있도록 하옵소서. 부활과 생명이 되신 예수 그리스도의 이름으로 기도합니다. 아멘.

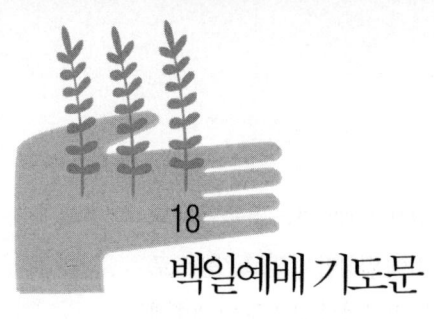

18 백일예배 기도문

생명을 창조하시는 하나님의 손길로 작은 생명이 이 세상에 태어나게 하시고, 지금까지 하나님의 사랑 안에서 자라게 하신 하나님의 사랑과 은혜에 감사합니다. 특별히 이 가정에 귀한 자녀 ○○이를 선물로 허락하여 주셔서 감사합니다. 백일을 맞이하여 ○○이를 위해 기도합니다. 이 아이가 자라면서 하나님의 돌보심 가운데 영육이 강건해지고, 하나님의 축복이 삶 가운데 가득하길 기도합니다.

우리의 삶을 주관하시는 하나님!

어린 시절부터 하나님과 함께 하는 삶을 살게 하시고, 언제 어디서든지 하나님을 바라보게 하여 주옵소서. 또한 산모에게도 하나님의 은혜가 가득하길 기도합니다. ○○이를 열 달 동안 품에 안고, 이 세상에서 백 일 동안 돌보게 하셔서 감사합니다. 어머니의 뱃속에서부터 지금까지 하나님의 돌보심이 아니었다면, 이렇게 귀한 시간을 갖는 것도 참 어렵습니다. 갈수록 세상이 혼탁하고 어렵습니다. 하나님께서 매일 이 아이와 함께 하여 주시옵소서.

사무엘의 어머니인 한나가 매일 자녀를 위해 기도한 것처럼 기도의 어머니가 될 수 있도록 하여 주옵소서. 이 가정이 ○○이를 위한 기도의 후원자가 되게 하시고, 하나님께서 계획하신 놀라우신 비전이 이루어지게 하옵소서. 하나님께서 ○○○을 이 세상에 보내신 뜻과 계획을 발견하게 하시고, 이 아이를 키울 때에 부모의 욕심이 아니라 하나님의 뜻대로 키울 수 있도록 하옵소서. 무엇보다 하나님을 섬김에 있어서 진실되게 하시고, 거룩한 삶으로 하나님께 영광을 돌라는 자녀가 되게 하옵소서. 또한 하나님의 말씀이 삶의 기초가 되게 하시옵소서. 성령 하나님께서 ○○이의 삶에 늘 동행하시고, 사랑으로 보살펴 주옵소서.

　오늘 ○○○ 목사님께서 귀한 말씀을 전해주십니다. 이 말씀이 ○○○에게 축복의 말씀이 되게 하시고, 세상을 살아감에 있어 초석이 되는 말씀이 되게 하옵소서. 듣는 이마다 하나님의 말씀에 아멘으로 순종하게 하옵소서. 예수님의 이름으로 기도합니다. 아멘.

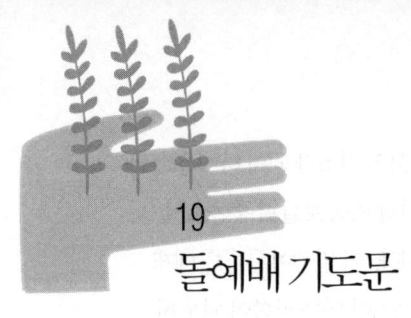

19 돌예배 기도문

날마다 순간순간마다 우리를 지켜 주시는 하나님의 은혜에 감사와 영광을 드립니다. 특별히 ○○이를 1년 동안 지켜 주시고, 아무 탈 없이 무럭무럭 자라게 하시니 감사드립니다.

이 가정에 ○○이를 주셔서 기쁨이 넘치게 하시고, 복된 가정이 되게 하시니 감사합니다. 오늘처럼 기쁜 날 ○○이를 통해서 하나님 나라가 확장되게 하시며 축복의 통로가 되게 하시니 더욱 감사합니다. 하나님께서 계획하신 놀라우신 계획이 이 가정과 ○○이에게 이루어지길 원합니다. 앞으로 더욱 하나님의 은총 가운데 자라게 하옵소서. 이 시간에 온 가족이 한자리에 모여 ○○이의 첫 번째 생일을 축하하며 하나님께 감사의 예배를 드립니다. 이 예배를 받아주시옵소서.

하나님의 말씀으로 충만한 가정, 하나님의 사랑이 넘치는 가정이 되게 하옵소서. 이 가정에서 하나님의 사랑이 넘쳐 흘러나게 하옵소서. ○○이가 그 사랑으로 무럭무럭 자라서 하나님의 귀한 자녀로, 믿음의 사람으로 성장하게 하옵소서. 온 세상이 ○○이를 볼 때마다 하나님께 영광을 돌리게 하옵소서. 키와 지혜가 자라게 하옵소서.

1년 동안 이 아이를 위해 안내하고 수고한 부모님을 위해서 기도합니다. 1년의 시간이 기쁨과 즐거움도 있었지만, 힘들고 어려운 시간도 있었을 것입니다. 이들의 사랑과 헌신이 없었다면 결코 오늘의 자리는 없었을 것입니다. 이들의 생업에도 축복하여 주셔서 이 가정이 경제적으로 힘들지 않도록 하옵소서. 하하나님께서 보시기에 아름다운 가정이 되게 하옵소서. ○○이를 통해서 더욱 하나님의 사람으로 성장하게 하시고, 하나님께 영광을 돌리는 가정이 되게 하옵소서. 온 가족이 하나님을 섬김에 기뻐하게 하시고, 하나님만이 주인이 되신다는 고백을 하게 하옵소서. 하나님의 보호하심 속에 사탄의 유혹에 넘어지지 않게 하옵소서. 말씀을 이겨내게 하옵소서.

오늘 듣는 하나님의 말씀이 ○○이의 삶의 기준이 되는 말씀이 되게 하옵소서. 때로는 비바람이 몰아치는 날도 있고, 맑은 날도 있을 것입니다. 어떤 상황에서도 이 말씀을 의지하며 흔들림이 없는 믿음으로 하루하루를 살게 하옵소서. 우리를 지켜 주시고, 사랑으로 돌보시는 예수 그리스도의 이름으로 기도합니다. 아멘

20 결혼예배 기도문

　우리를 향한 하나님의 사랑과 은혜에 감사를 드립니다.
　매일 죄 때문에 죽음의 문턱에서 헤어날 수 없는 우리를 사랑으로 구원해주시는 하나님의 은혜에 감사합니다. 하나님의 사랑이 없었다면 지금 우리에게는 구원의 은혜가 없었을 것입니다. 하나님의 사랑이 우리에게 임하여 우리가 사랑의 사람이 되고, 그 사랑의 결실로 이제 한 가정을 이루는 예식을 가집니다.
　신랑 ○○○군과 신부 ○○○양을 지금까지 키우기 위해 수고하며 헌신한 부모님들의 수고와 노고를 기억하시고, 이들의 새로운 출발에 밑거름이 되게 하시니 감사합니다. 부모님의 신앙을 이어받아 믿음의 대를 이어가게 하시고, 그 신앙으로 든든한 가정을 이루게 하옵소서. 또한 영광스러운 자리에서 하나님과 여러 증인들 앞에서 사랑을 고백하며 아름다운 가정을 이루게 하옵소서. 새로운 세상을 열어가는 이 가정의 결혼생활에 행복이 넘쳐나게 하옵소서. 이 가정에 복을 주시고, 마르지 않는 축복의 샘터가 되게 하옵소서.
　사랑으로 한 가정을 이루지만, 사랑한 만큼 행복하고 기쁨이 찾아오기도 하지만, 때로 다툼과 갈등이 생기기 마련입니다. 하지만 서로를 향한 사랑으로 포용하고 배려하며 성숙한 모습으로 성장하는 시간이 되게 하옵소서.
　이제 부모를 떠나 한 몸이 됩니다. 이 가정에 하나님의 한없는 축복이 임하게 하옵소서. 서로를 축복하고, 응원하며 무엇보다 하나님께서 내게 맺어주신 삶의 동반자임을 잊지 않고 살아가게 하옵소서. 있는 그대로의 모습을 사랑하며, 모난 부분까지 품어주는 자들이 되게 하옵소서. 가정은 하나와 하나가 만나 둘이 되는 것이 아니라 반쪽과 반쪽이 만나 온전한 하나를 이루는 것이라고 합니다. 아담이 홀로 있는 것이 외로워 보여서 하나님께서 하와를 만들어 주시고, 함께 하게 하셨습니다. 한 몸과 한 마음이 되는 귀한 공동체가 바로 가정입니다. 이 가정이 하나님께서 보실 때 아름답고 귀중한 가정이 되게 하옵소서.

새로운 가정을 이루는 두 사람에게 오늘 듣는 하나님의 말씀이 이 가정의 주춧돌이 되게 하옵소서. 하나님의 말씀이 듣기 좋은 말에서 그치는 것이 아니라 삶에서 실천하는 가정이 되게 하옵소서. 또한 신랑 신부를 축하하기 위해 모든 하객들에게도 하나님의 말씀이 삶의 이정표가 되게 하옵소서. 예수님의 이름으로 기도합니다. 아멘.

21 유학을 떠나는 성도를 위한 기도문

온 세상을 주관하시는 하나님 아버지의 능력을 찬양합니다. 세상 곳곳에 하나님의 손길이 미치지 않는 곳이 없고, 어느 곳이나 하나님의 사랑과 은혜가 닿지 않는 곳이 없습니다. 어디를 가든지 하나님께서 동행하시고, 하나님의 놀라우신 능력이 함께 하심을 믿습니다.

하나님, ○○○ 학생을 위해 기도합니다. 뜻한 바가 있어서 ○○○으로 유학을 가게 되었습니다. 타국에서의 생활이 힘들고 어렵더라도 공부하는 동안 주님을 믿는 믿음이 약해지거나 흔들리지 않도록 하옵소서. 오히려 유학의 시간을 통해 하나님과 더 가까워지게 하옵소서. 매일 하나님의 음성에 귀를 기울이게 하시고, 하나님의 인도하심에 따라 삶을 이끌어갈 수 있도록 하옵소서.

하나님, ○○○ 학생에게 하나님께서 열어주신 길을 온전히 걸어갈 수 있도록 하옵소서. 하나님께서 주시는 지혜로 말미암아 열심히 공부하고 과정을 잘 마칠 수 있도록 하옵소서. 특별히 이 과정을 통해 하나님께 영광을 돌리고, 하나님의 놀라우신 사역들을 할 수 있도록 하옵소서. 자신의 욕심을 채우기 위한 공부가 아니라 하나님께 영광을 돌리는 시간이 되게 하옵소서. 단순히 지식을 채우는 시간이 되지 않도록 하시고, 하나님을 경험하는 시간이 되게 하옵소서. 또한 하나님께서 ○○○ 학생에게 주시는 비전을 발견하게 하시고, 그 비전을 위해 한 걸음씩 걸어갈 수 있도록 하옵소서.

하나님, 유학생활을 하는 동안 건강을 지켜 주시옵소서. 안전하게 유학생활을 마칠 수 있도록 하옵소서. 타지에서 혼자 생활하는 동안 외롭지 않게 하시고, 하나님께서 동행하신다는 사실을 잊지 않게 하옵소서. 우리가 함께 할 수 없지만, 하나님께서 늘 지켜 주시옵소서.

  학업에 필요한 경비가 상당합니다. 모든 학비와 생활비 등 잘 충당되어서 학업에 열중할 수 있도록 하옵소서. 모든 일이 하나님의 계획하심 가운데 진행되고 아무 탈 없이 학업을 마칠 수 있도록 하옵소서.

  졸업 후에도 하나님의 선하신 뜻을 따라 복음의 영향력을 행사할 수 있도록 하시고, 유학의 선택이 하나님께 영광이 되게 하옵소서.

  늘 우리 가운데 함께 하시는 하나님께 감사와 영광을 드리며, 우리 주 예수 그리스도의 이름으로 기도합니다. 아멘.

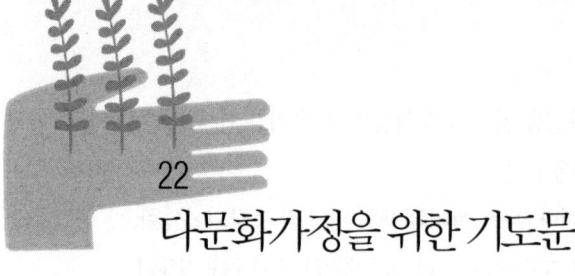

22 다문화가정을 위한 기도문

모든 만물의 창조주가 되시고, 주관자가 되신 하나님을 찬양합니다. 온 세상의 주인이 되시고, 온 인류를 다스리시는 주님께 영광을 드립니다. 전 세계에 흩어진 사람들을 돌보시고, 하나님의 사랑을 베풀어주시는 하나님의 은혜에 감사를 드립니다.

우리나라에 복음이 들어오고, 그 복음의 씨앗을 통해 교회가 세워졌습니다. 교회를 통해 곳곳에 복음이 선포되고, 예수님을 구세주로 고백하는 사람들이 늘었습니다. 이렇게 우리나라에 하나님께 영광을 돌리며 예배하는 사람들이 늘었습니다. 이 모든 것이 하나님께서 이끌어 주셨기 때문입니다.

하나님, 오늘 ○○○ 가정을 위해 기도합니다. 특별히 먼 이국땅에서 우리나라에 정착한 ○○○을 위해 기도합니다. 낯선 타국에서의 생활이 얼마나 힘든지, 경험하지 못한 우리는 그 깊이를 알지 못합니다. 하지만, 주님께서는 모든 삶을 잘 아십니다. 함께 하시고, 위로의 손길을 내밀어 주시옵소서.

특별히 이 가정에서 함께 신앙생활을 하게 하셔서 감사를 드립니다. 결혼을 하고 가정을 이루게 하시고, 함께 하나님을 섬기게 하시니 감사합니다. 하나님의 인도하심이 없었다면, 이룰 수 없는 것이었습니다. 이 가정에 하나님의 축복과 은혜가 가득하길 기도합니다. 서로를 사랑하고, 배려하며 하나님의 선하신 뜻이 이루어지게 하옵소서. 자라온 환경이 다르기 때문에 부딪히는 문제들이 있을 때, 다툼보다는 다름을 인정하고 배려하게 하옵소서. 서로 격려하고 사랑하게 하옵소서. 부부를 통해 주신 귀한 자녀도 하나님께서 함께 하여 주시옵소서. 키와 지혜가 자라게 하시고, 어디에서나 담대하게 살아가도록 하옵소서. 힘들고 어려울 때마다 하나님께서 돌보시고, 헤쳐 나갈 수 있는 힘과 능력을 주시옵소서. 하나님께 간구할 때마다 들으시고, 응답하여 주시옵소서.

이 가정에 하나님의 놀라우신 뜻이 있는 줄 압니다. 하나님께서 늘 돌보시고, 하나님의 사랑이 흘러넘치게 하옵소서. 이 가정을 통해 하나님의 축복이 주변에 퍼지게 하시고, 사람들이 하나님께 영광을 돌리게 하옵소서. 늘 우리의 구원자가 되시는 예수님의 이름으로 기도합니다. 아멘.

23 새신자를 위한 기도문

　죽음으로 구원하시고, 새 생명을 주신 하나님의 은혜에 감사와 영광을 드립니다. 아무런 조건 없이 한없는 사랑을 베풀어 주시고, 우리의 필요를 채워 주시니 감사합니다.
　이 시간, 사랑하는 ○○○ 성도님을 위해 기도합니다. 하나님을 창조주로 믿고, 예수님께서 우리의 죄를 위해, 특별히 ○○○ 성도님의 죄를 위해 십자가에서 죽으셔서 죄 값을 담당하셨다는 것을 고백합니다. 그 피 값으로 ○○○ 성도님이 죽음에서 새로운 생명, 영생을 받게 하시니 감사합니다.
　이제 믿음의 출발선에 섰습니다. 주님을 믿고 의지하는 삶을 살 수 있도록 도와 주시옵소서. 믿음이 흔들리지 않도록 하옵소서. 주님께서 살아계심을 기억하게 하옵소서. 큰 확신으로 세상을 이기는 믿음을 주시옵소서.
　세상에서 살면서 주님을 알지 못했던 삶은 사탄에게는 기쁨이었습니다. 이제 옛사람의 생활을 정리합니다. 사탄이 하나님의 품에 거하는 것을 싫어하기 때문에 ○○○ 성도님의 삶에 더 개입하려고 할 것입니다. 유혹도 많고, 힘든 일도 있을 것입니다. 다시금 사탄의 지배 아래 두려고 할 것입니다. 하지만, 그 모든 것이 사탄의 계략이고, 유혹이고, 속임수임을 깨닫고 하나님의 품을 떠나지 않도록 하옵소서. 한없는 하나님의 은혜에 거하여 신앙이 성숙되게 하옵소서. 우리가 또한 이를 위하여 더욱 기도하며 격려하게 하옵소서.
　하나님의 말씀인 성경을 읽을 때마다 깨닫게 하시고, 성령님께서 함께 하셔서 하나님께서 말씀대로 살아갈 수 있도록 하옵소서. 우리 교회에도 빨리 적응

할 수 있도록 하시고, 많은 성도들과 함께 신앙생활을 하는 데에 어려움이 없도록 하옵소서. 모든 것이 낯설고, 두려움이 있을 수도 있습니다. 그때마다 담대한 믿음을 주시고, 하나님께서 마음에 평안을 주옵소서. ○○○ 성도님 뿐만 아니라 이 가정에도 하나님께서 함께 하셔서 함께 하나님을 예배하고, 섬기게 하옵소서. 가정이 하나님의 사랑으로 가득하게 하시고, 무엇이든지 하나님의 뜻이 역사하는 가정이 되게 하옵소서. 주님께서 오시는 날 동안 이 가정을 보호하시고, 하나님의 말씀과 찬양과 기도가 끊이지 않게 하옵소서. 온전한 그리스도의 가정이 되게 하옵소서.

신앙생활을 할 때에 사람을 보지 않게 하시고, 온전히 하나님만 바라보게 하옵소서. 혹여 시험에 들거나 낙망하지 않도록 하옵소서. 더욱 기도에 힘쓰고, 하나님을 찬양하게 하옵소서. 세상을 향해 담대하게 그리스도인임을 선포하게 하옵소서.

우리의 구원자가 되시는 예수 그리스도의 이름으로 기도합니다. 아멘.

24 태신자를 위한 기도문

우리의 빛과 구원이 되시는 하나님께 감사와 영광을 드립니다. 태초에 천지 만물을 창조하시고, 온 인류를 손수 만드신 하나님의 사랑에 감사를 드립니다. 인류의 타락으로 하나님께 범죄를 했지만, 우리를 위해 독생자 예수 그리스도를 보내주셔서 구원의 역사를 이루게 하신 사랑에 감사를 드립니다.

구원의 감격이 얼마나 기쁜지 모릅니다. 죽음에서 건지시고, 영원한 생명을 누릴 수 있게 하신 하나님의 은혜에 매일 우리의 삶에 기쁨이 넘칩니다. 이 기쁨을 우리만 누리는 것이 아니라 내 주변에 가장 가까운 가족과 이웃들과 함께 하고 싶습니다. 우리가 그들을 태신자로 품어 생명을 낳는 일에 힘을 다하게 하옵소서.

예수님께서 12명의 제자를 부르시고, 그들에게 하나님의 말씀을 전하셨으며, 성령의 기름 부음을 받아 복음을 전하는 전도자의 삶을 살게 하셨습니다. 우리 또한 그 누군가로부터 복음을 전해 들었습니다. 그리고 주님을 우리의 구세주로 고백하여 영원한 생명을 누리게 되었습니다. 이제 우리의 사명은 우리의 기쁨을 주변에 있는 사람들에게 전하는 것입니다. 잃어버린 영혼을 위해 기도하는 우리가 되게 하옵소서.

우리가 품은 태신자를 위해서 기도합니다. 하나님께서 그들과 함께 하시옵소서. 그들의 마음을 먼저 열어 주시옵소서. 복음을 들을 때에 성령님께서 함께 하여 주시옵소서. 베드로가 하나님의 말씀을 전할 때, 마음의 찔림을 받아 울며 회개했던 것처럼 그들의 마음에 찔림이 있게 하여 주시옵소서. 내가 어찌할

꼬? 묻는 자들에게 예수 그리스도를 고백하면 구원의 길이 열릴 것이라는 복음을 담대하게 선포하게 하옵소서.

세상에서 가장 복된 길은 물질이나 명예나 권력이 아니라 예수 그리스도를 통한 구원이라는 것을 깨닫게 하옵소서. 영혼의 구원이 내 삶에 가장 중요한 것이라는 것을 깨닫게 하옵소서. 영원한 생명을 얻음으로 누리는 기쁨을 알게 하옵소서. 하나님께서 창조주가 되심을 고백하게 하옵소서. 2,000여 년 전에 우리의 죄를 사하기 위해 십자가에서 보혈의 피를 흘리신 예수님을 구세주로 고백하게 하옵소서. 함께 하나님을 예배하게 하옵소서. 예수님의 이름으로 기도합니다. 아멘

25 신앙갈등을 겪고 있는 성도를 위한 기도문

반석이신 여호와 하나님의 이름을 높여 드립니다.
우리가 하나님께 부르짖을 때에 가만히 계시지 마시고, 우리의 기도에 응답하여 주시옵소서. 주께서 구덩이 속에 빠진 우리를 건져주시고, 우리를 들어 올리셔서 대적들의 손에서 구원하여 주시옵소서. 우리를 향하여 비웃고 즐거워하는 대적들이 고개를 숙이며 하나님의 살아계심을 느낄 수 있도록 하옵소서.
전지전능하신 하나님의 능력을 찬양합니다. 구하는 자마다 주시겠다고 하셨습니다. 하나님을 향해 두 손을 들어 하나님께 부르짖을 때에 우리의 간구를 들어주시옵소서. 간절한 마음으로 주님께 간구하오니 우리의 기도에 응답하여 주시옵소서.
이 시간, 특별히 ○○○님을 위해 기도합니다. 하나님께서 함께 하시옵소서. 그의 삶을 주관하여 주시옵소서. 하나님께서 살아계심을 체험하게 하옵소서. 그의 인생에 있어서 힘과 방패가 되시는 분이 바로 하나님이심을 깨닫게 하여 주시옵소서.
마음의 흔들림으로 확고한 믿음을 갖지 못한 것들을 주님께서 붙잡으시고, 온전하신 하나님께서 진리이심을 보여주시옵소서. 하나님 아버지께서 ○○○님에게 필요한 것들을 채워 주시고, 하나님의 도우심으로 일어나는 놀라운 기적을 보게 하옵소서. 하나님의 세미한 음성을 듣게 하시고, 그 음성에 반응하며 돌이킨 삶을 살아가도록 하옵소서.
하나님을 더욱 붙잡고, 하나님 앞으로 나올 수 있도록 하옵소서. 하나님을 향한 굳건한 믿음을 갖도록 하옵소서. 우리의 영원한 피난처가 되시는 하나님께 감사와 영광을 돌리게 하옵소서. 주님을 신뢰하게 하옵소서. 이 세상을 살아가면서 하나님께서 결코 나를 버리시지 않으시고, 수치를 당하지 않게 하심을 믿게 하소서. 주님의 권능으로 ○○○님의 삶이 승리하는 삶을 살도록 이끌어 주시옵소서. 오직 주님만이 ○○○님의 힘과 능력이 되심을 고백하게 하옵소서.

하나님께서 온 인류의 삶을 주관하심을 믿습니다. ○○○님의 삶도 하나님께서 개입하셔서, 하나님께서 원하시는, 하나님께서 계획하시는 삶을 살아가도록 도와 주시옵소서. 오직 주님의 말씀에 순종하는 삶을 살아가도록 하옵소서.

예수님의 이름으로 기도합니다. 아멘.

기도는 우리의 매일의 일과이며 습관이며 사명이다 - 스펄전

하나님 자녀는 기도로 모든 것을 정복할 수 있다. 사탄이 교인들에게서 이 무기를 빼앗거나 그것의 사용을 제지 하려고 최선을 다하는 것은 이상한 일이 아니다 - 앤드류 머레이

기도가 안 되고 기도하고 싶지 않은 순간이야말로 바로 기도해야 하는 순간이다 - R. A. 토레이

가장 위대한 유산은 기도를 물려주는 것이다 - 이블린 크리스텐슨

나는 오늘 해야 할 일이 많기 때문에 기도하는 시간을 갖기 위해서 한 시간 더 일찍 일어난다 - 마틴 루터

아침 기도는 은혜와 축복의 열쇠요, 저녁 기도는 안전과 보호의 자물쇠다 - 존 번연

기도하지 않고 성공했다면 성공한 그것 때문에 망한다 - 스펄전